国际经济协调论
面对经济全球化的思考

石士钧 著

中国社会科学出版社

图书在版编目（CIP）数据

国际经济协调论：面对经济全球化的思考/石士钧著 . —北京：中国社会科学出版社，2015.6
ISBN 978 – 7 – 5161 – 6427 – 3

Ⅰ.①国… Ⅱ.①石… Ⅲ.①国际经济—经济协调 Ⅳ.①F113

中国版本图书馆 CIP 数据核字（2015）第 146911 号

出 版 人	赵剑英
责任编辑	卢小生
特约编辑	李舒亚
责任校对	周晓东
责任印制	王 超
出 版	中国社会科学出版社
社 址	北京鼓楼西大街甲 158 号
邮 编	100720
网 址	http://www.csspw.cn
发 行 部	010 – 84083685
门 市 部	010 – 84029450
经 销	新华书店及其他书店
印刷装订	北京君升印刷有限公司
版 次	2015 年 6 月第 1 版
印 次	2015 年 6 月第 1 次印刷
开 本	710×1000 1/16
印 张	18
插 页	2
字 数	304 千字
定 价	66.00 元

凡购买中国社会科学出版社图书，如有质量问题请与本社发行部联系调换
电话：010 – 84083683
版权所有 侵权必究

前　　言

　　自改革开放以来，国际经济协调运作一直是我国开展对外经贸事务的战略思路和基本策略，其中蕴含着丰富的理论内容和决策思想。可是，令人遗憾的是，我国学术界围绕这个重大课题所展开的理论与决策研究，尽管获得了一些研究成绩甚或出色的成果，然而，与业已进行的伟大实践及获取的丰硕成就相比，差距甚大。

　　这主要表现为：一是系统的或深入的理论研究几乎未能真正展开。例如，对国际经济协调的内涵、意义、方式、具体障碍及有关问题的基本内容缺乏深入的探讨，对各种有重大影响的国际经济协调理论或学说缺乏必要的梳理，对其重要影响因素的理论思考缺乏深刻的总结等。二是我国有关重大实践的成败得失很少得到全面且恰当的审视和评价。例如，围绕WTO，和中美经贸关系而进行的国际经济实践，中国政府都有相当值得称道的成功做法，亦存在这样那样的不足。可是，我国至今出现的有关理论阐述和决策思考，仍然没有达到应有的水平。同样，国内人士给予政府相关行为的各种议论或批评，其中有些方面亦因悖逆国际经济协调精神而多少显得有失偏颇。三是至今尚未提升出比较成熟且系统的国际经济协调重要思路。既然这类国际运作如此富于重要意义，并且我国拥有30多年的丰富实践，那么，从理论上提升出这方面的许多重要分析思路或策略主张，当是我国经济学者义不容辞的职责。可惜的是，这方面的学术成果依然还是较为零散和表层的。

　　基于这样的实际背景，大约在10年之前，笔者围绕国际经济协调这个课题开始进行了一些较为深入的研究探索，并先后公开发表过一些学术论文。可是，由于笔者始终工作在高校教学第一线和其他若干研究课题需要完成，这项研究虽则一直未被丢弃，却进行得断断续续，进展似乎比较缓慢。直至两年前，笔者在授课之余，摆脱各种干扰，集中所有精力展开这个论题的进一步研究，才完成了这部约30万字的国际经济协调论著。

现在将其付梓出版，以期抛砖引玉，引发更多的有志者和国际贸易学者能够密切关注和深入研究这个重要论题。

《国际经济协调论》一书共4编14章。第一编是总论。第二编梳理和概述了国际经济协调的有关理论基础或学术成果。第三编着重论述主要影响因素给予国际经济协调运作的重要作用及其相关思路。第四编则围绕多边贸易框架来剖析我国国际经济协调的具体做法，其实它是我国开展这类国际运作的主要平台。大致而言，全书做了如下理论探索和学术努力：

第一，比较系统地提出了国际经济协调的若干原则。这是第二章的主旨，同时也是全书的核心论点，它阐明了相关的15个原则。可以说，全书其他部分就是对这些重要原则的深入阐述和进一步发挥。这15个原则是指：（1）全面把握国际经济协调的内涵；（2）必须树立正确适时的经济理念；（3）始终瞄准重大经贸利益的基本目标；（4）应当确定贸易利益均沾为运作轴心；（5）善于辨识政治因素的实际作用；（6）务必重视贸易对手的主要诉求；（7）巧于化解既得利益集团的各种干扰；（8）需要讲究协调艺术与技巧的应用；（9）密切关注国内经济制度变革相配合；（10）足够重视文化背景的独特功能；（11）能够针对他国政策特性有效运作；（12）敢于履行积极进取的进攻型战略；（13）坚决依托世界贸易组织这个国际经济舞台；（14）严格维护应有的协调底线；（15）一定坚持不断实践、试错和完善。在笔者看来，它们是对于若干有影响的理论阐述的一种概括和对我国丰富实践的一种升华，亦是我国国际协调运作理应遵循的分析与决策思路。应该讲，这尚可称为作者长期研究思考所凝聚的独创性成果。

第二，比较深入地论述了国际经济协调的许多理论见解。这相对集中体现在第一章和第三编（第七章至第十章）里。其中，论及国际经济协调的基本内涵、具体方式、必备条件与国际障碍等内容，本书都有自己独特的阐述和提法。在进行四个重要影响因素的理论分析时，其有些论述或是国内学者没有或很少涉及的，或是提出了新鲜的论点与见解，或是阐述具有独到之处。例如，关于国际制度环境（包括世界贸易组织制度环境与贸易对手的政策环境），关于制度因素对国际经济协调的五方面积极作用，关于政治因素具有九种有所不同的含义，关于世界贸易组织体系中的政治因素作用，关于利益集团影响贸易政策的具体途径，关于经济伦理在贸易政策及其协调运作中的独特作用等方面的深入发挥，大致都属这类状况。

第三，比较全面地剖析了世界贸易组织体制及我国相关运作中的国际协调问题。在第四编（第十一章至第十四章）里，本书先后阐发了世界贸易组织体制的协调精神、我国进行"入世"谈判和"入世"以后的协调策略，以及今后开展世界贸易组织运作的重要协调目标等内容。在这里，围绕世界贸易组织用多种制度安排夯实协调基础、世界贸易组织的"非互惠原则"、我国在"入世"谈判中应用的协调思路、我国"入世"后协调运作的不足之处、我国的世界贸易组织运作战略，以及世界贸易组织的制度创新及其突破口等方面，它都运用理论阐发或具体例证进行了较具说服力的论证和说明。同时，关于我国与美国之间围绕纺织品贸易争端和人民币汇率争论的具体阐发，也多少反映出作者在这些方面较深刻的思考。此外，它还针对我国经济当前面临的一些重大问题，提出了作者自己的见解。如大力扩展服务贸易领域市场准入的思路和主张、上海自贸区运作应具的经济逻辑与基本思路的提醒、对待 TPP 的基本态度等。

第四，比较认真地梳理了有关国际协调的理论学说。第三章比较简明而全面地叙述了相互依存理论的主要研究成果，第四章引述了国际关系理论、国际政治经济学、国际贸易政治经济学分析和集体行动经济学当中涉及国际协调的若干理论观点，第五章和第六两章则分别阐发了国际经济协调的基本理论与策略论述。如果说前两章主要着眼于拓宽国际协调的视野和思路，那么，后两章就直接为国际经济协调运作提供比较实在的参考价值。

不过，这里有必要指明本书的一个不足之处。由于不少博弈理论与撰写主旨之间存有明显的不适切性（这类理论所研究的行为主体与作者所研究的国家之间的协调运作存在诸多显著差异），以及作者知识结构的某些局限（对深奥的博弈理论缺乏较多的研究），因而本书对于各种协调理论的引述只能确立在一个较低层次的定位上，即仅仅寻觅和论证本书所述 15 个原则的理论支撑。这样，这种协调理论梳理的系统性和深刻性可能会受到较大的制约甚或损害。比如，依据这样的处置方案，对于一些影响巨大的协调性博弈理论，本书只得一笔带过甚至不置一词。所以，如果说本书有什么明显不足或缺陷的话，那么，恐怕首先表现在第五章和第六章关于协调基本理论与策略理论的梳理还不够全面这一点上。

总的来看，就学术探讨的角度而言，本书的许多理论观点和学术见解或许能够发挥一种较为显著的抛砖引玉作用，有助于我国学者展开深入的研究和探索。从政府决策咨询的角度来看，本书涉及不少具体的决策思路和政策主张，其中有些似乎尚具参考价值，可以直接供我国政府有关部门具体研究。另外，有些读者甚至还能从本书的某些论述中得到一定的启发，有益于他们自己的发散性思维获得更大的扩展空间。

还必须指出，本书的撰写和出版始终得到上海对外经贸大学一些同人的热情关怀和大力支持，同时还得到了上海对外经贸大学085工程项目的支持和资助。对此，笔者谨表诚挚和深切的感谢。

诚然，作为一项完全由个人学术探索所形成的研究成果，《国际经济协调论》一书必然存有各种不当之处、明显缺陷甚至严重谬误。笔者真诚地期盼，有关专家学者和众多读者能够不吝赐教，以斧正自己可能出现的种种错误。

石士钧

2014年8月28日

目 录

第一章 导引 ·· 1
    一 国际经济协调基本内涵 ··· 2
    二 国际经济协调运作依据 ·· 15
    三 国际经济协调的主要障碍 ·· 21

第二章 国际经济协调的 15 个原则 ··· 27
    一 国际经济协调的内涵、理念与目标 ······································ 27
    二 国际经济协调的具体应用 ·· 30
    三 国际经济协调的其他准则 ·· 39

第三章 相互依赖理论述要 ··· 50
    一 经济相互依赖理论的建立 ·· 50
    二 国际相互依赖理论的创立 ·· 54
    三 国际相互依赖理论再阐释 ·· 62
    四 国际相互依赖理论的其他论述 ··· 69

第四章 国际政治经济理论述要 ·· 77
    一 国际关系理论简述 ·· 77
    二 国际政治经济学理论简述 ·· 89
    三 国际贸易政治经济学分析简述 ··· 99
    四 集体行动经济学理论简述 ·· 105

第五章 国际经济协调基本理论述要 ··· 110
    一 经典博弈理论简述 ·· 110

二　演化博弈理论简述…………………………………………… 117
　　三　冲突战略理论简述…………………………………………… 126

第六章　国际经济协调策略理论述要……………………………… 133
　　一　国际经济协调的策略思维…………………………………… 133
　　二　国际经贸谈判的策略思维…………………………………… 143
　　三　国际经贸谈判的运作思路…………………………………… 148

第七章　国际经济协调中的制度因素……………………………… 154
　　一　国际经济活动中的制度因素………………………………… 154
　　二　深刻透视国际协调中的制度因素…………………………… 159
　　三　恰当构建涉及制度的协调思路……………………………… 167

第八章　国际经济协调中的政治因素……………………………… 175
　　一　国际经济活动中的政治因素………………………………… 175
　　二　深刻透视国际协调中的政治因素…………………………… 180
　　三　恰当构建涉及政治的协调思路……………………………… 185

第九章　国际经济协调中的利益集团因素………………………… 192
　　一　国际经济环境中的利益集团因素…………………………… 192
　　二　深刻透视国际协调中的利益集团因素……………………… 199
　　三　恰当构建涉及利益集团的协调思路………………………… 205

第十章　国际经济协调中的文化因素……………………………… 213
　　一　国际经济环境中的文化因素………………………………… 213
　　二　深刻透视国际协调中的文化因素…………………………… 218
　　三　恰当构建涉及文化的协调思路……………………………… 226

第十一章　世界贸易组织体系的国际协调精神…………………… 232
　　一　基本架构渗透国际经济协调精神…………………………… 232
　　二　多种制度安排夯实协调运作基础…………………………… 238
　　三　重视国际经济协调中的利益平衡…………………………… 242

四　关注国际协调中的弱势成员利益……………………………… 244

第十二章　我国"入世"谈判中的协调运作………………………… 250
　　一　善于从战略高度把握国际经济协调……………………………… 250
　　二　巧于从策略角度推进国际经济协调……………………………… 254
　　三　勇于从各个方面维护国际经济协调……………………………… 259

第十三章　我国世界贸易组织框架内的国际协调运作…………… 264
　　一　我国WTO内协调运作的基本方面……………………………… 264
　　二　我国WTO内的成员间协调运作………………………………… 267
　　三　我国WTO内协调运作的不足…………………………………… 274
　　四　我国WTO内协调运作的若干思考……………………………… 276

第一章 导引

国际经济协调一直是我国开展对外经贸活动的基本思路和运作策略。但是，这个主题却是国内经济学者较少系统研究和阐述过的[1]。鉴于此，本书试图采取理论研究与实际运作紧密结合的方式，专门对国际经济协调这个题目展开一些初步的理论阐述和具体探析。[2] 本章首先讨论它的内

---

[1] 一个比较典型的例证是，中国社会科学院财贸经济研究所先后组织出版了4部《中国对外经贸理论前沿》文集（即社会科学文献出版社1999年版、2001年版、2003年版、2006年版），但没有阐述或援引过有关国际经济协调的国内研究成果。由此可见，我国这方面的学术文献之少，研究质量之不足，都无法使得编著者将它们列入理论研究前沿的行列。

[2] 诚然，笔者充分注意到，一些国内学者还是从不同的侧面探讨了国际经济协调问题，其中有些论述具有富于启迪的内容或精彩之处。

一种是研究政策协调。例如，崔凡所著的《全球化时代的经贸政策协调》一书（人民出版社2007年版）在探讨经贸政策的国际协调时，就比较深入地阐述了一些有影响的理论观点。（参见该书第122—167页）同时，它对利益集团的相关分析亦较为透彻。（分别参见该书第70—121、200—210页）这些都比较具有启示意义。可是，该书仅仅从政策协调的视角来论述国际经济协调这个主题，可能多少有些狭窄了。

另一种是研究制度协调。例如，成新轩所著的《欧盟经济政策协调制度的变迁》一书（中国财政经济出版社2003年版）的研究重点似乎是欧盟经济政策协调问题，其实正如其题目所示，它已经展开了制度性协调的分析。这是因为，它对欧盟经济政策协调的剖析，既从方式、范围、程度和主体四个方面来概括其特征，又考察了其协调机制的不断完善，还关注到这种协调递进的相关动力，甚至应用制度创新理论进行了深入的阐释。（参见该书第29—60页）这颇值得嘉许。此外，围绕欧盟做法对国际经济协调制度的示范效应，该书所做的四方面阐发亦具启迪意义。尤其是"目前，国际经济政策协调恰恰缺乏的就是制度化的特征"这个观点，与笔者的见解不谋而合。（参见该书第248—251页）可惜的是，该书作者实际上仍然把这种制度分析局限于经济政策协调本身，从而多少妨碍着本可更宽广的学术视野和更深刻的理论分析。

还有一种是研究规则协调。例如，王中美的《竞争规则的国际协调》一书（人民出版社2005年版）专门就竞争政策研究了国际协调问题。在笔者看来，该书重点阐述的两个内容值得人们关注。一个是它具体探讨了国际社会为此展开的四种协调方式，即单边协调、双边协调、区域性协调、多边协调与统一。另一个是它提出了形成多边竞争规则的构想。其中，要划分为三个层面逐步实施的主张，和对亟待解决的四个问题的强调（对核心卡特尔的禁止；对跨国兼并的控制；执法机构和程序；责任形式和司法救济），给人以较为深入的思考。（参见该书第131—263页）不过，全书似乎更多地倾注于多边竞争政策规则框架本身，它至多算是涉及这方面的协调内容，而并未直接探讨该领域的国际协调应该如何进行。

总体来看，这些研究都有自己的特色和长处，然而，它们都仅仅涉及国际经济协调的某些方面，并未比较全面地探究国际经济协调这个主题应具有的基本内容。从这个意义上说，国际经济协调研究在我国学术界尚须深入展开。

涵、意义和实际运作障碍等内容。

一　国际经济协调基本内涵

所谓国际经济协调，是指面对经济全球化历史潮流，各国应当把"双赢"或"多赢"作为基本的追求目标，发扬合作精神，努力在国际经济规范的体系框架之内，调整和改进自身的经济体制、政策措施和政府行为，缓和和解决与其他国家之间可能产生的贸易摩擦与冲突，进而建立和改进外部经济环境，以推动自身经济较快且稳定的发展，并有利于全球经济的顺利前进。要有效开展一国的国际经济协调，首先必须全面把握它的基本内涵。

（一）国际经济协调的基本含义

一定要看到，国际经济协调的界定明晰而又内涵丰富，蕴含诸多内容。

1. 基本的经济理念

它是一个基本的经济理念。这就是说，在经济全球化时代背景之下，各国在进行对外经贸活动过程中间，必须把与贸易伙伴的合作共赢作为自己的基本方向，力求友好相待、和睦共处；彼此的经济交往和贸易活动，则需要依据国际经济规范加以衡量和约束；出现贸易纠纷与摩擦时，应当本着合作互助的态度予以积极解决；一旦自身的经济体制、政策措施和政府行为有悖全球化历史潮流和国际经济规则，则应该坚决予以调整和改进，以适应世界经济现实的客观需要。总之，这些经济观念理当牢固地扎根于一国经济决策层和管理层头脑之中，并努力付诸实施。

2. 根本的决策思路

它是一种根本的决策思路。这就是说，面对经济全球化历史潮流，一国开展各种对外经贸活动，制定相关的政策措施，都应该把国际经济协调当作自己的根本思路。于是，在遭遇种种错综复杂的国际风浪时，在面对贸易对手各种蛮横无理的挑战时，在受到国内不同声音的激烈批评和指责时，敢不敢继续坚持开展和能不能长期有效开展这种国际经济协调，便是衡量一国政府是否将其真正作为根本决策思路的试金石。

3. 对外经济机制内核

它是一系列对外经济机制的内核。一项对外经贸政策能否得到有效实施，还必须通过众多具体机制的设置和履行加以落实。针对各种不同情况和环节所设置的相关机制，可以有着各自的独特功能和作用。不过，它们必须围绕国际经济协调这个运作主轴来设计和实行，或者说，这些对外经济机制应该散发一种让人可以体会到的国际协调与合作的浓烈气息。

4. 涉外经贸策略的基石

它是诸多涉外经贸策略的基石。在国际经济交往过程中，直面瞬息万变的风云际会，一国采取恰当适时的诸多策略手段，是其实现自身经济目标的重要保障。这样，有时必须旗帜鲜明地坚守原则，有时需要灵活多变地改换做法，有时应该持模棱两可的态度，有时或许置身事外地不发声音最为恰当，等等。它们都可能是一国在特定时刻对特定问题的一种恰当策略。但是，无论具体局势如何发展变化，一般而言，它们都应该建立在协调合作基础之上，或者说，它们都需要蕴含一种国际经济协调精神。

毫无疑问，国际经济协调运作与那种"冷战"思维及其产物是格格不入的。这意味着，它总是在不断地抵御和排除"冷战"思维及其产物的种种干扰之中，才能得到有效实施与日益完善。总之，只有这样比较全面而准确地把握了国际经济协调的基本内涵，一国才谈得上在国际经济舞台展开纵横捭阖的相关运作，并获取一个又一个的经济硕果。

（二）国际经济协调相关理念

各国开展任何具体的国际经济协调运作，总是在一定指导思路支配下进行的。而任何指导思路的形成和实施，自然与决策者所拥有的经济理念紧密相关。毫无疑问，倘若一国的决策层和管理层不能自觉秉持或坚决维护那些事关根本的经济理念，那么，它们绝对无法在国际经济活动中始终坚持国际协调的正确方向。可见，确立和弘扬一些正确、适时的基本经济理念，是一国长期开展国际经济协调运作的必要条件。这里且列举数个重要的经济理念。

1. 关于经济全球化

之所以要确立和弘扬国际经济协调的基本理念和重大思路，说到底是当今世界处于经济全球化这个大背景的客观需要。于是，对待经济全球化的看法和态度问题便无可回避。

经济全球化是一股不可抗拒的历史潮流。人们必须充分认识到它深刻影响乃至渗透到各国经济活动的方方面面。因此，顺应这种时代潮流来开展国际经济协调，务必是一国的基本立场。① 具体地说，既要充分发挥经济全球化的积极作用，又要努力避免经济全球化的负面影响。在积极维护和有力推动经济全球化的根本前提下，也需要高度关注其伴随着的众多副产品，并努力予以有效的治理。例如，它对有些国家的经济发展造成的严重冲击和引发贫富之间差距的扩大等恶性后果，确实必须予以高度重视。②

然而，仅仅指明经济全球化是一把"双刃剑"恐怕还是不够全面或

---

① 关于如何看待经济全球化这个基本理念的问题，三个代表人物的有关态度和言论可能特别令人深省。

一个是联合国前秘书长科菲·安南。面对各种非议和否定经济全球化这股历史潮流的声音，他斩钉截铁地讲道："反对全球化，无异于反对万有引力定律。"（转引自迈克·穆勒《没有壁垒的世界》第50页，商务印书馆2007年版）这实在是至理名言。

另一个是诺贝尔经济奖得主约瑟夫·斯蒂格利茨。2002年，他在自己所撰的《全球化及其不满》一书中尖锐地指出："如今，全球化正在全世界范围受到挑战。存在对全球化的不满，这种情绪的反映是很正当的。"（参见该书第207页，机械工业出版社2004年版）总的来说，全书充满了对于全球化的负面后果和国际经济机构（特别是IMF）的抨击与责难，因而在学术界颇具争议。2006年，他又写了一本关于经济全球化的著作，其书名叫作《让全球化造福全球》。该书则强调它的主旨是："一个受过良好教育的公民，一旦被卷入了全球化，他是能够理解全球化如何才能发挥作用，或者说最起码能够理解如何使全球化运行得更为有效这样的问题，因此，他们会对他们的政治领袖在重塑全球化方面提出相应要求。我希望本书有助于将这种美好的愿望变为现实。"（参见该书第9页，中国人民大学出版社2011年版）综观全书，他是基于经济全球化具有两面性这个基本判断，全面阐述了如何改革、应对和重塑全球化以使之造福全球。当然，其中不乏深刻的剖析和精辟的见解。

再一个是著名的国际经济学家贾·巴格沃蒂。一方面，他旗帜鲜明地提出了"捍卫全球化"的响亮口号，坚决反对一切旨在否定经济全球化的理论见解和政策主张。另一方面，针对全球化可能带来的负面影响，他还提出了三条准则：必须建立有效的制度来应对可能出现的不利结果；与全球化允许和促进的速度相比，更快地实现社会目标；必须把握政策变革的最优速度和方向，而不是速度越快就越好。按照他的说法，它们"才能使得有益的全球化进程为我们带来更多的好处"。（参见《捍卫全球化》第58页，中国人民大学出版社2008年版）

② 毫无疑问，笔者并不支持和认可那些反全球化的理论观点。正如著名国际经济学者罗伯特·吉尔平所说的："许多被称为经济全球化后果的问题，实际上是国家政策和政府决定不幸造成的……通常被归咎于全球化而实际上是技术变化、各国政府政策或其他纯粹国内的因素造成的问题，随手就可以列出许多。"（引自《全球政治经济学》第332页，上海人民出版社2006年版）但是，笔者还是主张应当高度重视这些理论批评中的合理内容。比方说，它们强调经济全球化会加剧对国内经济的冲击；削弱本国相关的经济福利制度；产生财富分配的巨大差距；摧毁文明社会的道德源泉；导致货币投机活动几乎不受控制；诱惑人们为了经济利益而放弃环境与健康保护、民主及人权等。应该说，这些都是经济全球化进程中必须注意和解决的问题。

完整的。^① 事实上，当前经济全球化趋势产生着各种各样的影响，而这些影响在不同领域、不同范围、不同层面有着并不完全一样的表现，同时带给不同国家的具体效应亦会有所差别。比方说，经济全球化这股时代潮流在近 20 年里给予中国的实际影响，是利益大于弊害。

还要正确地看待全球化下的国家经济竞争。在经济全球化的背景下，国际贸易的竞争活动固然仍旧激烈，但已不纯粹是"商场如战场"那种你死我活的氛围，而应该追求一种"双赢"或"多赢"的结果。通常来讲，这种"双赢"或"多赢"主要是指贸易双方或实行妥协的各方都实现了自己基本或主要的利益追求。那么，这种追求目标能实现吗？答案应该是肯定的。

必须认识到，当今世界的经济竞争早已不是简单的"零和博弈"，即我的获利必定是他人的损失，而应该是做大蛋糕共同分享，竞争只是在于增大部分如何使自己获得更多。不具备这种互利"多赢"理念来展开所谓的经济竞争，微观经济主体将会碰得头破血流、寸步难行，而一个国家如此运行，则会将国际经济协调运作弃如敝屣，同样只可能成为孤家寡人，时常腹背受敌。^② 同时，各国在同一经济问题上的各自贸易利益，事

---

① 例如，在 20 世纪八九十年代，笔者就始终坚持经济全球化对发展中国家是一把"双刃剑"的基本观点。可是，进入 21 世纪后，大量事实已雄辩地证明，中国从经济全球化和自由贸易中获取的经济利益显著地大于所付出的代价。可以这样说，中国是当今经济全球化和自由贸易的最大得益者之一。在这种现实背景下，再笼统地强调"双刃剑"论无疑是不够全面的，它至少没有凸显出一种基本精神，即中国应当以更为积极进取的姿态去顺应和推动经济全球化的历史潮流和自由贸易的深入进行。

② 所谓经济全球化，既包括贸易自由化，亦包括金融全球化以及其他经济活动的全球化。据此，基于经济全球化而开展的国际经济协调，自然是各门涉外经济分支学科都应关注和研究的重要论题。就笔者所研读过的经济学文献而言，我国有些学者所撰的金融著作已比较充分地关注国际经济协调问题。

比如说，王国刚主编的《全球金融发展趋势》一书（社会科学文献出版社 2003 年版）就体现出这个理论倾向。该书在分析 20 世纪 90 年代以来金融全球化的八大趋势时，就明确把"国际金融协调和区域合作"列为一大趋势，还特别指明了这些年来各国形成了一系列相关的新共识，在此基础上，又进一步采取了一系列国际金融合作与协调的措施，包括：建立和发展区域性金融协调机制；改革相关国际机构的组织架构和运作方式；确立和贯彻统一监管规则和金融机构行为准则；推动主要国际货币国和地区之间在汇率事务方面的协调等。（参见该书第 47—50 页）

此外，它还专门用最后一章阐述了"国际货币协调与合作"。在这里，它从资本流动、利率调整和经济周期等方面考察美元、欧元与日元之间的"动荡三角"，指明其症结在于相关国家不愿付出让渡部分货币主权、作出可信的政府承诺和事先协商好合作惩罚机制等代价，强调国际金融领域在构建国际协调机制方面明显落后于国际贸易领域和国际投资领域等。这些论述都给人以比较深刻的启示。（参见该书第 304—335 页）

实上常常会表现在不同的层面或方面。如果处置得当的话，则它们之间可以没有大的冲突或对立。

2. 关于国际贸易自由化

开展国际经贸活动必然面临一个基本思路与政策主张的选择问题，即主张自由贸易抑或坚守保护贸易。毫无疑问，面对经济全球化的现实背景，贸易自由化是唯一正确的抉择。

从经济学基本阐述看，在自由贸易条件之下，市场机制的作用能够得到充分而有效的发挥，从而全世界经济资源就可获取最佳的配置。这样，不仅世界各国的经济效率处于最佳境地，而且还能最大限度地为社会获取经济福利。同时，自由贸易还能间接产生许多的积极影响。例如，提高企业素质和竞争能力，加快一国经济增长，推动技术进步，促进产业结构转变和培育正确适时的经济观念等。①

从当今世界各国的经济交往来看，大力推行自由贸易业已成为共识，并充分体现在众多的国际经济协定里。而在现行的国际经贸规范中间，自由贸易理念更是贯穿其间的主线。事实上，坚持对外开放，坚持市场机制发挥主导作用，坚持国际经济协调，已经成为全球大多数国家对外经贸政策的主基调。比方说，即便是那些经济后起的发展中国家，它们大多数亦先后放弃了原先那套传统做法，转而建立市场经济制度，实施实际上的自由贸易政策，积极推动自身融入国际经济轨道的步伐。其实际成果相当令人鼓舞。②

---

① 需要说明的是，在一部分有影响的西方学者心目中，同样是强调自由贸易的政策主张，还有单边与多边之分。例如，贾·巴格沃蒂就明确指出："产生自大卫·李嘉图和约翰·穆勒，后被阿·马歇尔和弗·埃奇沃斯在19世纪和20世纪之交发展了的贸易政策理论强有力地证明：一国采取自由贸易政策是最有利的。无论其贸易伙伴实行自由贸易还是贸易保护，都是如此。根据这一思想，单边自由贸易被视为一剂良药。"（引自贾·巴格瓦蒂《贸易保护主义》第20—21页，中国人民大学出版社2010年版）毫无疑问，开展国际经济协调所秉持的应该是国际贸易自由化的基本理念，它更多地追求所谓的多边自由贸易，当然也认可单边自由贸易的积极做法。

② 在谈到自由贸易理念的时候，人们不能不关注著名国际经济学者贾·巴格瓦蒂的有关论述。他在《现代自由贸易》（中信出版社2003年版）、《今日自由贸易》（中国人民大学出版社2004年版）、《贸易保护主义》（中国人民大学出版社2010年版）等著作中，观点鲜明、言辞犀利，被西方学界称为"捍卫贸易自由化的斗士"。尤其是关于实现贸易自由化有四种不同方式以及如何看待它们的明确论断，则更加发人深思："传统的单边主义（即指降低自己的贸易壁垒——引者注）和多边贸易谈判中的互惠在贸易自由化中都具有重要作用，而激进的单边主义（即指通常以威胁的方法要求其他国家单方面降低贸易壁垒——引者注）和特惠贸易协定则是世界贸易体系上的毒瘤。"（引自《今日自由贸易》第100页，中国人民大学出版社2004年版）

从我国改革开放成功经验来看，正是积极顺应经济全球化和自由贸易的时代潮流，才使我国能够创造对外贸易奇迹，进而推进自身经济的迅猛崛起。追溯我国对外经贸政策30多年的历史轨迹，从原先比较典型的保护贸易政策，转到不作明确宣示而实际推行的比较自由的贸易政策，再进一步实施公开宣示的比较自由的贸易政策，最终直接接受和推进多边贸易组织要求的自由贸易政策。可以这样说，这些年来我国正是通过全球自由贸易获取了极其巨大的经济利益，可谓是它的最大得益者之一。

由此可见，我国非但没有任何理由去反对和否定这种经济理念，反而应该饱含热情地去秉持和弘扬它，并使之成为广大国民参与国际经济竞争与协调的有力武器。①

3. 关于贸易保护

涉及保护贸易的相关理念，需要分别从基本理论判断、适度贸易保护的主要内涵和国际规则许可范围三方面把握。

作为一种重要经贸理论，有些光辉四射的保护贸易学说，无论从其立言宗旨到实际论述，都非常有说服力，且影响十分深远。例如，弗·李斯特的"保护幼稚工业"理论，便是一个典型例证。毋庸置疑，它们同一些出色的自由贸易理论一样，都值得人们高度尊重、认真研究和充分借鉴。当然，还有不少保护贸易学说的经济逻辑是顺畅的或能够成立，不过其实际应用则宜具体剖析，有些不一定有利于发展中国家。另外，少数提倡保护贸易的理论主张，无论从经济逻辑抑或实际作用来看，都是令人难以苟同的。

作为一种基本贸易战略，贸易保护主义在当今世界已完全有悖时代潮流。经济全球化已把全球绝大多数国家卷入国际贸易激烈竞争的风口浪尖，其中不少国家自然会因此遭遇种种困难和曲折，不过这恐怕是它们融

---

① 当深入理解自由贸易基本理念的时候，关注一下另一种独特的学术见解可能是需要的。美国学者罗伯托·昂格尔撰写的《重新想象的自由贸易》一书就提出了一个很有意思的学术见解。他依据改革后的自由贸易活动应该让各种替代性制度和谐共处的基本思想，主张"世界应为各国提供更多退出世界贸易体制的机会，而不是进行限制。这种退出权必须明确，且必须通过多方议定的程序实施。"这是因为，"贸易体制的发展目标不只是实现自由贸易的最大化，而是促使各种发展战略及各种经济、政治与社会形态和谐共存。为此，我们必须把大部分精力用于调和开放与多样化（包括方向和组织的多样化）之间的矛盾。"（参见《重新想象的自由贸易》第150—154页，北京大学出版社2010年版）应该说，它对开放与多样化的关系提供了一种有启迪意义的思路。

入国际经济体系的必经之路。这意味着，把保护贸易作为一国基本的贸易战略或贸易运作总体思路，绝对是一种错误的选择，只会导致本国外贸活动越来越步履维艰。

作为一项具体政策措施，保护贸易做法需要人们进行客观理性的分析，并不能简单地一味反对或否定。相反，适度的贸易保护有时候更应予以必要的肯定。这是因为，恰当的保护贸易措施同自由贸易提倡用竞争机制刺激经济活动并非势不两立，而自由贸易也不可能无条件地绝对进行。在当今这种实力差距与交换不公平都相当显著的贸易格局下，要完全开展教科书式的自由贸易就显然行不通，即使一时实施了，也必然难以为继。换言之，经济后进国家依据国际规范采取适当的保护措施，既是维护本国正当贸易利益的需要，又正是在为最终实施自由贸易积极创造条件。总之，在实际判断一项具体贸易政策时，一切应当以时间、地点、条件为转移。认为主张自由贸易就一定反对适度的贸易保护，是一种张冠李戴的误读。

贸易保护做法被应用得在理和恰当，自然需要正确把握贸易保护的含义及其运作条件。适度贸易保护的基本含义至少应当覆盖如下内容：其一，保护的目的，即推动后起国家的工业制成品行业与服务贸易行业发展壮大。其二，保护的对象，即经济后起国家起着支柱作用的少数新兴工业与服务行业。其三，保护的手段，即高税率的关税措施或服务贸易市场准入条件的变动。其四，保护的条件，即必须防止其保护成本过高、为少数集团谋利和悖逆国际经贸规范等弊端。其五，保护的时限，即必须规定一定的期限，不能实行长期保护。

适度贸易保护还必须遵循世界贸易组织规定的实施范围。这是指任何WTO成员只有在如下特定情况下才可以实施适度的贸易保护。这些特定情况主要有：农产品贸易，即农产品可以获取出口补贴，对进口农产品可以实行高关税，给予国内农产品以进口替代补贴；幼稚工业产品，即发展中成员可以对其幼稚工业产品实施一定时间的贸易保护；实施贸易救济措施，即可以对违反国际经贸规范的外国进口产品实施反补贴或反倾销措施，或者进口国依据国际经贸规范实施保障措施；没有完全开放的服务贸易部门，即对于那些一国尚未承诺完全开放的服务贸易具体部门实施相应的保护措施；其他例外条款规定，如国际收支平衡、区域经济一体化组织、国家安全及一般例外等条款所许可的适度贸易保护。

这些都明确地告诉人们，凡是同上述要求相背离的贸易保护措施，在理论上恐怕站不住脚，在经贸实践中也无法得到认可，因而是不可取的。①

4. 关于经济主权

还必须强调的是，对于国际经济协调运作而言，有关经济主权的基本理念颇具典型性。这个经济理念需要从两个方面予以比较完整的把握和应用。一方面，一国维护自己的经济主权是天经地义的神圣职责，其他国家都不能无端加以干涉或反对。另一方面，在经济全球化的背景下，经济主权的内涵发生着重要变化，原先属于主权范畴的某些内容已经产生性质上的变动。在这里，片面强调任一方面而忽略另一方面，特别是不分青红皂白地强调"国家主权"，都可能把人们引向偏颇的思路和错误的决策，直接危害一国国际经济协调的有效开展。②

所谓经济主权的内涵发生重要变化，主要是指它出现了某些让渡或共享。这种主权的让渡或共享，来自国际经济组织或区域经济协定的明确规定，意味着它们不再由本国独自决定和随意实施。换言之，让渡或共享的相关内容不能再被视为一国经济主权的组成部分。必须指出，这类主权的让渡或共享是由参与各方共同谈判商定的，即所有参与国家都是自愿接受的，一般来说也是对等和公平的。它们对于全球与本国的经济发展，从总体上讲都是十分有益的，即它们无疑属于积极可取的国际协调成果。同时，它们的实施还具有权威性的法律效力，不容许任何国家随意违反甚或肆意践踏。

例如，WTO的成员必须遵守多边贸易组织规则体系，如果自己国家原先的法律、制度和政策与此相抵触或不吻合，则必须进行相应改革与调整。显然，原本归属于本国经济主权的这类自主决定权利，现在反倒无法由自己支配了。同样，参与区域经济一体化的国家，都必须按照相关协定

---

① 关于贸易保护理念比较简明而全面的阐发，可以参见拙作《国际贸易学再研究》（中国财政经济出版社2013年版，第80—86页）。

② 著名WTO研究专家约翰·I. 杰克逊对于国家主权问题展开了深入探讨与剖析，其学术见解很值得我国学者认真研究。他提出了"现代国家主权"概念，并把研究重点放在了"权力分配"的问题上。按他的说法是："当'主权'用于目前的政策辩论时，它确实指的是权力分配问题，通常情况下是指'政府的决策权'。"（摘自《国家主权与WTO》第86页，社会科学文献出版社2009年版）其中包括了"纵向"的权力分配和"横向"的权力分配，而后者是指国家权力在不同部门之间的分配，以及各种国际组织之间的权力分配。

的规定，不同程度地调整自身的关税与外贸政策，有的一体化水平高的组织（如欧盟）甚至连三大宏观经济政策的大部分制定权力，都须上缴给一个超国家的经济组织。可见，在这些情况下，把已经让渡出去的这类经济权利还要当作"经济主权"来对待，由此做出经济判断和提出政策主张，甚至去反对一些基于国际经贸规范的政策措施，实在是远离了经济全球化的现实背景。

它充分说明，面对经济主权内涵的深刻变化，人们必须运用一种与时俱进的思维方式去处置国际经贸事务。倘若一味死守业已过时的主权理念，动辄用"主权"说法去反击一些国际经济纠纷所引发的国外言行，则既暴露出自己缺乏应有的国际视野，又可能将自己陷入孤立无援的困境，更无法开展什么国际经济协调了。

（三）国际经济协调的具体运作

一讲到国际经济协调，人们往往首先想到的是谈判与协商。毫无疑问，谈判与协商当然是国际协调的具体表现，而且是常见的一种做法。但是，在广泛的意义上说，国际经济协调的具体运作却基本可以分为"谈判"和所谓的"协调与合作"两大类。比较而言，前者仅仅属于一种狭义的协调方式[①]，不过它往往比较显眼；而后者则是一种全面而深入的协调运作，可有时带有相对隐蔽或不易被察觉的性质，或者还常常表现为似乎是前者带来的成果。因此，作为一种基础性理论研究，本书自然更倾向于后者的探索，但同时又包括对前者的阐述。这意味着，这里对于具体协调运作展开的深入论述，大多数都涉及谈判桌背后的运作管道与协调内容，而不仅仅是一个经济谈判与协商的问题。

一讲到国际经济协调，人们还总是着眼于各国经济政策之间的合作与协调。这样的解读可以说有其一定的必然性，因为人们能够看到的是，不同国家之间的经济协调毕竟首先和主要是围绕它们政策的彼此呼应、合作或妥协来展开的。然而，更多的协调运作或彼此妥协让步，涉及超越政策范畴的其他一些领域与范围，并且可能是在常人不易明显感受到的情况下悄无声息地进行的，因而同样不是"政策协调"一词足以概括和包纳的。

[①] 如果能够更多地了解有关理论观点的话，那么，就不太可能把谈判当作国际经济协调运作的主要方式甚或唯一途径。例如，《美国衰落的神话》一书就探讨了制度、机构和市场等因素给予国际协调的若干重要影响。其中，它特别强调了市场因素的一些积极作用，显然，这类国际协调都是谈判方式难以胜任的。（参见该书第86—103页，中国经济出版社1994年版）

质言之，国际经济协调所拥有的具体方式实际上并不像人们通常理解和把握得那么单一。这是尤其需要特别指明的。大概而言，由于国际经济协调的诱发因素和具体内容各不相同，这种具体的协调运作方式至少可以划分为六种类型。①

1. 体制性协调

一般而言，任何一种经贸行为都多少受到一定制度背景的制约或影响。由此，两国经济体制存在的明显差异有时也会使它们之间的经贸活动遭受阻碍和削弱，甚至引发比较尖锐的冲突。在这种情况下，每个国家都需要用是否符合经济全球化和国际经贸规范这两把衡量尺子，来衡量自身经济体制的成败得失。

前一把尺子衡量一国的经济体制是否顺应时代呼唤或者说有否"过时"问题。后一把尺子则直接决定一国经济体制能否被纳入国际经济体系，以及其国际经济协调在整体上是否得以全面而有效的实施。倘若其在这两把衡量尺子上存有这样那样的明显弊端或缺陷，那么，该国经济体制的调整和变革就势在必行了。于是，在与其他国家进行经济协调的具体运作中，这种体制性的调整与变革，既常常是贸易对手的重大诉求，又是自身促使对方做出其他方面重要妥协与让步的必要筹码。比方说，中国加入WTO 的谈判获得成功，就是体制性协调十分成功的一个典型例证。

以中美经济体制为例，美国是自由市场经济体制的典型代表，而中国还在逐步完善社会主义市场经济体制的进程当中，两者之间的差异甚为显著。这样，当两国贸易往来涉及制度层面的矛盾和歧见时，摩擦和冲突自然随之而起。例如，美国长期以来始终不愿承认中国拥有市场经济国家地位，虽则它的实际影响主要停留在反倾销等少数贸易领域里，可究其根源却出自经济制度的差异。要有效缓和或解决这类贸易纠纷，一般都需要双方在制度层面实现某种比较长期的协调，而这种协调通常又同政策或机制层面的积极合作密切相关。这意味着，它们在较短时间里只能有所平息而

---

① 需要说明的是，根据笔者理解和分析，有些涉及国际协调的因素或现象并不能纳入协调方式的范围加以概括和阐发。比方讲，一国经贸战略的调整与变革，它或出自外部客观形势的巨大变动，或源于自身经济发展阶段的新转折，或基于其根本思路的显著转换，显然不是"国际经济协调"一词所能简单涵盖的。因此，这类战略性调整与变革的做法不宜视为一种国际经济协调方式。还有，那些因突发事件或偶发因素而起的国际经济协调运作，完全可以归属为一种策略性的协调方式而不必另列一类。

难以彻底解决。①

2. 政策性协调

政策性协调是基于两国宏观经济政策（如财政、货币、对外经济以及汇率政策）之间的冲突所展开的协调。一国不满意另一国某些对国际经济活动产生较大影响的宏观经济政策，有时也会由此爆发贸易纠纷。特别是，对于那些被认为直接导致自身贸易不平衡的对方政策措施，更易于形成尖锐的紧张关系。基于此，针对贸易纠纷与摩擦而展开的协调运作常常似乎比较集中于这类政策调整与变革。所以，有些人士往往易于把国际经济协调几乎当作政策协调的代名词。其实，两者远远不能相提并论。

另外，这种贸易摩擦的缓和或解决，或者说这种政策协调的有效性或成功概率，很大程度取决于所涉国家政府对相关政策的效果评估或实施弹性。这意味着，这种政策性协调并不只是对于相关政策的调整与变革，而包含更为丰富的内容。

例如，贸易对手对于自己某项经济政策的效果评价，或者因为掌握错误或不实的信息与事实，或者由于应用的衡量尺度出现错乱或偏差，或者可能出自对方的主观臆断或不当的思维定式，或者源自国内各种经济力量的重大压力，都不可避免地会存有明显的差错抑或离谱的荒谬之处。这就需要进行有的放矢的特定协调活动。而这些协调并非直接去调整和变革自身的既定政策。同样，自己实施某项经济政策时，如果在时机的把握、力度的大小、尺度的宽严上能够审时度势且增强弹性，那么，其引发对方强烈反应的可能性或许会大大下降。可见，这种政策性协调并不一定是改变某项政策本身。目前，如何平抑发达国家对我国汇率政策的过度反应及其可能产生的冲突，便是一种比较紧迫的政策性协调运作。

3. 机制性协调

一国经济机制的形成和发展，自然同它的经济体制和政策直接相关。然而，由于与自己人文背景和实际国情密不可分，所以，即便经济体制相同或相似国家也会构筑一些各具特点的经济机制。这样，它们之间由此产生某些摩擦和冲突也在所难免，这同样需要进行机制层面上的国际协调运

---

① 赵瑾在其《全球化与经济摩擦——日美经济摩擦的理论与实证研究》一书里，专门论述了"日美制度摩擦"，还具体讲到了日本展开规制缓和和美国进行规制改革的主要内容。（参见该书第251—303页，商务印书馆2002年版）这里的"规制缓和"与"规制改革"就是体制性协调或机制性协调的具体表现。

作。例如，美国同其他国家某些贸易纠纷的加剧，就同它的国会拥有巨大贸易决策权以及贸易授权机制的特点（如它具有一定时间性等）有着较密切的联系。

在多数情况下，这种因某种经济机制不协调而生成的贸易摩擦具有局部和短期的性质，并不至于引发过于激烈的冲突和十分严重的后果。不过，它是以双方应当重视自身经济机制的完善和规范为前提条件的。换言之，只要相关方能够正视自己某项机制所存在的缺陷或严重不足，这种机制性协调并不会遭遇太大困难，此时只是需要一定的时间和必要的耐心。反之，它则仍然可能给一国带来本可避免的严重经济后果。

4. 技术性协调

技术性协调是指围绕国际经贸活动技术层面所进行的协调活动。其产生的根源主要在于，贸易双方由于经济发展水平存在显著差异，对于各种技术层面的规定和要求有着明显不同的理解和实践。这样，它们在技术性贸易壁垒的运作尺度上必然易于产生摩擦和冲突。这在卫生检疫、环保以及技术标准等方面表现得尤为突出。应该说，这类摩擦主要是围绕如何解读和遵守有关国际规则的问题而展开的。对于我国来讲，目前有些贸易摩擦的出现还同自身尚未改变传统运作方式或原先技术性规则尚未彻底调整，有着较直接或一定的联系。在大多数情况下，由此引发的贸易纠纷还不至于达到异常激烈乃至不可收拾的地步，但是，这类协调运作却可能带有比较具体、细微和烦琐的性质，并在较长时间里易于时起时伏。

5. 策略性协调

策略性协调是一种出于策略需要而采用的妥协与让步行为，通常出现在几种僵持不下的对峙局面之中。一是"先予后取"的做法。从战略全局出发，为了能够获取其他方面更大的根本性或实质性利益，不得不在这样那样相对次要或具体的方面有所割舍或让步。二是"退一步，进两步"的考虑。有时候双方在某个问题上的分歧陷入似乎无法调和的境地，自己审时度势、灵动转圆，主动先手向对方做出一定的让步，以缓解本已紧绷的协调氛围，并为以后获取更多的利益埋下了伏笔。三是"各取所需"的判断。有时候双方在同一问题上展开激烈的博弈，实质上各自的诉求与利益并不在同一层面上。于是，将争议的主题进行分割剖析，在甲层面上满足对方的诉求，在乙层面上实现自己的主要利益，双方便可各得其所。

四是"雪中送炭"的表现。看准对方政府所面临的重大国内压力，在一些并非涉及自己根本利益的问题和方面上予以积极配合，既帮助对方政府适当舒缓困境以获得更多的国际协调主动权，又使得自己获得更多的无形协调资本，显然这两方面都有利而无弊。五是"围魏救赵"的手段。表面上看，自己在甲问题上寸步不让，实质上最后只是把它作为一种协调筹码，用以在乙问题上获得大的突破。诸如此类妥协与让步的做法，讲到底都是不同策略手段的具体应用。

6. 伦理性协调

经济伦理在经济活动中发挥着潜在而重要的作用，有时甚至支配经济主体的行为选择。在一定条件下，两国不同的经济伦理标准也可能直接碰撞而引发贸易冲突。例如，有些发达国家民众关于劳工标准的价值观念和基本诉求，就明显超越广大发展中国家的实际运作水平。这样，他们难以接受经济落后国家那些似乎无视劳动者权利的做法（如过于低廉的工资收入和福利待遇、过长的劳动时间、恶劣的生产环境等），进而就可能对后者的某些进口商品产生抵触情绪。这无形中酿就了某些贸易冲突的社会基础。这类贸易冲突的根本解决，唯一途径就是两国广大民众必须在经济伦理层面上进行有效的沟通和恰当的协调。不过，这往往需要一个循序渐进的过程，不可能一蹴而就。政府则须扮演一个双重的协调角色，一方面对由此而生的贸易纠纷有准确的判断和恰当的应对，另一方面要积极推动双方经济伦理的沟通和协调。

还应当看到，这六种国际经济协调类型的区分，主要是着眼于理论分析思路的需要，利于从多元视角去全面探究它们的实际表现和各自特点。至于现实国际经贸易活动出现的一项具体纠纷，它常常可能是由多重原因引发的，或者会被人们进一步赋予多重含义，从而趋于复杂难解。换言之，一项具体贸易纠纷或许要同时展开多种方式的协调运作。例如，中美之间产生的纺织品贸易争端，固然是因为中国在劳动密集型产品上具有显著的比较优势，但是，对于这个贸易摩擦起着推波助澜作用的是美国的各种力量，除了纺织品行业本身之外，其他力量更多的却可能是从制度、政策甚至伦理视角来看待和处置它的。也就是说，我国只有准确把握住引发这场贸易纠纷背后的多重动机，才能够有的放矢地妥善解决它。

二　国际经济协调运作依据

那么，在国际经贸活动中为什么需要开展和坚持这种国际协调运作呢？对此，各国都必须不断深化相关认识，大力弘扬国际经济协调理念，并把它们贯彻落实在自己的对外经济运作之中。应当看到，这样做既有着十分充足的理由，又来自不少经济现象的客观需求。

（一）开展国际经济协调的基本依据

概要而言，我国需要开展国际经济协调主要来自三方面的基本理由。由于它们已经较为人们所知晓和了解，这里只作简要的提示。

1. 深受公认经济理论的有力支撑

以博弈论为理论基础的经济学原理早就告诉人们，合作性竞争明显优于非合作性竞争。这意味着，在当今世界国际经济活动中间，追求零和博弈的竞争型式，以"冷战"思维处置各国之间的经贸关系，往往会搞得两败俱伤，显然不符合彼此的基本经济利益。相反，用合作"多赢"的精神对待国际经贸舞台上的种种矛盾与纠纷，力图实现共同增加各自经贸利益的目标，才是一种正确和有效的根本之道。[1]

2. 顺应世界经贸基本格局的正确作为

各国在经济上互相联系与彼此依赖的程度越来越深，大多数开放国家的经济都是"我中有你，你中有我"，有些还达到了相当紧密的程度。[2]

---

[1] 国内外学者关于各国经济依存不对称的研究成果，并没有削弱或否定本书阐述的正确性。经济相互依存的不对称关系，不会改变国际经济协调这个根本方向，只是导致这种国际协调的具体内容与方式的若干变化。

还值得一提的是，在《全球经济的非对称依存》一书（中国人民大学出版社2010年版）里，詹宏毅对此进行了有价值的探讨。尤其是该书剖析相互依存关系出现不对称性的主要原因和强调从不对称依存角度重新认识国际经济组织（WTO和IMF），更具较显著的启迪意义。（分别参见该书第101—106页和第177—182页）。可惜的是，这两方面的阐发好像还不够充分和深入，令人读后萌生意犹未尽之感。另外，没有全面地深入地论述这种不对称性产生的诸种经济效应，可能也是一种学术缺憾，毕竟它是凸显这个论题研究价值的重大理论内容。

[2] 坦率地说，中美之间经济相互依赖程度不断加深，如我国每年实际出口到美国的数额占出口贸易总额的近40%，我国外汇储备的1/3强用于购买美国政府发行的债券等。道理很简单，中美这两个大国的经济相互依赖已经达到如此高的程度，如果它们之间出现激烈且频繁的经济冲突，那么一定是两败俱伤，谁都成不了赢家。因此，一切有意无意损害中美正常经贸关系的所言所行，都是笔者坚决反对的。

在这种新的格局下，它们实际上并不希望关系密切国家的经济状况产生大的麻烦或困难，因为对方出现经济疲软或衰退一定会冲击甚至重创自己的经济增长。反之，如果它们动辄以一种对抗好斗姿态来处理彼此间的经济摩擦与纠纷，则一定会落个两败俱伤的结局，谁都不可能是赢家。这就决定了，彼此唯有采取合作协调的立场，才能实现各自的经济目标和贸易利益①。

3. 得到我国对外经贸实践的反复验证

我国在30余年的改革开放历程中，始终坚持以国际经济协调精神处置对外经贸活动，获取了一个又一个的重大经济突破，为我国创造外贸奇迹奠定了扎实的根基。从改革开放之初与美国互相提供贸易最惠国待遇，到排除种种重大障碍加入WTO，再到近年来围绕各种贸易壁垒同发达国家的斗智斗勇，其中每一项辉煌成就的取得，莫不同出色的国际经济协调运作紧密相连。所以，始终不渝地坚持和弘扬这种国际协调精神，是我国不断赢得对外经贸成就的重要法宝。

（二）开展国际经济协调的其他理由

至于一国开展国际经济协调运作的必要性和紧迫性，更来自诸多具体的经济需求。这里仅简略列举数种。

1. 争取外部和平环境的需要

一国要大力推动自身的经济发展，都离不开对外贸易的迅猛增长和经济体制的广泛开放，而它们必须得到一个和平外部环境的支撑才可能得以实现。可是，和平外部环境的取得，需要具备众多的主客观条件。其中，

---

① 在笔者看来，认真读一读美国著名学者C. 弗雷德·伯格斯坦主编的《美国与世界经济：未来美国的对外经济政策》一书（经济科学出版社2005年版），十分有利于人们坚守国际经济协调的基本理念和战略方向。例如，该书第四章专门阐述了中国的经济发展，而最后一节（第六节）还以"对美国政策的启示"为题进行了引申，提出了不少令人瞩目的观点，如中国成为全球经济强国对全球经济和美国而言似乎主要代表了一个机会而非挑战；中国对美国巨额且还在增长的贸易顺差主要反映的不是中国奉行贸易保护主义；尽管中国出口所占份额越来越高，其未来许多年的比较优势可能仍然在劳动密集型产品；美国的贸易逆差主要是自己的结构性因素造成的；人民币升值无疑将减缓美国有些产业就业的下滑，同时只能略微减少美国对中国的双边贸易逆差；美国和其他高收入经济体应该努力维持对中国产品开放市场；美国和其他工业国家应该加强中国在以促进国际经济政策合作为宗旨的国际机构中的作用；中国在全球经济中的作用可能会继续迅速扩大等。（参见该书135—139页）一共寥寥5页的篇幅，竟然有如此之多的持平之论，且充溢着一种浓重的国际经济协调色彩，委实非常值得嘉许。这从一个侧面告示人们，国际经济协调作为一个符合时代潮流的基本理念，在美国和其他发达国家同样会有众多的信奉者和实践者，因而这种经济运作是有现实基础的。

秉持合作"双赢"的适时理念,营造友好互助的良好氛围,以协商沟通、求同存异的方式解决贸易纠纷,就是不可或缺的基本条件。试想,自己就不具备国际经济协调精神,既没有合作"双赢"的基本理念,又不努力追求彼此友好交往的积极氛围,更经常用一种好斗或对抗的姿态去处置国际经贸规范事务,那么,你还有什么充足的理由去要求他人提供和平的外部环境?简言之,一国要争取一个和平的外部环境,首先自己就得具备与之相适应的国际经济协调精神,能够包容大度地面对各种困难与挑战。

2. 承担国际责任的需要

随着自身经济的迅猛崛起,中国面临一个需要承担更大国际责任的新课题。我国一直高度警惕各种"捧杀"中国的行为,自己也绝对不愿"托大",坚决不做与自己经济地位与实力不相匹配的蠢事。但是,既然中国的经济实力已位居世界第二,那么,相较以前须更多地关注全球和平与发展这个主题,恐怕已经难辞其咎了。这样,中国就需要同世界上一切国家,首先是那些影响力大的国家友好合作,自觉地共同应对和平与发展所面临的各项挑战。在这样新的时代背景下,一个承担更多国际责任的中国,必须用一种更加包容的胸怀和更加真诚的合作态度,以应对错综复杂的国际事务包括各种冲突。于是,当自己与其他国家出现了一些贸易纠纷的时候,能够抛却合作"双赢"的理念和积极协调运作的态度,而是以一种对抗或好斗的姿态去激化矛盾和制造困难吗?其答案当然是不言而喻的。

3. 战胜共同经济挑战的需要

从全球经济的实际状况来看,一些共同的经济挑战使各国不得不搁置分歧和停止争吵,实行相当积极或一定程度的合作协调,以实现共同希冀的经济目标。中国与其他发展中国家之间,有着消灭贫困和发展经济的共同目标,面临人口膨胀、环境恶化、收入分配差距巨大等共同发展难题,出现资源利用率低、市场机制功能不充足、法规不健全、政府职能不清晰等共同制度弊端。总之,它们面对着众多共同的经济挑战。显然,大家互相支持配合、取长补短、共同发展,是唯一正确的道路。至于中国与发达国家之间则面临着另一种类型的共同挑战,即更多的共同经济麻烦。例如,彼此经济依赖程度相对很高,多少具有"一荣俱荣,一损俱损"的特征;贸易巨大不平衡带来诸多烦恼,导致双方经常产生这样那样的纠纷和冲突,如其中迫使人民币汇率升值就已近10年;围绕国际经济制度创新问题，双方分歧尖锐且后果严重；等等。处置这一切棘手的经济困难，唯有合作与协调才能够找到解决它们的钥匙。反之，任何一方采取对抗和僵硬的姿态，只可能两败俱伤，谁都成为不了真正的赢家。一句话，大力强化合作与协调，才是战胜一切共同经济挑战的法宝。①

4. 融入国际经济体系的需要

在经济全球化不断深入情势下，融入国际经济体系是一国对外经贸大发展的当然条件。对于极大多数国家来说，接纳新成员融入现行国际经济体系，不是为了寻找或增加"麻烦的制造者"，而是为了寻找和增添紧密联系与友好合作的经贸伙伴。对于融入者自己而言，积极融入现行的国际经济体系，不是为了寻找一块挑起争斗和激化对抗的新阵地，而是为了开创一个利于国际经济交往与合作的新天地。这样，一国要真正融入当今的国际经济体系，唯一的途径便是学会如何与不同的国际经济组织或国家进行协商与合作，包括找到相互适应的方式和策略，以及应对彼此贸易纠纷的适当姿态和恰当方式。毫无疑问，这些自然离不开国际经济协调的基本精神和相关做法。

5. 维护国际经贸规范的需要

在经济全球化时代背景下，遵循和维护国际经贸规范是顺利开展各国对外经贸运作的重要前提条件。就多边贸易体制的基本规则而言，"互利"就是一条重要主线。以往发达国家之所以在 GATT 体系和 WTO 体系里面能够拥有很大的影响力，除了自身经济实力强大的缘故，还在于它们之间拥有比较有效和完善的协调机制。例如，它们常常通过一些机构（如经合组织）和会议（如七国集团会议）进行沟通、磋商与协调，用同一个声音表明有关国际经济问题的立场和态度，以保持强大的影响力。现在，世界经济力量对比已经发生有利于发展中国家的显著变化。发展中国家之间唯有进行有效的协调与合作，才可能增强它们的话语权和影响力，维护它们的共同经济利益。事实上，它们拥有共同的利益基础、价值目标与标准，完全有可能实现这种国际协调。比方说，77 国集

---

① 但是，有些美国学者未必对以政策协调为主要方面的国际经济协调活动表示出很大的兴趣。例如，赫伯特·斯坦在其《美国总统经济史》一书里就认为："由于各种原因，至今对国际协调的尝试还是令人失望的。这并不是否定努力的积极意义，但这确实说明国际协调在何种条件下取得何种效果还没有得到现实的定义。很可能国际协调问题会随着对国际经济中不平衡的关注的减弱而退隐幕后。"（引自该书第 304 页，吉林人民出版社 2011 年版）

团加中国的模式就可以成为这种国际经济协调的有用平台。

（三）关于若干误解的简要阐释

不能不看到，围绕国际经济协调这个主题，人们往往还有着这样那样的误解或偏见。这就有必要作些提纲挈领式的阐释，以适当澄清一些常见的误读。

其一，把国际经济协调看作一国开展对外经贸谈判的事情。确实，国际经贸谈判是开展国际经济协调的重要方式，有时候表面看来还是一种最主要的方式。所以，有些国外学者有时候也会用"国际经济谈判"一词当作国际经济协调的代名词。但是，事实上国际经济协调有不少具体方式。如前所述，本书就着重论述了六种协调方式。显然，它们大多数方式所涉的内容都不仅仅是谈判桌上就能够解决的。

其二，把国际经济协调看作是一国对于其涉外经贸政策的调整与合作。毫无疑问，围绕经贸问题的国际协调自然会大量涉及有关经贸政策的调整与变革。正因为如此，不少国内外学者讨论国际经济协调这个主题时，都把重点放在了政策协调上。然而，把国际经济协调仅仅或主要看成为政策协调，却可能是一种不大不小的思路偏差。一方面，大量表现为政策协调的内容，实际上反映的是体制、机制、伦理等方面的变革，只不过用政策变动的形式加以表现。另一方面，究其实质，国际经济协调最核心的部分恰恰是制度协调，它们有些方面是不通过政策变动来体现的。

其三，把国际经济协调看作一国对于经济博弈对手的妥协与让步。必须看到，妥协与让步是国际经济协调运作不可或缺的组成部分，甚至常常是其主要的表现内容。不充分肯定和实践这个论断，就不可能有真正意义上的国际经济协调运作。但是，在分析思路上仅仅至于此，则多少折射出其中的欠缺和疏漏。首先，做出一定的妥协与让步，是对当时经济博弈格局审时度势、灵活转圜的一种结果，而不能视之为让步而让步。其次，这种妥协与让步都是在服从战略大局下的具体步骤，并不能走上随心所欲或谋划不周的斜路。再次，在多数情况下，这种妥协与让步意在获取其他方面的重要利益。最后，妥协与让步不能触犯自己应守的底线。换言之，只有坚持上述思路的妥协与让步，才是一项成功的协调运作所不可或缺的重要手段。

其四，把国际经济协调看作是一国出于策略考虑的权宜性手段。诚然，策略性的协调行为是国际经济协调非常重要和经常使用的一大手段。

但是，把国际协调主要当作国际经贸活动中的权宜性手段，则可能是一种相当有问题的误读。这种看法存在两方面的严重偏差。从分析思路上看，它大大贬低了国际经济协调的重要地位，无形中否定着其为基本经济理念和根本决策思路的重要性。从具体实践上看，它等于否认了其为对外经济机制之内核和涉外经贸策略之基石的重大地位。试想，既然是一种权宜性措施，它自然只是一种时而需要时而弃用的措施而已。

其五，认为国际经济协调只有在双方都具强烈意愿时才有实际意义。应当看到，在经济相互依赖程度越来越紧密的经济格局下，每个明智的政府都懂得国际经济协调的必要性和重要价值，并不会贸然拒绝这样的运作机会。从这个意义上讲，双方一般都有开展协调运作的真诚意愿。当然，由于各种原因所致，对方对于某些问题的具体协调完全可能缺乏应有的积极性。此时，一国实施进攻型协调运作就十分要紧。通过积极创造条件、及时抓住时机、充分展示利得等环节的充分发挥，激发和调动对方的协调积极性，从而依旧可以同对方展开成功的经济协调以获取很大的利益。所以，上述态度还是显得比较消极。

或者有人士可能进一步产生这样的疑问：面对某些发达国家来势汹汹的遏制与包围，我国还是强调国际经济协调，是不是显得软弱无能呢？

必须强调指出，当我国面临某些发达国家所展开的政治钳制、军事包围和意识形态围攻时，再进行这种国际经济协调运作会不会遭遇困难和障碍？回答是：当然会遭遇一定甚至严重的干扰。那么，还应该坚持这种国际经济协调运作吗？回答是：必须坚定不移地坚持这种国际经济协调运作。这是因为，在经济全球化背景下，只有始终不渝地坚持国际经济协调运作，才能获得一个相对良好平和的国际经济环境，才能行之有效地推进我国的改革开放事业，才能卓有成效地确保我国经济的顺利发展。同时，只有不断提升我国的经济实力和综合实力，才能大大提高我国的国际政治影响力和军事防御力量，从而最终粉碎那种企图遏制和削弱我国发展的国际阴谋。

因此，对于诸如此类针对我国的政治遏制、军事包围和意识形态围攻，有时还有西方传媒的偏见和胡搅，我国务必采取理智而恰当的应对态势。一方面，我国自然需要保持清醒的政治头脑，并辅之以必不可少的应对准备，包括增强我国军事实力和开展必要的国际政治斗争；另一方面，大张旗鼓地宣传"和平发展"与"和平崛起"，并一步一个脚印地加以落实和体现，在国际经济舞台上则是坚定不移地以国际经济协调精神总揽一切。

还必须提醒的是，千万不能再采用僵硬的思维定式或偏颇的分析思路，去看待和解读所谓的遏制行为。美国用以对付中国的不少手段，有些是出自经济目的的"遏制"措施，有些是基于策略应用的权宜之举，有些是人们不当地误认为"遏制措施"。可见，把它们统统上升为战略层面的遏制手段，模糊着自己的视线和思路，失却了不少本可让国际经济协调运作大显身手的机会和空间，进而带来众多利益的不必要损害。这无疑是非常不可取的。

三　国际经济协调的主要障碍

但是，在各国对外经贸活动实践当中，却经常面临各种运作障碍和实际困难。大致而言，这类障碍和困难主要来自三个不同的层面。

（一）开展国际协调必须具备一定条件

一国积极开展国际经济协调运作，试图与贸易对手实现有效合作与"双赢"，就必须具备一些不可或缺的重要条件。换言之，相关的各国政府必须在如下方面尽力做出自己的应有努力，否则参与国际经济协调纯属一句空话。

1. 彼此之间需要建立必要的信任

国际协调的主要手段甚至唯一办法，就是通过反复的磋商实现预定的经济目标或者签署有关的经济协议。作为磋商双方的国家如果缺乏应有的或起码的信任，互相猜疑，彼此设套，则绝不可能走向协调一致。显然，营造适当的合作氛围，建立必要的信任感，是国际协调得以实现的前提条件。

2. 代价和收益能够达到一定平衡

任何国家参与世界贸易竞争合作协调，一般都是出于经济利益的考虑，这就存在一个成本与收益的比较问题。一项国际协议的达成，带给各国的实际利益固然会有差别，但至少大家都能得到一定利益，或者至少不会遭受额外的或不必要的利益损失，或者遭受的利益损失能够在其他地方得以补偿。不仅如此，这类利益的分配还不能过分悬殊，而是相对公平合理或是差强人意，否则将会因一部分或相当部分的国家缺乏积极性而导致败局。

但是，由于各自的经济状况和比较优势大不相同，一个共同的经济目标必然带来不同的成本和收益，使得有些国家得利较多，有些国家受益较少，还有的甚至可能遭受净损失。显然，在各国都旨在维护自身经济利益的经贸格局里，确立和实行共同的经济目标必然充满艰难险阻。只要看看WTO内部的贸易谈判（如多哈回合就谈了将近13年），便可见一斑。

3. 直接竞争性经济目标必须调整

一些具有直接竞争性质的经济目标往往难以取得共识，有时候更是无法进行有效协调。例如，有的国家试图利用本币汇率被低估来扩大出口，而有的国家则希望主要货币之间的长期汇率保持恰当的水平，在这种情势下，要相关的国家都积极参与国际货币之间汇率的国际协调，几乎是不可能的。这种国际协调常常是必须进行的，但由于某些国家貌合神离，它却又是不完整的和缺乏效率的。

4. 大力推动信息和政策的相互沟通

如果有些国家的信息严重不对称，即其信息来源和传递状况大不相同，如果制定和实施政策的时间成本大不相同，如果有关政策产生效应的时间和范围不同，那么，这种协调的具体进程和实际效果可能由此而无法达到预期的目标。这就是说，即使大家都有真诚合作和协调的愿望和行动，也会因为信息的阻滞和政策的刚性而力不从心、无功而返。

5. 努力协调各自差距甚大的经济预期

一国愿意积极参与某些国际协调，讲到底是因为它看到了这种协调的发展前景和相关影响给予自己的利益，即便是被迫参与而得不到什么好处，也一定是以此为筹码来换取其他方面的利得。于是，当各国对一项国际协议的预期存在显著的差异时，它们的参与积极性自然参差不齐，甚至可能差距巨大。一旦态度消极者形成一股可观的力量，这必然使得其成功的可能性大为减少。这意味着，调整各自差距甚大的经济预期，是国际协调运作务必面对的一项较为艰巨的任务。

6. 谈判和协调应当防止蜕变为竞争性赛局

倘若贸易协调的当事国还缺乏相互信任，或者有的国家为偏狭的私利所缠绕而不顾大局，那么，这种意在进行经济协调的行动反而会陷入一种无穷无尽的角力游戏，互相把对方视为实际上的敌手，根本就达不到"双赢"或"多赢"的结局。

综上所述，倘若这些必须具备的条件无法得到有效落实，或者说国际经济协调运作不能在这些方面实现妥协和一定的平衡，那么，其预设的协调目标势必可望而不可即。

（二）来自国际社会的运作障碍

一国开展国际经济协调，还常常遭遇来自国际社会的各种障碍，有时这类障碍还相当巨大。它们主要来自如下影响因素。

1. 经济实力差异悬殊

开展国际经济协调就是双方或多方进行又一轮经济博弈的开始。在这里，协调运作所依据的国际规则的解释，协调运作预设目标的最后确定，协调运作程序和实际进程的具体安排，都直接取决于各自话语权的大小。话语权就是国际协调过程中影响力的直接体现，在当今凭借实力讲话的世界经济格局下，自然就是经济实力决定其话语权。其结果是，双方比较悬殊的实力差距往往使得弱势一方难以获取协调运作的主动权乃至足够话语权，从而最后的协调成果并不能达到自己预期的目标。于是，它们缺乏协调积极性好像成了一种较为常见的状况。

2. 不对称的经济依赖关系

经济相互依赖程度的日益上升已成全球经济格局的一大特征，可它们又是不对称的。这种不对称既反映在依赖程度不同上，又表现在所依赖对象重要性的不同上，还涉及这种相互依赖趋势的不同上。总的来看，一国经济依赖对方的程度越深，其受制程度越是相对要大，从而其越是处于相对被动的地位。这样，它在双方进行的协调运作中实际上就属于弱势的一方，其得到的协调成果自然亦比较有限，故而亦不会有足够的协调积极性。

3. 驾驭 WTO 规则存有显著差距

在国际协调运作过程中，一个重要方面的博弈表现在各自对于 WTO 规则的驾驭水平上。无论在双边或多边协调运作中间，要让自己的协调主张具有雄辩说服力，首先就得找到充足的法理依据和规则出处。这就直接考验各自对于 WTO 规则的驾驭能力。毋庸讳言，由于种种因素的实际掣肘，如国际经济规则的制定历来由发达国家所主导，穷于应付其他更为紧迫的经济发展问题而无暇顾及这类议题，缺乏足够的研究队伍和咨询人才等，发展中国家总体上在这方面难以与发达国家分庭抗礼，从而在这个环节的博弈上居下风者居多。这种实际状况使得发展中国家面对多边贸易谈判的激烈交锋时，常有力不从心之感，更倾向于行"搭便车"之实。这样，在不少谈判议题上，它们实际上程度不同地放弃了自己的协调权利。

4. 政策特点形成协调新障碍

发达国家的贸易政策有两个重要特点不得不认真对待。一个是其筹划比较周全且针对性强，相对易于获取其预期的效果。如美国对中国产品设置的反补贴壁垒。另一个是其设置的贸易壁垒善于游走于国际经贸规范边缘，却较少能正式被判定为违规。如欧盟明确把符合或违背欧盟利益的条款列入市场准入条件之中。它们都明显有利于发达国家获取更多的贸易利益。可是，当由此与其他国家发生贸易摩擦而须进行协调时，这两个政策特点却成为实际上的障碍。按照具有这些特点的政策的有关规定，对进口产品是否设置进入壁垒以及壁垒多高，其标准和判定权力很大程度都掌握在它们自己手中。于是，围绕这类摩擦而展开的协调运作常常是，要么对其主张基本上照单全收，要么其他国家的要求基本上被拒之门外。因此，这类协调运作大多以一事无成而告终。与此相对应的是，全球金融界对于国际经济（货币）政策的彼此协调倒是有过较多的探索，且直接影响到发达国家的货币政策。①

5. 缺乏"领头羊"角色

如果某种国际经济协调运作涉及群体行动，那么，"领头羊"的作用是至关重要的。有了"领头羊"，多边协调运作的目标、进程和凝聚力才有了实在的保障。可是，从客观条件而言，充当"领头羊"的国家需要具备足够的实力和能力，也必须是众望所归的角色。就主观条件来说，能

---

① 其实，还值得一提的是，世界金融学界这些年来就相当重视各国宏观经济政策之间的协调与合作，它们亦提供了不少富于启示的研究成果。

例如，美国学者编著的《金融与货币经济学前沿问题》一书（中国税务出版社 2000 年版），概述了 20 世纪 80 年代以来 8 个重大的金融理论前沿问题，其中第 8 个论题就是"国际货币政策协调"。按照该书的阐述，第二次世界大战后，全球经济日趋一体化，而且这种相互依存性给各国制定政策带来很大影响。这意味着，各国间的政策协调有着重要的潜在利益。它进一步强调，政策权威机构需要协调彼此对世界如何运行的看法，这一点并不比经济政策本身的协调次要。同时，政策协调的障碍也出现在动态结构当中，因此，权威机构在政策承诺方面建立信誉的能力，就极为紧要。事实上，"七国集团"一直旨在并承诺彼此宏观经济政策之间的协调。由此，涌现了大量涉及政策协调的理论研究与应用研究文献，成为金融与货币经济学前沿研究的一道风景线。（参见该书第 213—236 页）

此外，即便是一些具体论述 20 世纪八九十年代世界金融历史的国外著作，国际政策协调问题也会成为其深入探讨的话题。例如，日本学者撰写的《金融战败》一书（中国青年出版社 2000 年版），它本身的阐述内容并不多，竟然还用近 1/4 的篇幅专门讨论了"国际政策协调中的病理分析，1985—1990"。诚然，笔者无意于具体评析该书这部分的基本观点，感兴趣的倒是它的两个重要说法，一是美日之间是在一种奇妙的相互依存关系上进行"国际政策协调"的；二是"国际政策协调"的说辞也是美国首先提出并反复强调的。（参见该书第 41—80 页）

够充当"领头羊"的国家自己要有比较或相当强烈的意愿，否则它就没有足够的积极性去承担诸多的领头功能，自然也无法很好地完成其使命。问题恰恰在于，在当今这个多极化的经济世界里，能够充当这个角色的国家并不多，可现在具有这种强烈意愿的国家却难以寻觅。比方说，美国向来十分乐意充当世界老大，至今它仍旧是如此思维和行动的。但是，当多极经济力量同时迸发出自身潜在能量之际，美国当年那种颐指气使、一言九鼎的局面已经一去而不复返了。在这种情势下，它似乎已无心充当WTO规则制定的领头羊角色，转而去充当制定"高水平规则"的带头人了。

（三）来自国内压力的运作障碍

国内的某些影响因素也会成为实际阻力，从而常常导致一国的国际经济协调运作难以有效开展甚或功亏一篑。

1. 认识偏见形成有害阻力

开展国际经济协调当然离不开妥协与让步，却是一些存有认识偏差的人难以接受甚或容忍的。认识偏差所引发出来的过激言论或不当行为，实际上构筑起一道无形而巨大的壁垒，使得身处国际协调第一线的官员们往往难以逾越。我国每次面临重大国际协调运作的关键时刻（尤其是"入世"谈判的最后阶段），这种杂音几乎总会不时响起，且导致我国付出更高的协调成本。

2. 实际利益酿成反对力量

国际经济协调及谈判总是围绕经贸利益再分配这个轴心来展开反复博弈的。这自然会触动相关利益集团的神经末梢。倘若一项拟议中的协调成果将导致一国更多地开放某些行业和领域，那么，这些行业和领域的某些利益就可能因外国产品或资本的竞争而被瓜分甚至丧失殆尽。于是，这些利益集团就会采取众多手段包括公开地强烈反对，来阻拦这类国际协调运作的顺利进行。特别在中国这一类政治运作透明度还有待大大提高的国家里，利益集团影响政府政策的寻租行为可能越发触目惊心，从而让整个社会为此付出的代价更加巨大。

3. 无知误解导致无形障碍

在一个经济社会里，有些人仅仅因为视野或知识结构的局限，误读了热门话题中的国际协调运作信息，或者轻信了一些不负责任或别有企图的评论意见和反对态度，而就成了某些拟议中国际协调成果的公开反对者。

这股自发的力量多少令一国行政当局有点棘手。这就提示人们，在开展一项重大国际经济协调运作的过程中，一国政府如何及时地公开地让公民们获取有关知情权（当然不包括尚且不能公开的机密内容）和理解其运作的意义，便是一项绝对不可轻忽的重要工作。

4. 公共意识产生协调难题

国际协议的达成自然在一定范围里和一定程度上约束有关国家的行动自由。倘若这种约束涉及的范围比较大或具有敏感成分，则可能会在那些民众具有强烈主权意识或行动自由意识的国家产生麻烦。这就迫使该国政府对此不得不持慎重态度。而这类国家常常在国际经济协调及谈判过程中发挥重要作用，其产生的阻滞效应可想而知。

第二章　国际经济协调的 15 个原则

本书主要致力于强调和阐发一个核心的学术思想，即一国要积极而有效地开展国际经济协调运作，必须严格遵循和充分发挥一些重要的理论思路和运作准则。概要地说，它们可以被称为国际经济协调运作的 15 个原则。

一　国际经济协调的内涵、理念与目标

（一）准确把握国际经济协调的基本内涵

要有效开展国际经济协调，首先是全面准确地把握它的基本内涵，否则一切都无从谈起。应该说，国际经济协调一词，定义明晰而又内涵丰富，蕴含着不同层次的诸多内容。

所谓的国际经济协调是指，面对经济全球化的历史潮流，各国应当把"双赢"或"多赢"作为基本的追求目标，发扬合作互助的精神，努力在国际经济规范的体系框架之内，调整和改进自身的经济体制、政策措施和政府行为，缓和和解决与其他国家之间可能产生的贸易摩擦与冲突，进而建立和改进良好的平和的外部经济环境，以积极推动自身经济较快且稳定的发展，并有利于全球经济的顺利前进。

国际经济协调具有多层次含义。首先，它是一个基本的经济理念。人们应该秉持这样的理念去看待和处置一切国际经济事务，而一国政府更必须致力于全社会弘扬这种适时的经济理念。其次，它是一种根本的决策思路。一国对外经贸战略的确定，各项涉外政策的制定与实施，都应该依据国际经济协调的根本思路来进行和深化。再次，它是一系列对外经济机制的内核。一国众多对外经济机制的设置，有着各自的具体功能，但是它们都必须围绕一个核心加以运转。这个运转的核心就是国际经济协调。最后，它是诸多涉外经贸策略的基石。面对国际经济的激烈博弈，一国应当

审时度势、灵活多变，针对不同时刻和不同问题采取诸多的不同策略。但是，它们一般都应该建立在国际经济协调的基础之上。

国际经济协调的具体运作大致可以分为"谈判"和"协调与合作"两大类。比较而言，前者虽则看来是一种最为常见且显眼的做法，却仅仅属于一种狭义的协调方式，而后者则包含着更为丰富的内容和多种具体方式。一般而言，体制性协调、政策性协调、机制性协调、技术性协调、策略性协调和伦理性协调都是经常被应用的具体方式。可以看出，"协调与合作"的核心内容是所谓的制度协调。①

必须强调，国际经济协调运作与那种"冷战"思维及其产物是格格不入的。换言之，一切来自冷战思维或僵硬的思维定式的认识和判断，将无法接受或理解国际经济协调的基本精神和重要位置。然而，只有这样比较全面而准确地把握了国际经济协调的基本内涵，一国才谈得上在国际经济舞台展开纵横捭阖的相关运作，并获取一个又一个的经济硕果。

（二）牢固树立正确适时的经济理念

国际经济协调总是在一定经济理念支配下进行和深化的。因此，只有树立正确适时的经济理念，才可能有效推行一切顺应经济全球化时代潮流的协调运作。特别要强调，诸如经济全球化、自由贸易、适度贸易保护一类的经济理念具有尤为重要的意义。另外，对于不少人们耳熟能详的用语和提法，亦必须赋予鲜活的时代精神，加以全面和准确把握。

其中，关于"经济主权"的理念即为典型的一例。毫无疑问，一国维护自己的经济主权本是天经地义的神圣职责，对此不能有丝毫的异议和动摇，否则就有卖国行径的嫌疑。问题在于，在经济全球化的现实背景下，世界上所有国家的经济主权都出现了程度不同的让渡和变动，实际上不再拥有那种传统意义上的内涵及其运作方式。例如，已经参加 WTO 的

---

① 著名新制度经济学家道格拉斯·C. 诺思说过这样一段话："为什么聚集于制度？在一个不确定的世界中，制度一直被人类用来使其相互交往具有稳定性。制度是社会的博弈规则，并且会提供特定的激励框架，从而形成各种经济、政治、社会组织。制度由正式规则（法律、宪法、规则）、非正式规则（习惯、道德、行为准则）及其实施效果构成。实施可由第三方承担（法律执行、社会流放），也可由第二方承担（报复），或由第一方承担（行为自律）。制度和所使用的技术一道，通过决定构成生产总成本的交易和转换（生产）成本来影响经济绩效。由于在制度和所用技术之间存在密切联系，所以市场的有效性直接决定于制度框架。"（引自约翰·N. 德勒巴克等编《新制度经济学前沿》第 14 页，经济科学出版社 2003 年版）这段论述正好可以用来诠释这里提及的制度协调。

近160个国家或单独关税区，都必须认真遵循这个多边贸易体制的重要原则和基本规则，这等于是把自己制定经济政策的某些权力让渡给了这个超国家的经济组织。在这种情势下，那些让渡出去的权力还能简单视为自己的经济主权吗？还能无所顾忌地想要如何就如何做吗？答案自然是否定的。这意味着，一国准确把握自身经济主权的实际边界及其运作方式，便有了非常实际而重大的意义。

一定要看到，在激烈的国际经贸纠纷和冲突中，倘若一国政府对自己的经济主权有意无意地强调过头或操弄越界，那么，既可能不必要地引发本国民众非理性的甚至偏狭的情绪，又多少导致自身行为偏离国际经贸规范的既定要求，损害着自己的国际形象和经济地位，更会直接对自身的对外经贸和经济发展带来重大的负面影响。[①]

（三）始终瞄准经贸利益这个基本目标

国际经济协调运作要行之有效，需要其实施者始终不渝和有的放矢地瞄准其既定的基本目标。这样，始终瞄准经贸利益这个基本目标，认准一国与贸易对手产生经贸纠纷的症结所在，并在此基础上对症下药、积极运作，就显得至关重要。至于其他方面的种种考虑，一般则宜放在第二位。从这个基本角度研究和解决贸易摩擦问题，可谓是它的基石。

且以中美之间的贸易现状为例。不能不看到，自20世纪80年代初以来，美国每年都出现巨额贸易逆差（近年来每年更高达8000亿美元以上），已成为其最大的经济"软肋"。同时，许多年之前我国一直就被美国视为"日本第二"，即我国是美国第二大贸易顺差国，而最近这些年来更是超过日本位于榜首。在这种贸易背景下，无论什么时候美国同我国发生贸易摩擦都是可以想象的。而且，一般来说，美国发起这种贸易摩擦的基本动机都在于维护其相关的经济利益。[②]

---

① 著名美国学者约翰·H. 杰克逊针对滥用"国家主权"现象专门展开了深入且犀利的阐发。其中有两段论述尤其发人深思。他尖锐地指出："通常来讲，国家主权这一术语是一种回避剖析的借口或方式，有时这一概念的倡导者就是为了保护民族国家或内部权利拥有者和国家权力操纵者的活动免受批评，或者用以说明国际势力对他们行为的干预是不合法的。"他还认为："主权观念还是国家平等这一概念的核心。然而，国家平等一词有时可能被滥用，有时又无法发挥应有的作用，或者是发挥不现实的作用。"（引自《国家主权与WTO》第66页，社会科学文献出版社2009年版）

② 准确把握和深刻认识一些基本的国际经济现象，如美国已连续30年出现巨额贸易逆差、中国已连续多年是美国最大的贸易顺差国、中国每年出口额近40%最终进入美国等，能够帮助人们更加坚定地依据这里所阐述的原则去处置中美之间的经贸关系。

同样，发达国家在处理其他国际经贸事务中也立足于这个基本出发点。1993年以后，在"复关"和"入世"谈判过程中，美国一度坚持中国不能以发展中国家身份"复关"和加入WTO，而这个问题又恰恰是我国最需要强调的基本原则。例如，我国在1986年正式提出"复关"申请时，就是以包括必须以发展中国家身份进入在内的三项基本原则为基础。在这种情况下，倘若把美国这种主张简单地视为一种政治立场，则双方根本就无法进行卓有成效的对话和谈判。相反，我国正确判断了美国提出这种主张的真实动机，即它主要考虑的是今后中美经贸关系给予美国贸易利益的实际影响。于是，我国一方面坚定不移地坚持自己的发展中国家地位诉求，另一方面又在具体谈判中采取机动灵活的策略，愿意削减或取消我国"入世"之后作为发展中成员的某些优惠待遇，从而可以避免给美国带来许多新的贸易冲击。其结果是，我国终于以发展中国家身份进入了WTO，而美国并未因此而遭受多大的贸易损害。这个基于正确判断而果敢予以有效协调的案例，应该说是我国开展国际经济协调一个十分成功的样板。

诚然，政治因素有时候完全有可能是导致某些贸易纠纷的主要缘由。在一些特定情况下（如美国国会或总统的选举年），常常会冒出些无中生有的事件或舆论，直接酿成中美之间的贸易摩擦，就属于这种情况。可即便如此，这种贸易摩擦的产生根源还是与某些经济集团的贸易利益紧密相关。

所以，如果人们总是习惯于用政治原因来解释中美贸易摩擦问题的做法，那么，我国实际的应对措施有时就不利于双方贸易纠纷的顺利解决，更无法制定和实施正确有效的协调战略与策略。这是人们在国际经济协调过程中务必注意的一个重要问题。

二　国际经济协调的具体应用

（一）坚定地以贸易利益均沾为运作主轴

既然贸易摩擦主要起因于双方贸易利益分配的不一致，既然要通过协调运作化解贸易纠纷和推动经济合作，那么，这种经济协调自然不能离开利益均沾这个根本原则，不能偏离贸易利益须作恰当分配这条基本标准。特别是，在涉及自身经贸利益可能受损情况下，该原则的实施就往往易于被动摇或放弃,从而带来更大得多的经贸利益损害。具体地说,这条所谓的利益均沾原则,至少应该在以下几个方面得到了体现。

其一,要牢固树立"双赢"或"多赢"观念。在经济全球化的背景下,国际贸易的竞争活动固然仍旧激烈,但已不纯粹是"商场如战场"的氛围,而应该追求一种"双赢"或"多赢"的结果。通常来讲,这种"双赢"或"多赢"主要是指贸易双方或实行妥协的各方都实现了自己基本或主要的利益追求,而各自的贸易利益一般都可能表现在不同的层面或方面。所以,"双赢"并不一定是就同一层面或方面的利得而言的。简单地机械地强调这种"双赢"各得百分之多少,恐怕是一种偏狭的理解和判断。①

其二,要正确判断和深入研究贸易对方的主要利益诉求。这样做有几方面需要。国际贸易活动只有互利互惠才能顺利开展,而实现其主要利益必然是对方的基本考虑。不了解人家的这种利益诉求,无疑会放弃很多贸易机会。当双方发生贸易冲突时,如何针对各自的主要诉求进行磋商和妥协是解决问题的关键。而在贸易冲突一时无法解决时,抓准对方的经济软肋作为谈判筹码,亦可能促进矛盾的缓解。

其三,要树立追求次优结果的思路。必须看到,在发生激烈贸易冲突的条件下,任何一方都绝无可能求得经济上的最优解,而充其量只能获得次优的结果。在这种状况下,那种只试图维护自身的利益而不愿考虑他人的立场,等于是彻底放弃了经济协调机制这种独特的政策工具。从这个意义上说,树立追求次优结果的思路是国际经济协调得以成功实施的必要条件。②

其四,要有必要时做出某些重大让步的魄力和准备。国际经济协调是个复杂的系统工程,有时候并不能简单地采用就事论事的做法,而需要有个通盘的战略考虑。鉴于此,为了在甲问题上获取重大的利益或机遇,有时就可能需要在乙问题上做出较大的让步或必要的利益损失。只要两相比

---

① 诺贝尔经济奖得主托马斯·谢林强调:"博弈一方的所失并不意味着另一方的所得;对博弈双方而言,寻求一个双赢结果就是他们的共同利益。"(引自谢林《冲突的战略》第5页,华夏出版社2006年版)

② 伯纳德·霍克曼和迈克尔·考斯泰基所撰《世界贸易体制的政治经济学》一书画龙点睛地表明:"当多边贸易谈判成为相互妥协的尝试时,谈判的结局就很少是帕累托最优。"(引自该书第51页,法律出版社1999年版)显然,这个结论同样适用于双方之间的经济协调运作,自然亦包括双边贸易谈判。

较利大于弊，这类贸易让步一般就值得考虑进行。所以，用全局性的战略头脑来把握和看待某些贸易让步十分重要。①

（二）善于辨识"政治因素"的实际作用

值得关注的是，一国开展国际经济协调常常会遭遇"政治因素"的干扰或影响。它们常常可能导致人们做出不恰当甚或错误的判断，并由此束缚了自己的手脚。其带来的实际结果自然是损害国际经济协调运作的正常开展。

应当看到，人们通常所谓的国际经济活动中的政治因素，实际上包含着不尽相同的众多含义。它有时是指出于国际政治战略所采取的思路和政策；有时是指夹杂偏狭意识形态而确定的思路和政策；有时是指追求执掌政权利益而推行的权宜性做法；有时是指为了维护集团利益而展开的政坛博弈；有时是指基于商务外交战略而采取的必要措施；有时是指以政治之名而行经济之实的讨价还价手段；有时是指贸易政策有些特性所形成的独特做法；有时是指出自经济伦理所构筑的政策思路；有时是指用于实际拖延需要的模糊提法等。不难看出，对于这些含义不尽相同的"政治因素"，人们不宜笼统地一概而论。②

基于此，倘若就其产生原因和实际性质两方面加以探究的话，那么，这类所谓的政治因素大致可以划为四大类型予以区别对待：第一类确实是真正意义上的政治因素，即出于政治考虑所做出的决策。第二类实际上是基于经济因素的决策，只不过表面上可能会给人以一种带有政治色彩的印象。第三类实际上是出于文化因素的宣示，它们与政治本身并没有什么直接关联。第四类实际上是一种权宜性的策略手段。换言之，它们的大多数实质上只能归类于经济、文化和策略等方面的影响因素。由此而来，它们发挥的实际作用亦明显不同，有着波及范围、影响程度和实际后果的显著

---

① 针对如何通过谈判解决贸易争端一事，一部名为《双赢之道》的经济学著作认为："事实上，认为除输赢以外便无他选的想法反倒非常幼稚。通常的结果是，每一方都赢（若谈判获得成功），每一方都输（若谈判遭到失败）。"基于此，"本书将为争端提供分步骤的解决方案，以使各方求同存异，公平地解决争端，每一方都能获胜。"（引自史蒂文·布拉姆斯等《双赢之道》第4页，中国人民大学出版社2002年版）这就是说，为了确保贸易谈判获得成功，有时作一些适当的让步是需要的。否则，双方或多方都会成为输家。

② 1979年，美国政府愿意与中国签署相互提供贸易最惠国待遇的政府协议，无疑具有鲜明的"政治"色彩。但是，中国政府并未同样"政治挂帅"，而是抓住了美国给予的这个契机，从而开创出我国外贸大发展的大好局面。在笔者看来，在近35年来的对外开放事业中，这是我国正确对待和处置"政治因素"的一个典范。

差异。

这样，人们应该正确区分它们的各自性质，并对它们的实际作用予以具体恰当的分析。比方说，后三类情况并不是什么真正的政治因素，其中并无什么明显的政治动机或阴谋所在。人们对此大可不必作茧自缚，把原本比较单纯的问题搞得过于复杂化了。一定要看到，动辄从政治角度解读和处置国际经济事务，是一种偏狭的思维方式，会延误或危害许多正常的国际协调运作。

（三）认真对待贸易对手的主要诉求

强调这个原则，是基于这样一个基本判断，即在国际经贸纠纷当中，争执双方所追求的实际利益并不直接对立，所提出的主要诉求未必互相直接冲突。因而，只要秉持国际经济协调精神予以认真对待和积极处置，那么，完全可能妥善解决这类经贸纠纷。

所谓认真对待，首先是准确搞清对方主要诉求的含义。在这里，认真听取对方的主张表述，正确梳理对方的主要诉求，切忌用自己的思维定式去揣测、理解或阐释其相关主张与具体目标，是最为紧要的第一步。否则，根本就不存在展开相关经济协调的必要的基础。

所谓认真对待，同时是指仔细探究如何与对方诉求进行协调。这样，全面而细致地剖析双方主张的异同点，力求寻觅和探索有望协调或让步的地方，深入研究实际运作所拥有的操作空间，制定切实可行的协调方案，都需要进行大量具体细致的工作。[1]

所谓认真对待，还包括了深刻透视其背后的真实意图。于是，开展国际经济协调运作，绝不能拘泥于一些表面事实和公开说法，更不能被一些掩盖着对方实质目的的虚假现象所迷惑。必须看到，在错综复杂的国际经济博弈过程中，一方有时提出的某些诉求并非其真正需要达到的具体目标，而只是它为了达到既定实际经济目标所用的一个讨价还价的重要筹码。事实上，有些诉求即便被满足，也未必给对方带来多少经济利益。何况，只有针对其真实意图展开的经济协调，才可能获取这种协调努力的真

---

[1] 阿维纳什·K. 迪克西特和巴里·J. 奈尔伯夫在《策略思维》一书特别强调："你可以从别人的角度观察这个世界。正确做到这一点对于确定你的最佳策略是必不可少的……博弈论要求你设身处地，仔细分析自己若处于对方的境地，思路会有什么变化，哪怕你完全不能同意他们的见解。"（引自该书第 2 页，中国人民大学出版社 2002 年版）在他们看来，这是非常重要的策略思维，也是他们该书所提出两个最让人有收获的策略思想中的一个。

正成功，且有事半功倍的明显绩效。

所谓认真对待，更在强调要有一种协调合作的处置态度。尤其是在双方贸易摩擦已经呈现剑拔弩张态势时，或者面临各种流言蜚语的阴险挑拨时，或者对方确已在外交、军事、政治等领域显露出钳制自己的种种迹象时，一国要继续秉持这种精神与态度来进行经济协调，委实需要前瞻眼光和宽广的胸怀。尽管要对这种协调的彻底失败做好充分的思想准备，尽管要高度警觉对方可能要弄各种小动作，但是，既然双方还愿意坐下来进行谈判协调，那么，就应当尽最大努力去促成其成功。倘若眼光更为远大的话，那么，甚至应该敢于树立这样的一种分析思路，即为了拓宽双方成功协调的范围和方面，以获取更大的经贸利益，甚至可以考虑先为对方政府尽量提供较大的赢面。① 总之，没有协调合作的意愿和态度，任何经济谈判都无法获得成功，更谈不上取得更为广泛的丰硕的协调成果。

（四）巧于化解既得利益集团的各种干扰

必须指出，既得利益集团在各国的经济发展和国际经济事务中始终是一个挥之不去的影响因素，是一股直接决定对外经贸政策的重要力量②。因此，开展国际经济协调就需要巧妙化解它们的各种干扰，以坚持自己的正确方向。

就国际经济协调具体运作而言，既得利益集团的实际干扰大致具有这样的规律性：对外国同类进口商品，总是千方百计寻找各种借口，要求设置更多更严的关税壁垒和非关税壁垒，反对政府部门采取更加开放自由的进口贸易措施；对自己商品遭遇外国贸易壁垒，常常对本国政府施加种种

---

① 《国际政治经济学》一书指出：根据帕特南的双层博弈模型，"若参加谈判的两国赢集均较大，双方的赢集出现交集的可能性越大，双方则越容易达成共识……执政者也希望对方的赢集越大越好。这样双方赢集更容易出现交集，谈判也更容易达成。为了使对方的赢集变大，执政者甚至会通过不同的渠道支持其谈判对手。"（引自《国际政治经济学》第125页，上海人民出版社2008年版）换言之，有时候在贸易谈判中认同和支持对方政府的一些经济诉求，是为了有效实现自身的经济协调目标。毫无疑问，这是一个务实而又富于效率的协调策略思路。

② 美国经济学者指出："在代议制民主中，政府制定贸易政策，不仅是对一般选民利害的反应，而且是对特殊利益集团运动压力的反应。利益集团为了影响政策结果而参与政治过程。政治家对他们面对的激励做出反应，在财政收入和其他支持之间进行权衡，这些支持来自对利益集团需求的关注，却可能造成对选民的疏远，而这可能源于有社会成本之政策的实施。"（引自G. M. 格罗斯曼等《利益集团与贸易政策》第129—130页，中国人民大学出版社2005年版）

压力，企图迫使其在另外领域或方面采取反制措施或者作出让步，以达到缓解乃至消除自己面临的出口困境。所以，这类实用主义的做法往往有害于一国贸易政策的稳定性和有效性，亦无助于全球经贸活动的自由往来，更容易造成一国国际经济协调陷入被动与困难之中。

因此，一国对待国内各种利益集团的诉求和呼声，应该确立一些基本的分析思路。特别是需要力图避免这类利益集团对于国际经济协调的严重干扰。

必须认识政策得益者与受损者的不对称反应。不能不看到，自由贸易的利益受损者易于形成集团力量，往往发出的反对声音相当强烈和集中。反之，自由贸易的多数得益者则由于种种原因，并没有形成庞大的力量来公开维护这种有益于全社会的贸易政策。所以，决策者对于这两类相去甚远的社会反应，必须保持十分清醒的头脑，千万不要轻易被看似强烈的反对声音所迷惑，从而放弃了正确的政策和做法。

应当公正处置国内利益集团的具体诉求。这就是说，既要充分尊重和努力实现各种利益集团正当合理的经济诉求，又不能无原则地迁就与退让。后者是指，当这类经济诉求旨在维护该行业早已获取的垄断利益和高额利润时，当它们有损国家整体利益或违反本国既定的基本经济路线和方针时，当它们明显违背国际经贸规范或本国做出的国际承诺时，政府对此统统不应予以接受甚或适当考虑。

必须高度重视敏感领域的激烈经济博弈。必须注意到，在那些易于被国际经贸规范约束的经济领域，或者是那些政府予以重点关注的行业或运行项目中间，国内利益集团经常围绕其利益分配展开颇为激烈的经济博弈。这类经济博弈不少具有寻租行为的典型特征，且大大逾越了相关经济运作的清晰边界和国际规范所划定的底线，因而是一国政府务必高度警戒的。在这方面，关于产业扶植、服务贸易领域开放和大型国有企业贸易等方面的政策措施，尤其需要人们给予较为周密的思考和运行。[①]

善于巧妙地实施应对利益集团的具体策略。在同各种利益集团进行经济互动的过程中，一国政府需要实施诸多进退自如的具体策略，防止因为它们的严重干扰而导致自身陷入被动的困境。这样，面对利益集团的众多

---

① 例如，自20世纪60年代以来，大多数美国总统一直与美国纺织业利益集团进行反复的经济博弈，就是一个比较典型的例证。具体可以参见 I. M. 戴斯勒《美国贸易政治》全书的多处论述，中国市场出版社2006年版。它可以引发人们深刻的思考。

诉求，一国政府有时候需要旗帜鲜明地坚决反对，有时候需要满腔热情地支持扶植，有时候需要若明若暗地提醒暗示，有时候需要迂回曲折地缓步前进，有时候需要借力使力地反制约束，等等。这些不同的策略手段，便是一国政府领导艺术的重要体现。

至于外国利益集团给予相关国际经活动的各种影响，一国政府同样可以在某些方面有所作为，以利于自身国际经济协调运作和对外经贸事务。比方说，可以充分利用对方国家各种利益集团的相互关系为本国服务。当一国与某个发达国家发生贸易摩擦时，在正确判断各种利益集团的实际态度与影响力的基础上，就要尽可能多地团结和联合它们，以形成有利于缓解这些贸易摩擦的强大力量。具体来说，自己出口商品遭遇对方国家的贸易壁垒时，可以调动该国进口零售商集团制造舆论和进行游说，又可以推动该国许多出口集团发挥有利于削减贸易壁垒的作用，还可以适当引发消费者的不满情绪。这些都能够大大抵消其国内生产厂商给予政府的影响力。事实上，调整国内各种集团的利益分配和相互关系，始终是发达国家政府制定对外经济政策和设置贸易壁垒的基本考虑之一。可见，向发达国家一些大公司适时发放一些生产订单，既能满足国内经济发展的需要，又是有利于国际经济协调的一个环节。

总之，从一定意义上讲，一国能够巧妙而有效地化解既得利益集团的各种干扰，其国际经济协调运作就具备比较扎实的基础和足够的底气，就相对易于得到对方的呼应和互动，从而有望胜利抵达国际协调的彼岸。

(五) 擅长针对他国政策特性进行运作

开展国际经济协调要做到有的放矢、切实可行，还需要准确判断对方贸易政策的总体特征及其现实表现。应该说，如果一国不能紧扣对方国家贸易政策基本特征，那么，这种协调就很可能失却准星、难见功效。尤其是，有些发达国家经贸政策的基本特点格外鲜明，直接对相关经贸活动产生着显著甚或特殊的影响。大致而言，这类政策特点至少可以从如下五个方面加以探究和把握，并予以有针对性的处置。

第一，对待国际经贸规范的实际态度。各国在国际经贸活动中产生分歧或纠纷需要协调解决时，主要的衡量标杆和交流沟通的基础只能是国际经贸规范。所以，对方国家对待 WTO 规则的实际态度，是一国开展协调或斡旋首先要搞清楚的事情。例如，有些国家就具有国内法高于国际法的特征，或者巧于实用主义地利用 WTO 规则，或者常常借此兼营国内法规。①

第二，决策机制不同及其具体影响。各国决定和实行相关经贸政策的权力机构和实际机制大相径庭，由此造成的影响范围和经济效应自然亦不尽相同。如果一个国家的政府部门不具备真正的外贸决策权力（如这种权力属于本国立法机构），或缺乏足够的决策权力（如受到本国立法部门的严重掣肘），或出现多重的决策机构（如政府架构不合理所致），或提出的相关政策带有变化无常或言而无信的嫌疑，那么，其国际经济协调的能力、信用和效果，都会受到贸易对手一定甚至很大的质疑。

第三，设置贸易壁垒的基本倾向。各国都会在一定条件下设置贸易壁垒，以应对外国商品对本国经济的严重冲击。可是，贸易壁垒的设置却会出自不同的目的、依据和背景，从而直接对双方贸易纠纷造成不一样的特征和后果。比方说，"公平竞争"是 WTO 十分强调的一个重要原则，也是现代市场经济运作的一大前提条件，自然是世界各国愿意且必须遵循的。可是，有些国家却把它同自由贸易相对立，还为此搞出了不少不利于自由贸易的新花样。

第四，处置贸易纠纷的基本做法。当外国商品大量进口可能冲击东道国经济时，各国不同的处置手段同样会导致差别甚大的贸易格局和实际后果。这是非常值得出口国高度警觉的。例如，有的国家专门设置一类只打击重点进口国的产品壁垒，同时不去阻挡其他国家同类产品的进口，既明显保护了某些产品的国内市场，又没有出现国际社会普遍反对的强烈声音，不失为一种比较巧妙的保护手段。可是，对于有关当事国来说，这种做法却是非常不公平的，而且悖逆了 WTO 的相关规定。

第五，处置贸易纠纷的特殊策略。某些国家在国际经贸活动中施展的具体策略同样拥有若干颇具深刻影响力的重要特点。例如，有的国家利用自己的经济实力或某些霸权，在出现具体贸易纠纷或摩擦的时候，热衷于

---

① 美国对待 WTO 的态度就是一个鲜明的例子。发人深思的是，约翰·M. 杰克逊早在 1997 年就作了这样的判断："美国自相矛盾的政策使得人们难以预料其未来，但是，尤其是过去十来年所发生的事，说明美国已逐步从原先绝对支持最惠国与多边主义，转向更'实用的'——也可以说'暂时的'方法——以双边与'款待朋友'的方式，处理贸易伙伴关系。新的 WTO 及其演变是否会影响美国与其他成员对多边主义的思考，还有待观察。"（参见《世界贸易体制》第 194—195 页，复旦大学出版社 2001 年版）事实已经证明，美国正在采取一种将 WTO 边缘化的具体战略。

采用速战速决的策略来解决问题。对于这类以强凌弱的处置手法，各国需要通过国际经济协调手段予以恰当的应对和必要的遏制。

（六）需要讲究协调的艺术与技巧

一国开展国际经济协调运作固然离不开良好的意愿和足够的耐心，但是，那些进行协调的艺术和策略常常在发挥着更为重要的作用。其中，如何善于审时度势、灵活机动地实现自己的基本协调目标，就是这样一门值得深入探究的学问。因之，围绕这个主题来施展巧妙的协调艺术与策略，当可获取事半功倍的效果。

首先，必须依据实际力量对比制定恰当的经贸协调目标。在确定多边贸易体制里的协调目标时，既要客观面对发达国家拥有很大发言权的基本事实，又要积极维护广大发展中国家和自身的经济利益。在发展中国家处置与发达国家之间的经贸协调时，既要充分发挥自己的比较优势和竞争优势，又要认真对待自身的不足和缺陷，如出口贸易结构不合理、贸易条件较差、实际收益较低、遵循国际规范的意识和能力不强等。在处置不同贸易领域的国际协调时，发展中国家务必针对自己在这些领域的实际发展水平予以区别对待，即在货物贸易方面，向发达国家既可以提出高要求，又能够做出较大的让步；在服务贸易方面，既可以提出较多的要求，又能够做出适当的让步；在保护知识产权方面，目前还是采取防御性策略为宜，即力图避免被发达国家寻找到引发贸易纠纷的由头。

其次，应当运用国际经贸规范迫使对方接受相关协调。强调国际经济协调并非一味地姑息迁就和丧失其原则立场。应该看到，有些发达国家尽管经常引发贸易摩擦来威逼对方，可为了自己的基本经济利益，其实亦不会一味追求打贸易战而落个两败俱伤的结局。这意味着，在合理合法的条件下，一国对那些明显违反国际规范的经济行为展开针锋相对的斗争，同样是国际经济协调不可或缺的内容。[①] 一定要看到，那些合理的带有一定强制性的措施，对贸易摩擦常常是十分有效的润滑剂，因而也是实施国际经济协调的一种有用方式。

另外，善于灵活多变地运用多种协调策略。

这方面灵活多变的协调策略可谓甚多，需要奉行"退一步，进两步"

[①] 例如，2002年春季，美国对进口钢材实行了紧急保障措施。在WTO专家组对此作出美国违规的裁决以后，美国最终实际上还是予以接受，正式宣布取消钢材进口附加税，从而结束了这场一度麦芒对针尖的贸易冲突。

的策略以化解贸易僵局，就是其中的一种做法。① 在贸易摩擦面临僵持不下的局面时，为了不致出现两败俱伤的严重后果，对于一些并非涉及重大原则或根本性问题的贸易纷争，一国适时地采用暂时退让和迂回前进的策略就显得十分必要。② 这种"退一步，进两步"策略的实际后果表现为，一国不少易于产生贸易摩擦的领域和部门就会明显减少由此带来的严重冲击。

三　国际经济协调的其他准则

（一）密切关注国内经济制度变革相配合

国际经济的协调运作虽则离不开同贸易对手进行磋商和谈判，但是，它决不只是一个磋商或谈判的问题，而同样需要我国对外经贸制度和宏观政策的配合和呼应，即依靠后者的调整和改革来进一步理顺国际经贸关系。缺乏国内相关制度与政策变革的有力支撑，处在贸易谈判第一线的国际协调活动往往无功而返。③

必须看到，这样做有着多方面的重大理由。首先，国际经济协调的核心内容是制度协调。一般而言，政策协调常常是制度协调的一种外在表现。所以，围绕国内制度变革来进行不少国际协调运作可谓实至名归。其次，制度的特质决定其尤其利于国际协调的进一步深化。制度具有持久性，由此引出的国际承诺既可信又可行，制度能够影响未来的权力分配，

---

① 托马斯·谢林认为："必须看到大多数的冲突都存在讨价还价的可能性。在这种情况下，冲突一方能否达到自己的目的取决于另一方选择或决策的最佳平衡点。如果冲突一方率先妥协，双方讨价还价的可能性就变得十分明显"。（引自《冲突的战略》第5页，华夏出版社2006年版）所以，自己在某些问题上率先妥协以化解僵局，为的是寻求"最佳平衡点"，从而最终实现解决纠纷或有效合作的经济目标。

② 例如，我国在保护知识产权领域存在的漏洞和问题可谓无处不在，而美国对该类"违规"行为的惩处最为严厉。我国首先应该努力改进这方面的问题和不足，力求防患于未然。一旦真的引发了什么贸易摩擦，我国一方面表现出积极的解决姿态，另一方面坦承自身面临的实际障碍和困难，恐怕是比较适宜而有效的做法。

③ 著名WTO研究学者约翰·H.杰克逊在其代表作里就明确指出："任何政府间的协调活动，尤其是与经济事务有关的协调，都需要一系列复杂的、由国际或国内体制配合的各种政府间活动……在这种情况下，每个政府都会受制于其一整套国内的复杂体制"。（引自约翰·H.杰克逊《世界贸易体制》第87页，复旦大学出版社2001年版）显然，那些已经成为经济发展羁绊的国内体制，自然应该予以变革或扬弃。

由此形成的国际协调成果既可顺利兑现又具可持续性。制度这些如此体现国际协调精髓的重大特质自然是重要的推动力。另外，国内制度因素明显约束一国的国际协调。它可以直接影响本国的对外经贸运作，也是开展国际协调运作务须关注的一大制度背景。反之，倘若国内制度安排与国际制度环境不尽吻合甚或有所悖逆的话，那么，前者同样会受到后者的明显制约，并面临需要变革的前景。这种两重关系使得国内制度的相应变革顺理成章地成为一国进行国际经济协调的一个基本要素。

那么，这种国内经济制度的相应变革应该如何进行呢？

要重视它与国际经贸规范基本协调。国际经贸规范集中体现了经济全球化和现代市场经济之客观要求，又是一国融入国际经济体系的必经之路。因此，一国必须通过国际协调的诸多手段，来推动国内经济制度安排与国际经贸规范逐步接轨。

要重视它与市场的积极协调。一国应当根据市场经济的实际状况合理提出自己的经贸诉求，还要理性地处置贸易对方具有市场合理性的相关诉求。同时，依据市场经济的需求推进国内经济制度的改革。还要关注和解决市场过程中各种经济力量与社会阶层的正当诉求。必须看到，在国际经济协调运作中，市场因素是一个比较易于被忽略的问题。

要重视它与贸易伙伴开展制度方面的适当协调。国际经济协调在很多方面势必涉及制度的演进与变革。事实上，不少政策变动和经贸谈判本身就是围绕各自的制度安排而展开的。需要注意的是，当某类问题比较集中地成为产生贸易纠纷与摩擦的导火索时，多少暗示着某一方或双方的有关制度安排需要加以改进或变动了。

要重视各种经济力量的利益协调。一国制度安排务必以合理配置经济资源、确保各种经济力量的利益平衡为要旨。实现这种利益平衡，必须改革和调整原有制度安排。这样，在增设意在推进对外开放的制度安排时，在试图接受贸易对手的某些重要诉求时，都必须充分关注这个问题。

毋庸置疑，国际经济协调运作促成的国内制度变革，迫切需要一国各个部门、地区、行业的密切配合，需要通过经济体制与相关政策的不断改革和创新才能进一步深化。① 讲到底，它时常可能涉及全局性和战略层面

---

① 哈佛大学的丹尼·罗德里克就直接指出："世贸贸易组织成员资格意味着实行制度改革，这些改革不仅具有强制性，而且是某个特定类别的改革。"（引自伯纳德·侯克曼等编《发展、贸易问题与世界贸易组织手册》第7页，中国对外翻译出版公司2003年版）

的重大问题，必须经由整个国家最高决策层加以筹划和统领，才能行之有效地开展下去。

（二）重视文化因素的独特功能

一国的文化背景对其经济发展具有潜在且独特的功能，绝不可以等闲视之。通常来说，这里所谓的文化因素，至少包括以下含义。

一是传统的文化背景。这是各国基于自身历史与道德等原因而形成的一种源远流长的基本理念与信条。例如，东方社会的儒家学说，美国的实用主义，南欧与西欧不同的宗教熏陶，伊斯兰国家的宗教藩篱，等等，都对本国大多数人的思想理念产生着潜移默化的深刻影响，从而显著决定着其经济发展之实际道路和制度安排的诸多特殊性。

二是整个社会对市场经济的理解与诠释。一国要顺应经济全球化历史潮流，就需要充分发挥市场机制的经济功能，同时不可避免地要面对市场经济的种种冲击。于是整个社会对它具有主导性的理解、反应和诠释，并由此形成相应的规则、机制和习惯[①]，便构成一种新形成的文化氛围。如果一个社会默认垄断现象、欺诈行为通行无阻、钱权结合的寻租现象随处可见，那么，长久下去该国发展就隐含着巨大的根本性隐患，并越来越缺乏应有的国际经济协调能力。

三是占主导地位的经济伦理。基于文化背景而形成的一国经济伦理，深刻渗透在本国贸易政策之中，并直接对其国际经济协调运作产生作用。例如，有些国家特别注重国际贸易中的环境保护和劳动者权利，因而其贸易壁垒就有比较严苛的一面，容易招致其他国家的非议和反对；有些国家无法全面遏制本国的经济欺诈行为和垄断现象，因而难以应允对方提出的某些尚属合理的竞争要求，丧失了一些国际经济协调的主动权等。

特别要指出，文化因素给予一国国际经济协调运作的影响，既十分广泛深刻，又是潜移默化的。一般而言，一国文化至少在两个基本方面影响其开展国际经济协调的实际后果。

一方面，一国主流文化给予本国政府决策者和管理层的潜移默化的深刻浸润，导致不同文化背景的人们在确定国际协调的基本方向与具体目标时会有所不同，在实现协调的方式与风格上会出现差异，在深化协调的筹

[①] 《市场的结构》一书认为："在市场中，由文化和历史形成的特定规则和惯例支配着供应商、顾客和工人之间的关系。"（引自尼尔·弗雷格斯坦《市场的结构》第25页，上海人民出版社2008年版）

划与策略中会各显神通，在评价协调的成果与前景时会存在区别。这样一来，本国政府在面对同一事件或现象时，完全可能会做出有所差别甚至大相径庭的决策、判断与运行，从而直接影响到该国具体国际协调运作的成功实施。①

另一方面，对方国家主流文化给予其站在国际协调第一线的官员们的潜在制约，同样产生着一些特殊的影响。这表现在：其一，不同文化背景的人对于同样一件事情或一个问题，会出现大相径庭的判断和反应。因为他们的判断基础依然离不开心理因素，离不开自己固有的意识形态和价值判断。其二，对方政府开展国际协调一定会受文化因素所施加的无形约束。因为要让双方政府代表忽视自身的文化传统和意识形态，并接受与其文化传统与意识形态相悖的经济协议，则几乎是不可能的。其三，对方政府灵活应用协调策略离不开自身的文化背景。因为跨文化的国际协调获取成功固然需要采取灵活的协调策略，但是，有些协调策略仍然可能被某些文化背景的人士所反感和排斥。其四，文化差异可能会不必要地激化贸易冲突。因为在贸易争端激化的环境中，文化差异带来的理解错误、沟通错误以及应用错误，尤其易于发生。很明显，这类文化因素给予一国国际经济协调的特殊影响，都是需要人们认真对待和谨慎处置的。

这样，每个国家在开展国际经济协调运作过程中，必须充分意识到文化背景居中的独特作用，既要正视本国文化背景的特点及其不足之处，又要考虑对方国家文化背景带来的某些协调局限性。在此基础上，还应进一步展开文化层面上的沟通与协调。尤其是围绕市场经济意识与经济伦理方面的深入协调，有着广阔的前景。事实上，因为忽略文化背景要素而导致国际协调失利，可谓不乏其例。②

（三）敢于履行积极进取的进攻型战略

一国如果试图驾轻就熟地运用国际经济协调机制以推进自身贸易增

---

① 美国学者在谈论全球谈判时，是这样总结它与文化因素之间的关系的："总之，谈判者用来实施某一策略的行为是有文化差异的。预先考虑这些差异将有助于谈判者理解差异并调整自己的行为以加强或阻止对方的策略。"（引自珍妮·M.布雷特《全球谈判》第6—16页，中国人民大学出版社2005年版）

② 正如著名美国学者罗伯特·吉尔平在其《全球国际政治经济学》一书结束语里所论述的："任何层次上的管理，无论是国家的还是国际的，都要依靠共同的信仰，共同的文化价值观念，共同的特性。"（参见罗伯特·吉尔平《全球国际政治经济学》第362页，上海人民出版社2006年版）在笔者看来，按照该书对于文化因素的多层次理解，其见解是值得人们认真思考的。

长，就不能对国际贸易纠纷与冲突采取消极被动的应付态度，而应当确立和实施积极的进攻型协调战略。

这种所谓的进攻型协调战略具有以下基本特征：其一，它把国际协调主要看作为推动本国对外经贸活动的强大动力，而并不是什么被动的应付或沉重的负担。换言之，它是以一种积极进取的精神来看待和处置国际经济协调运作的。[①] 其二，要深层次、广范围地思考和应对本国可能面临的国际经济协调问题。即绝不能仅仅着眼于目前的贸易摩擦来研究它们，同时必须具有前瞻的眼光和深刻的思考，还要密切关注今后的发展趋势及其可能遭遇的新问题。其三，要进一步积极推动本国国际经济协调系列机制的尽快建立和完善。而这类协调机制的建立和实施，更要着眼于削弱和铲除相关经贸摩擦的产生根源，即要釜底抽薪，而不是扬汤止沸。其四，要努力促成本国逐步成为多边贸易体制里开展经济协调的中坚力量，充分发挥一种消弭对抗与冲突、促进合作与互动的积极作用。这就需要培育和造就一大批善于开展国际经济协调的专门人才。

毫无疑问，这个运作战略的真正确立及其完善需要具备多方面条件。例如，决策层和有关政府部门对国际经济协调的意义和作用必须具有相当的共识，整个社会要形成一种有利于开展国际协调的舆论氛围，研究和构筑相关协调机制的工作真正被提上议事日程，并在机构、规划、人员方面得到有效的落实等。换言之，这种协调运作战略只有在一个高度重视国际经济协调功能的国家才可能得以建立和实施，而其由此获得的经济利益恐怕亦是远远超出了常人的想象。

（四）坚决依托 WTO 这个国际经济舞台

要积极有效地开展国际经济协调，离不开 WTO 给予各国的广阔空间。这是因为，全球大多数国家都是 WTO 的正式成员，它们有权利把这个权威性国际贸易组织当作自己进行国际经济协调的基本阵地，并努力发挥各自的独特作用。严格根据 WTO 的重要原则与基本规则来处理各种贸易摩擦，既合理合法，又行之有效，它们自然应该是各国开展这类运作的

[①] 西方学者在论述创造性问题求解策略时，第一条就强调"主动出击"策略。在这里，它描述了：采取主动，令事情发生；积极地寻找新思想和革新；不让消极的环境影响你的行为和决策；做你能做的事；如果你做错了什么，要承认它，并从错误中学习等具体策略。（参见赫·斯科特·福格勒等《创造性问题求解的策略》第12页，中央编译出版社2005年版）其实，这些同样正是对进攻性协调战略的描述和概括。

有用工具。之所以要坚决依托 WTO 这个经济舞台，主要是出自以下方面的考虑。

首先，WTO 体系是全球最大的经济平台。WTO 目前拥有约 160 个成员，它们包括着世界上所有具重要影响力的国家和少量单独关税区，涉及全球 90% 以上的贸易额。其制定的贸易规则就是国际经贸规范的组成部分，直接影响甚或决定着全球的贸易格局和趋势。其运作的顺畅或坎坷，更是关乎世界经济的前途和命运。显然，这样一个"经济联合国"是各国国际经济协调运作得以自由挥洒的最好舞台。

其次，WTO 体系是国际经贸规范的集中体现。众所周知，国际经贸规范不仅是维护全球经济正常秩序的重要圭臬，而且是开展国际经济协调的必要基础和运作准绳。WTO 的规则体系虽则存有不少疏漏和缺陷，可是与其他国际经济组织相比较，还是比较成功的。例如，其规则体系适用的领域和范围比较广阔（如至少包括 155 个具体部门的服务贸易领域就必须遵循其规定），且还在进一步拓展；其依据相关规则来处置实际贸易纠纷的效果就相对显著（如贸易争端解决机制就比较有效）；其监督成员方贸易政策的措施就比较具体（如定期进行各个成员方的贸易政策审议）等。这些机制和做法无疑为深入进行国际协调奠定着较为扎实的基础。

还有，WTO 体系始终贯穿着国际经济协调精神。WTO 的有关规则和机制甚至这个谈判场所本身都是国际经济协调的产物[1]。其国际经济协调精神及其众多规则，还直接为广大成员方提供了构筑这类机制的思路和基础。它十分重视维护所有成员的基本经贸利益以及义务与权利的对等。而当一个成员在国际贸易活动中出现严重失衡或面临困境时，它还通过适当的措施来加以救济和扶持。可见，它比较重视一国对外经济贸易增长的大致平衡。同时，它没有忽略各个成员之间贸易利益的基本协调。如一个成员实施保障措施时，其实施时间和次数上有一定的限制，还需要对其他成员进行补偿来解决贸易利益受损的问题。此外，它还关注到成员之间在不同贸易领域可能形成悬殊的利益差别。如发展中成员在服务贸易领域同发达国家的差距更为显著，就允许它们在提供贸易最惠国待遇问题上可以附

---

[1] 赛义德·尤素福和约瑟夫·斯蒂格利茨论述道："国际互动和联系的大大增加需要制订各种各样的规则、标准、公约和议定书。没有这些东西，协调会出现失败，动荡会增多，贸易和资本流动的风险酬金会增大，交易成本会上升。"（参见杰拉尔德·迈耶和约瑟夫·斯蒂格利茨主编《发展经济学前沿》第 175—176 页，中国财政经济出版社 2003 年版）

加一定条件或申请豁免。显然，这些规定和做法都有利于妥善处置和积极协调各国之间的经贸关系。

总之，一个国家倘若试图积极开展国际经济协调运作，却不能充分认识WTO体系及其诸多规定所体现的国际协调精神，更不能有效利用这个经济舞台施展自己的协调能力，那么，它的相关努力注定是《竹篮打水一场空》。这意味着，WTO的成员们都应该十分珍惜和充分利用WTO所提供的广阔的协调空间。

至于我国在履行这个重要原则时，还应认真思考两个问题。一是自己在WTO体系里边应扮演什么样的角色。总的来看，维护和推进WTO的国际经济协调精神及其机制，进而获取自身应有的经贸利益，当是我国参与WTO体系运作的基本定位。在这里，既要坚决维护发展中成员的基本贸易利益，又不宜热衷于充当发达国家的对立面，应该是我国比较稳妥的做法。二是建立自己的国际经济协调系列机制已迫在眉睫。而这种系列机制的形成和逐步完善，需要充分借助WTO的有关规定以形成相关的基本思路，更离不开制度、法规、政策和策略等方面的相应建设。因此，我国应该为此殚精竭虑，以努力推进外经贸活动更加顺畅地发展。

（五）严格维护应有的协调底线

一国主张国际经济协调并非一味姑息迁就或随意让步，更不是丧失原则。这就是说，严格维护应有的原则立场，是一国成功开展国际经济协调的一项重大前提条件，或者可以说，它是不容触犯的基本底线。事实上，在一般情况下，有些发达国家尽管经常引发贸易争端或摩擦来威逼对方，可是为了维护自身的基本经济利益，它们亦会作出种种退让以避免落个两败俱伤的结局。这意味着，对那些明显违反自己原则立场的所作所为进行立场鲜明的抗争，既是国际经济协调不可或缺的组成部分，同样也完全是切实可行的做法。一般而言，一国的这种原则立场主要涉及：

一是本国的主权与尊严。凡是危害国家主权和安全以及亵渎祖国尊严的各种货色，一国非但不能列入自己进行国际协调运作的相关范围或领域，而且必须旗帜鲜明地坚决反对。这里提及的国家尊严既包括国家核心利益，亦涉及本国正式派出代表的人格，它们都涉及对方对本国根本地位和基本利益的充分尊重。①

二是本国业已确立的路线、战略和重大方针。一国开展国际经济协调，当然有着自己的根本指导思路和基本方针，而它们恰恰是在本国政府所确立的路线与战略指引下制定的。如果放弃了这些根本之道，等于自身的协调基础被彻底摧毁，那么，一国从根本上说还有什么需要再去努力协调的呢？

三是国际经贸规范。既然国际经贸规范顺应了经济全球化的历史潮流，且成为维护当今世界经济秩序的基石和准则，那么，每一个负责任的国家都应该遵循和维护这些来之不易的基本国际规范。一定要看到，对于那些悖逆和损害基本国际经贸规范的所作所为，采取听之任之、忍让迁求的态度，最终将导致多边贸易体制彻底崩溃。因此，各国不仅要坚决遵循和维护已有的基本国际规范，还要善于运用国际经贸规范来迫使对方接受相关的协调运作。放弃国际经贸规范这条根本底线，是一种对国际社会不负责任的典型表现。②

质言之，一国成功开展的国际经济协调运作，都必须严格遵循这些不容触犯的基本原则。换句话说，倘若一国在进行国际协调的过程中，对方出现触犯这类底线的言行，那么，就应当予以坚决的抵制和反对。倘若对方触犯这类底线的言行具有蓄意或一再重演的性质，那么，一国就应该断然中止这种有违自己基本立场的所谓协调。

（六）始终不渝地坚持实践、试错和完善

国际经济协调本身就是个不断延续的过程。围绕某个问题的国际

---

① 著名国际关系学者亚历山大·温特指出：有四种国家利益需要特别关注。这些利益的形式因国家其他身份而异，但是，所有国家的根本需求是一样的。第一种是生存。它从根本上来说是指构成国家—社会复合体的个人。第二种是独立。它指国家—社会复合体有能力控制资源分配和政府选择。第三种是经济财富。它指保持社会中的生产方式，在延伸意义上也包括保护国家的资源基础。第四种是集体自尊。它指一个集团对自我有着良好感觉的需要，对尊重和地位的需求。（参见亚历山大·温特《国际政治的社会理论》第229—232页，上海人民出版社2008年版）应该说，这些国家利益正是构成一国国际经济协调运作底线的最主要部分。

② 兰德尔·L.卡尔弗特在《社会制度的理性选择理论：合作、协调与沟通》中专门指明："参与人的沟通必须严格遵守一套对两个正式的参与人来说是共同知识的规则或规范。"（引自杰弗瑞·S.班克斯等编《政治经济学新方向》第267页，上海人民出版社2010年版）按照作者的说法，"沟通"与"协调"两个提法并没有太多区别，很多时候为了语言的连贯进行了不同名称的择取。这就是说，即便仅仅为了国际经济协调运作本身的成功，人们同样必须在这个协调过程中坚守现行的国际经贸规范。

协调运作固然不可能一蹴而就，不断涌现新的贸易纠纷更需要持之以恒的协调精神与做法。因此，那些业已证明卓有成效的协调手段与策略，一定要予以精心的呵护、积极的总结和坚决的推行。尤其对于那些融入国际经济体系不久的国家来讲，构筑国际协调机制可以说是一个全新的尝试，人们千万不要因为出现各种不同的声音就轻易丢弃它们。①

出现不同的声音来自多方面原因。有些是由于不太了解情况而产生的误会，有些是因为观念更新不够而暂时不理解，有些是出于不同策略的考虑而产生的相异看法，有些是针对失误或不当之处而提出的善意批评，有些则是代表某些行业或利益集团而发出的反对意见。这就需要区别情况，妥善处置。具体而言，对于不理解或有所误会的看法，应该通过比较周全的宣传和解释予以恰当解决。那些善意批评和不同策略的主张，政府应当虚心听取、认真总结、尽量采纳。至于囿于行业或集团利益而发出的强烈反对，政府必须保持清醒的头脑，绝不能由此就犹豫退缩。否则，只会使自己的国家在今后诸多贸易摩擦中处于被动境地，难以在经济全球化和贸易自由化的过程中真正地趋利避害。

要正确对待本国所做的妥协与让步。国际经济协调离不开必要的妥协与让步，甚至可以这样说，妥协与让步是国际经济协调运作应有的题中应有之义，没有妥协与让步就无所谓国际协调。所以，对于本国政府在国际经济活动中所做的妥协与让步，人们大可不必大惊小怪，更不宜轻易地反对和否定，关键是看其运作恰当与否。如果符合一国经济大局的战略部署，如果能够带来更加重要或多方面的经济利益，那么，这种妥协与让步就值得肯定和开展。更何况，一个负责任

---

① 托马斯·谢林指出："许多讨价还价都是关于'剩余'的'分配'问题……在这个范围内，任何一点都是潜在互利的交易。有时候，这一范围是不确定的……有时候我们比较清楚范围的大小……在这种存在一定弹性的情况下，对自己的让步幅度加以一个可信的限制是有利的。"（引自《承诺的策略》第 16 页，上海人民出版社 2009 年版）在笔者看来，它至少提示了两个重要的观点。一个是不要轻易放弃属于"潜在互利的交易"的讨价还价，即应该努力寻觅和抓住一切可以开展国际经济协调的机会和时点。另一个是在其范围大小比较清楚的情况下，提出的要价应当适可而止，即必须避免自己提出不切实际的诉求以毁坏本可获取的国际经济协调成果。显然，用这样一些观点来看待和处置我国国际协调的具体运作，确实不乏启迪之处。

的大国致力于开展国际经济协调，有时候还应具备一种更加大气的分析思路，即为了更好地维护全球经济这个大局，即便自己暂时做出一些利益牺牲亦能接受。①

要正确对待第一线的协调运作。站在国际协调运作第一线的工作人员尽管兢兢业业、恪尽职守，却仍然可能难以获致国人殷切期盼的理想结果，这种状况在广大发展中国家那里尤为显著。这种状况的出现，主要源自诸多客观制约挤压了一国开展国际经济协调的空间。这类客观制约特别表现在：一是自身实力的制约。在一个凭借实力讲话的现实世界里，一国经济话语权的大小是其在国际协调中占据有利地位的基础。事实上，发展中国家在这种国际协调中常常是明显"弱势"的一方。二是原先经济体制的制约。如果一国原先长期实行的经济体制并不符合市场经济运作和自由贸易的基本要求，那么，它更易于遭遇要求其深刻变革的巨大国际压力。三是自身视野的制约。如果一国相对不熟悉国际经贸规范，相对缺乏市场经济意识，相对缺乏前瞻眼光，那么，其在国际协调过程中试图从对手那里获取更大份额的经济利益，几乎是不太可能的。更何况，有些妥协与让步还是由于客观情势所迫而不得不为之。② 显然，上述这些具体制约都不以人们的主观意志为转移。倘若脱离这些制约背景来孤立地看待本国的某些具体协调成果，甚至依据自己的理想标准来判定它们的成败得失，则完全是一种脱离现实的苛求。

要正确对待可能出现的失误与不足。一国开展国际经济协调活动是一个不断实践的漫长过程，必然会出现一些误判、考虑不周甚或运作错误。只要其根本的指导方针和思路正确明晰，只要其有关决策能够实施民主化科学化的程序，那么，人们就应该大力支持和呵护本国才刚刚培育起来的

---

① 美国经济学者考什克·巴苏的一段话颇值得深思。他说："一些国家往往愿意为了更大的全球利益而做出一些小的牺牲，尽管它们不愿意只有自己这样做。这就是希望所在，因为根据这种观点，一些不大可能出现的理想结果也许就是潜在的均衡。"（引自杰拉尔德·迈耶和约瑟夫·斯蒂格利茨主编《发展经济学前沿》第55页，中国财政经济出版社2003年版）这意味着，在错综复杂的国际经济协调过程中，并不是所有国家都是极端自私自利的。相反，还有一些国家多少具有一定的大局观，即"愿意为了更大的全球利益而做出一些小的牺牲"。在有些情况下，这个论断为人们打开了国际经济协调的新视角和新思路。

② 《世界经济谈判》一书明确认为："当谈判陷入僵局，会有更糟的事情发生在己方之时，防御诉求者可能会理性地做出决定，接受一项包含无回报让步的协议（一个单赢协议）。"（引自约翰·奥德尔《世界经济谈判》第60页，世界知识出版社2003年版）显然，在那种情势下，这种做法是谈判者唯一正确的选择。

国际协调精神及其做法，并用爱护的态度去指出和纠正这些不当之处和失误做法，而不宜轻率地加以严厉指责和断然反对。需要提醒的是，简单的严厉指责和断然反对常常起着直接打击及否定国际经济协调运作本身的有害效果。

总之，在关心、爱护和支持本国积极开展国际经济协调的基础上，不断总结和丰富自己在国际协调过程中创造和积累的做法和经验，不断纠正和反省自己出现过的失误和过错，进而形成和完善自己的国际经济协调分析思路和系列机制，才是一国参与国际经济活动并能获取巨大利益的唯一正确的道路。

我国只要依据上述的分析思路来建立、实施和完善国际经济协调的相关机制及其运作，就一定能够充分发挥积极而有效的作用，进而获得一个良好的外部经济环境，以推动我国经济更加健康地发展。因此，本书的以下各章将从理论阐述和实践分析相结合的角度，进一步深入论述和发挥上述15个运作原则。

第三章　相互依赖理论述要

国际经济协调运作的深入开展，必须以诸多缜密的分析思路为指导，而这些分析思路的形成与深化，又离不开成熟理论学说或论述的必要支撑或适当借鉴。为此，本书第三章至第六章专门对相关理论阐述作些梳理和介绍。[①] 其中，国际相互依赖学说是国际经济协调运作的重要理论依据，且被阐发得比较全面和充分。因之，本章就此作些简明的阐述。

一　经济相互依赖理论的建立

所谓经济相互依赖理论，是指专门研究世界各国在经济上互相联系、彼此依赖有关问题的经济理论。[②] 它特别注重一国经济发展与国际经济往来之间存在的敏感的反应关系，从而深入分析了当今国际竞争必须面对的一个重要现实背景。

（一）相互依赖理论的演进

"相互依赖"的提法本身包含两层含义：一方面，其他国家发生的经济情况对本国的经济发展产生直接的影响；另一方面，本国要做的经济事情在一定程度上也依赖其他国家的行动和政策。这就是这种理论研究的基

---

① 本书第三章至第六章主要是间接援引相关学者的理论阐述，而笔者只是根据自己的理解和把握，围绕本书的主旨进行了一定的梳理和阐述。由于各自文字风格大相径庭，并且有些使用着非经济学学科的专门术语，因而这些理论阐述显得各具逻辑且文风相异，有的甚至可能还稍嫌晦涩。考虑到尽可能地原汁原味地呈现他们的精湛思想和深刻论述，笔者在这四章阐述中只是进行了必要的概括和简要的评论，以提示有关思想和论述对于国际经济协调运作的借鉴意义。对于他们有些重要思想的充分肯定或具体借鉴，可以散见于全书各章。至于它们存有的某些局限性和理论缺陷，由于不是本书主旨的关注内容，一般就不再展开专门的评论了。

② "相互依赖"与"相互依存"实际上是同一个名词，都是 interdependence 的译法。本书充分尊重不同译者的各自用语，在间接援引相关译著时不再予以统一调整。类似的情况在本书可能还有两三处，如"国际机制"与"国际制度"亦被混用等。

本定位和主要内容。其中，美国经济学者理查德·库帕在1968年出版的《相互依赖经济学：大西洋社会的经济政策》一书，是最早的代表作。

经济相互依赖理论大致经历了四个阶段。20世纪50年代末60年代初，随着西欧共同市场的出现，有些西欧国家形成了与美国有所隔离的新的经济集团，于是，有关发达国家之间相互依赖关系的理论研究便应运而生。到70年代，广大发展中国家在政治独立的基础上，进一步谋求自身的经济发展，并随之表达了改变国际经济旧秩序的强烈愿望，这就直接危及发达国家的既得利益。在这种情势下，专门研究南北经济相互依赖关系自然成为国际经济界的一大热门话题。可进入80年代之后，发展中国家普遍遭遇众多经济困难，它们与发达国家的经济关系又陷入停滞，相互依赖带来了不少的负面影响，因而相互依赖理论也面临很多的质疑和批评。近年来，在经济全球化不断深化的现实背景下，各国经济相互联系、彼此依赖的程度达到前所未有的状况，从1992年德国调整国内银行存贷款利率差点导致世界货币体系崩溃，到2008年由美国引发出灾难深重的国际金融危机，都充分证明了这一点。这样，有关相互依赖理论的研究又重新为人们所青睐。

（二）经济相互依赖的理论分析[①]

必须强调，人们出于各自的需要和考虑，从不同视角研究和阐述着相互依赖理论，从而包含着有所不同的具体范围。倘若将激进学派的有关理论存而不论，那么，大多数学者涉及的内容主要有：

1. 相互依赖程度的具体衡量

有关学者常常使用比较复杂的数学模型对此进行定量研究和分析。同时，人们还用一些具有关键作用的基本指标加以具体计量。它们主要有：

国际贸易增长率与GDP增长率之比。本来国际贸易作为GDP的一个函数是随着后者的增加而增加的。但是，如果国际贸易的增长速度超过了GDP的增长速度，则表明国民经济对国外市场的依赖程度不断加大，也可能提高国内生产与消费对国外资源的依赖程度。

出口贸易额与GDP之比，即出口依存度。从某个时点来看，一国具有比较高的出口依存度，反映了它对国外需求有着较大的依赖性。就一个

[①] 第一节的阐述主要参见理查德·库帕《相互依赖经济学：大西洋社会的经济政策》一书1968年英文版。

时段而言，如果这个比率呈现上升趋势，则说明它与相关国家的相互依赖程度存在加深的趋势。

国际资本流动量与 GNP 之比。这个指标可以分别从三方面，即非货币部门私人资本长期流动总额、私人资本流动总额和总资本流动额各自与 GNP 的关系加以考察。总的说来，国际资本流动的规模和速度不断上升，则加速了国际经济的相互传递和依赖。

2. 经济贸易相互依赖的具体表现

世界各国经济贸易相互依赖可以表现在不少方面，主要有：

（1）经济贸易结构的相互依赖。从大的方面看，发达国家的资本密集型产品和高科技产品占有比较优势，而发展中国家则出口资源密集型产品和劳动密集型产品。这就决定了这两类国家各自的经济贸易结构以及彼此的依赖性，因为双方要有效地持续地发展本国经济，都离不开对方优势产品的大量进口。再就发达国家不同发展战略和产业结构的调整思路而言，它们又进一步推动着发达国家之间经济贸易结构的依赖性。例如，美国早就在不少资本密集型产品领域（如家电产品）放弃了国际竞争，从而需要大量进口这类产品。

（2）经济贸易目标的相互依赖。有时一个国家实施自己的经济贸易目标还需要甚至依赖其他有关国家在经济政策上的配合和协调。例如，一国需要在外汇汇率比较稳定的条件下开展贸易活动，或需要努力实施国际收支的大致平衡，或需要防止国际通货膨胀传导进口，它必然希望主要贸易对手的货币汇率也相对平稳，或同它们的贸易往来不要大起大落，或对方能把货币稳定作为货币政策的首要目标。可见，这些希望的实现就不能不依靠有些国家经贸目标的相互配合。

（3）经济贸易政策的相互依赖。上述两方面的相互依赖进一步促成了双方在经贸政策上的密切关系。这就是说，彼此经贸政策的内涵、运作方式乃至实际效果都会给对方带来各种经济影响，有时这种影响远远超出了人们的想象，因而它们之间的协调和互动已必不可少。换言之，一方某些宏观经济政策一旦发生变动，常常会直接给另一方的经济活动带来变化，从而迫使后者也相应地调整有关政策。

（4）经济贸易干扰因素的相互关联。如果两个国家的外生干扰因素的联系程度比较密切，那么，它们之间的经济联系往往趋于紧密。例如，两个国家的经济都受到了国际游资的严重冲击，或者受到了跨国公司转移定价策略的类似影响，那么，它们的经济联系程度就会逐渐加深。

3. 相互依赖的传递机制

许多国家在经济上的依赖程度往往因传导机制的推动而日趋加深，所以，有些学者针对传导的渠道或方式、作用机制和实际后果也作了一些理论探索。例如，两国不仅可以通过进出口贸易，而且能够经由直接或间接投资、金融往来、技术交换、劳务流动、经济援助、本币汇率变动等诸多渠道，提高相互的经济依赖程度。这从一个侧面说明，在经济全球化不断深入的背景下，所有开放型的经济体系都会明显加深同外部经济世界的依赖程度。

4. 相互依赖的政策方向

库珀指出，贸易、投资和金融流动正在形成日益一体化和高度相互依存的全球经济。但是民族国家通过贸易保护、补贴和产业政策抵制一体化的力量，在此过程中，世界经济遭到了破坏。库珀说，世界经济的发展和政治分裂之间的紧张关系造成经济动荡，威胁世界经济的开放和效率。

他强调了多边合作的政策主张，特别赞成以美国为首的工业化自由民主国家进行多边合作。其理由是，如果未能协调各国政策，以找到管理世界经济的一种有效和一致同意的方法，国际经济一体化和贸易与金融方面的相互依存的全部好处就会丧失。

库珀的分析还突出地强调了国际经济合作必须具备的政治基础。库珀论证说，除非主要经济大国在政治上给予支持，否则经济事务的国际合作只能是空中楼阁。

他得出结论说，理想的解决方法是建立全球经济的国际管理。但是，他怀疑各国愿不愿意为了国际经济的顺利运行而牺牲国家主权和政治经济的自主性。

需要强调的是，《相互依赖经济学：大西洋社会的经济政策》一书是第一部专门论述国际经济相互依赖关系的学术著作。以理查德·库珀为代表的经济相互依赖理论，不仅比较深刻地揭示了当今世界各国经济的内在联系，并且相当凸显国际经济合作和国际经济协调的重要性。它们关于经济相互依赖程度的具体衡量，直接从量化角度显示着国际经济协调的必要性。它们对于经济贸易相互依赖的深入阐述，更是指引着国际经济协调的具体方向和运作重点，起着引领相关分析思路的作用。而理查德·库珀针对经济相互依赖的政策主张亦有着显著的启示意义。总之，经济相互依赖理论是当今各国开展国际经济协调的重要理论基础。

二 国际相互依赖理论的创立

国际关系研究领域同样深入探讨了国际相互依赖理论。国际关系学者公认罗伯特·基欧汉和约瑟夫·奈合著《权力与相互依赖》(1977)一书为开山之作。2012年该书又出版了最新的第四版。这里先引述它的主要理论观点。[①]

(一) 复合相互依赖模式

1. 相互依赖及其敏感性与脆弱性

按照罗·基欧汉和约·奈的看法，我们生活在一个相互依赖的时代。这种说法意在表明，人们普遍认识到世界政治的性质正在发生变化。相互依赖影响着世界政治和国家行为；而政府行为也影响着相互依赖模式。政府通过创制或接受某些活动的程序、原则或制度来调节和控制跨国关系、国家间关系。这些控制性安排可以称为国际机制。

他们认为，当相互依赖普遍存在时，国际冲突会以新的形式出现，甚至会呈现上升态势。但是，理解世界政治冲突的传统方式无法充分解释相互依赖条件下的国际冲突。用错误的方式和言辞诠释这些问题，将导致漏洞百出的分析和蹩脚的政策。

依赖指的是为外力所支配或受其巨大影响的一种状态。简言之，相互依赖即彼此相依赖。世界政治中的相互依赖，指的是以国家之间或不同国家的行为体之间相互影响为特征的情形。当交往产生需要有关各方付出代价的相互影响时（这些影响并不必然是对等的），相互依赖便出现了。如果交往并没有带来显著的需要各方都付出代价的结果，则它不过是相互联系而已。如果大多数乃至所有参与方都期望现状稳定，则保持势力均衡可以使各方共同获益。反之，即使参与各方可以通过合作获得巨额纯利，经济和生态相互依赖的政治也包含着竞争。

在他们看来，如果要理解权力在相互依赖中的作用，必须区分敏感性

[①] 第二节的阐述可参见罗伯特·基欧汉和约瑟夫·奈《权力与相互依赖》（北京大学出版社2012年版）第1—57、253—291页等。

与脆弱性二者之间的关系。敏感性指的是某政策框架内作出反应的程度。敏感性相互依赖产生于政策框架内的互动。敏感性相互依赖既表现在经济方面，也表现在社会或政治方面。相互依赖的脆弱性程度取决于各行为体获得替代选择的相对能力及其付出的代价。

就依赖的代价而言，敏感性指的是在试图改变局面而做出变化之前受外部强加代价影响的程度。脆弱性可以定义为行为体因外部事件（甚至是在政策发生变化之后）强加的代价而遭受损失的程度。由于政策往往难以迅速变更，外部变化的直接影响往往表现为敏感性相互依赖。脆弱性相互依赖的衡量标准只能是，在一段时间内，行为体有效适应变化了的环境做出调整应付的代价。

他们强调，就理解相互依赖关系的政治结构而言，脆弱性尤其重要。从某种意义上讲，脆弱性着重表明哪些行为体是"别无其他情况下"的确定者；或哪些行为体能够确定游戏规则。脆弱性既适用于社会政治关系，也适用于政治经济关系。脆弱性相互依赖包含战略意义，而敏感性相互依赖恰恰缺少这一点。敏感性的迅速上升往往导致对相互依赖的抱怨以及改变相互依赖现状的政治努力。

他们得出手结论是，对国际相互依赖进行政治分析，一个颇有用的起点是，将非对称相互依赖视为行为体的权力来源。这种框架可以用于分析跨国行为体之间、政府之间或国家之间的关系。不同类型的相互依赖都产生潜在的政治影响，但它们所承受的限制各不相同。只有现存规则和规范被理所当然地遵守，或心怀不满的国家必须付出难以承受的代价才有可能迅速改变其政策时，敏感性相互依赖才有可能提供强大的政治影响力。如果某行为体因一系列规则而被迫处于劣势，该行为体有可能试图改变这些规则，如果由此付出的代价可以承受的话。如果一个行为体在基本非对称的脆弱性中处于不利地位，那么它从有利的非对称敏感性中获得的影响力非常有限。同样，如果一个国家因其经济脆弱性而被激怒，它有可能试图利用军事力量来改变不利的情势。

他们还认为，同时还要注意政治谈判过程中的"转化"。其中的一个重要原因是，弱国承担的义务或许大于强国，依赖性强的国家也许（或显得）更愿意承受损失。当代国际相互依赖的其他条件也倾向于限制政治家操纵非对称性相互依赖的能力。特别是小国的国内政治一致性也许强于大国。总体而言，强国的依赖性较小，但其内部也许更为分化，其政府内部协调的困难和利益冲突也将削弱其凝聚力。

2. 复合相互依赖的特征

基欧汉和奈又提出了"复合相互依赖"的概念。它具有如下三个基本特征：

其一，各社会之间的多渠道联系，它包括政府精英之间的非正式联系或对外部门的正式安排；非政府精英之间的非正式联系（包括面对面的交流或通过电讯联系）；跨国组织（如多国银行或多国公司）等。这些渠道可以概括为国家间联系、跨国政府联系和跨国联系。

其二，国家间关系的议程包括许多没有明确或固定等级之分问题。问题之间没有等级之分意味着，军事安全并非始终是国家间关系的首要问题。许多问题由通常被视为国内政策的事务引起，而国内问题与对外问题的区别非常模糊。许多政府部门（并非仅仅外交部门）在不同层次上考虑这些问题。如果国家在这些问题上缺乏足够的政策协调，必然会为此付出沉重的代价。不同的问题导致不同的各政府内部联盟及跨政府联盟，并导致不同程度的冲突。政治并无明确的界限。

其三，当复合相互依赖普遍存在时，一国政府不在本地区内或在某些问题上对他国政府动用武力。然而，在本地区内或在某些问题上，军事力量在政府间关系中也许起着重要作用。

这里提出的三个基本条件非常符合某些全球经济和生态相互依赖的状况，也接近于勾勒出国家之间全部关系的特征。

3. 复合相互依赖下的政治模式

基欧汉和奈指出，复合相互依赖条件下的政治模式不同于以往国际关系理论对世界的认识。因此，传统理论无法解释这种条件下的国际机制变迁。复合相互依赖下的政治模式主要表现为：

在行为体目标上，国家的目标因问题领域而异。跨政府政治的存在，导致目标难以确定。跨国行为体将追求自身的目标。

在政府政策工具上，适用于具体问题领域的权力资源最为相关。相互依赖、国际组织和跨国行为体的管理将是主要的手段。

在议程形成上，它们受到如下因素的影响：各问题领域内权力资源分配的变化；国际机制地位的变化；跨国行为体重要性的变化；与其他问题的联系以及敏感性相互依赖增强而导致的政治化等。

在问题的联系上，由于武力的效用难以发挥，强国实行联系战略将越加困难。弱国通过国际组织推行联系战略将衰落而非增强国际等级区分。

在国际组织作用上，国际组织将设置议程，促动联盟的建立，并为弱国的政治活动提供场所。选择处理某问题的组织论坛并争取支持票的能力将是重要的政治资源。

（二）国际机制的变迁

基欧汉和奈进一步论述了国际机制的变迁。如前所述，对相互依赖关系产生影响的一系列控制性安排称为国际机制。但是，世界政治中的规则和程序从来不像井然有序的国内政治制度那样完整和得以实施，各种制度也不像前者那样强有力或具有自主性。具体而言，他们阐发了国际机制变迁的四种解释模式。

1. 经济进程解释模式

经济问题在国际政治的地位和作用越来越重要。为经济问题的支配权而进行的斗争，是人们越来越关注相互依赖的主要原因。经济学家为了构建精确、完美的经济解释框架，往往有意避开政治问题的探讨。某些特定的活动以非政治行为为特征，但这并不意味着政治权力不重要。政治的影响可能是间接的；政治可能决定某些关系，而日常经济活动就产生于这些关系之中。

经济分析为解释机制变迁提供了重要的洞察力，但经验丰富的观察家都认为，经济分析的解释力是不够的。人们必须将明确的政治假设纳入解释机制变迁的模式中。当然，也必须将经济进程变化纳入分析框架中。

基于经济进程的机制变迁模式具有若干重要前提。第一个是技术变革与经济相互依赖的增加将使现有国际机制过时。第二个是政府必须对提高生活水平的国内政治要求迅速做出反应。第三个是资本、货物以及某些情况下人员的国际流动带来巨大的经济效益，并成为政府修改或重新创立国际机制以恢复其有效性的强大动力。各国政府在利益分配上激烈论争，并抱怨（脆弱性与敏感性并存的）经济相互依赖的增长包含着主权的丧失。但是，它们一般都会发现，更大的经济利益是国内的政治诉求，破坏国际经济关系或漠视国际经济关系陷入混乱所付出的利益代价，往往超过所获得的自主性权益。尽管不情愿，各国政府还是允许经济相互依赖的增长；而且它们更不情愿但身不由己地回应一体化政策要求，从而被纳入建立新型国际机制的合作中。因此，机制变迁是一个逐渐接受跨国经济活动的新规模和新形式的过程。

2. 总权力结构解释模式

军事安全领域存在着高度相互依赖，并与彼此的敌对相关联，始终处于传统世界政治分析的核心。安全问题处于支配地位，军事实力的分配（加上支撑军事实力的经济基础）决定着权力结构。这个模式的吸引力在于简明扼要和预测简洁。国家间的权力发生变化（即结构变化），则构成国际机制的规则随即发生变化，以上假设提供了建构理论的根本动力。该动力处于依据总体权力结构而构建的机制变迁模式的核心。

强调总体权力结构的传统观点也可用于解释国际机制的变化。如果规则是由强国制定，则政治—军事权力的变化就会对经济机制产生影响。总体结构模式引导人们关注霸权和领导地位。经济学家认为，稳定的经济机制需要领导，即为维护机制而在谈判中放弃短期获益的意愿；当认识到自己是机制所产生的长期收益的主要受益者时，某行为体最愿意提供这种领导。

现实主义者可能会补充道，这种维持机制的领导最有可能出现在霸权体系中，即某个国家足够强大，有能力维护管理国家间关系的核心原则，并有这样做的意愿。该国还有能力废除既有的规则，阻止实施本国所反对的规则，并在新规则的确立过程中起着主导作用。在霸权体系中，主导国家同时拥有积极和消极权力。如果霸权国只是维护自身的优势地位，而无意征服他国，则他国也将从中受益。霸权国并非常常从经济上盘剥二流国家。

颇具讽刺意义的是，霸权体系的收益以及该收益的分享范围也有可能导致体系本身的崩溃。随着经济实力的增强，二流国家的预期也将改变。它们不再接受单向依赖，因为不管这种依赖如何促进经济繁荣，都会给它们的政府自主权及其政治地位带来负面影响。随着体系的变化，各国预期也发生变化。由此产生的不确定性在所难免，一系列分化瓦解现象随即出现。

3. 问题结构解释模式

问题领域模式认为，各个问题领域难以照常、有效地联系起来。权力资源也不可能轻易转化。军事力量在经济领域中不再发挥效力，与某一问题领域相关的经济力量可能与其他问题领域无关。问题结构模式的前提是：当应用于其他问题领域时，某问题领域的权力资源将失去某些或全部效力。作为一种理论，其解释力弱于总体结构模式，因为分析者需要更多的信息。但其区别力却强，由于问题结构模式对问题领域做出区分，它对分析当代世界政治尤其是国际经济关系至关重要。融合了复合相互依赖两种假设之长，它只是牺牲了部分预测能力，但从某些方面讲，其预测却更接近于现实。

在规则规定过程中，不仅规则包含的诸项作用受到了挑战，而且规则本身也受到了挑战。主要参与者质疑机制的性质，是否创立机制、以何种形式创立机制成为政治斗争的焦点。由此，脆弱性相互依赖的概念特别适用于该类情况。

对问题结构解释模式而言，这个区分非常重要，因为对政治活动产生影响的权力资源常常不同于问题的两个方面。规则被视为理所当然者，敏感性相互依赖的不对称可能因此而产生。如果规则受到质疑，或者国际机制为单方面所改变，引导敏感性相互依赖的原则不再赋予原先受益者以任何权益。在这种情况下，政治开始反映相对于脆弱性（而非敏感性）的不同权力资源，或可视为问题领域的基本权力结构。当某一问题领域结构的权力分配与权力实际运用的分配出现差异时，机制变迁的压力就出现了。

在相当程度上，机制变迁的原因在于，现有机制的影响和收益与心怀不满的国家对新规则结果的预期之间存在差距。如果一个国家在现行规则之下的影响力与其改变规则的基本权利资源之间不一致，急剧的（而非渐进的）机制变迁就会发生。

一旦不同问题之间成功地建立了联系，问题结构模式的解释力就会下降，因为特定问题领域的政治后果不能简单地用该领域的政治资源来解释。而且，在某些情况下，采用联系战略是贫弱国家，而非总体力量强大的国家。另一个问题是，它们只注重国家的权力能力，而忽视了国内行为体和跨国行为体。要理解管理国际相互依赖的、处于变化中的国际机制，既需要了解结构，也需要了解进程。除非与政治进程的解释相配合，单单国际结构的解释往往是不充分的。按照较为复杂的结构解释模式，机制产生谈判进程，谈判进程导致结果模式，如果结果模式与总体权力结构不一致，而最为强大的国家对此忍无可忍，减少这种不一致性的机制变迁就会出现。

对结构解释模式的批评，并不意味着人们拒绝接受它们。恰恰相反，其简单性使之成为分析机制变迁的最佳起点。在某些确切说明的情况下，这些模式具有某些解释力。这里的目的是要说明，即使国际结构理论经过仔细修正，它也只能提供部分解释。

4. 国际组织解释模式

现有的规范、网络、基本能力等影响着依赖组织的能力，而依赖组织的能力影响后果，其他网络、规范和制度或许介入特定的组织形态，从而影响国际机制的性质。尽管国际组织模式包含基本结构模式所忽略或轻视的重要因素，本身仍然具有重大的局限性。它比基本结构模式更为复杂，故而需要更多的信息。它并没有预测国际机制如何因国际结构等单一变量而改变。实际上，它强调与国际组织相关的政治进程，意味着行为体战略以及实施该战略的聪明才智可以对国际机制的演变产生实质性影响。而且，它不像基本结构模式那样宿命，它给选择、决定和多层次谈判留下了巨大的回旋空间。

相比基本结构模式而言，国际组织模式所赖以建立的因素更为短暂，更有可能发生逆转。如果强国政府决定摧毁现有机制，而且它具有这样做的决心和意愿，这些机制以及与之相关联的组织将不复存在。

国际组织模式可能只适用于复合相互依赖的情景，即便如此，一旦各国政府决心运用其基本权力改变机制，则国际组织模式的预测将会流于无效。国际组织模式建立在如下假设的基础之上：国际机制将是稳定的，即不会出现破坏机制的政策变化。行为体为了自身利益而利用彼此的敏感性相互依赖；它们或许会对政策进行微调，以改善自身的脆弱性地位。但是，它们对脆弱性相互依赖的操纵是有限度的，如果政策变化过大，机制本身就会遭受挑战乃至被摧毁。

（三）全球主义的治理

基欧汉和奈又对权力做了深入的阐述。他们认为，需要区分两种根本不同的权力，即行为权力和资源权力。前者指的是获得你想要获得结果的权力；后者指的是拥有通常同你想获得结果的能力相关的资源。行为权力可以划分为硬权力和软权力。硬权力指的是通过惩罚的威胁或回报的承诺迫使他者去做本来他不想做的事情的能力。非对称相互依赖是硬权力的重要来源。不轻易受到摆布，或在相互依赖关系中以低成本摆脱控制的能力，是一种重要的权力资源。软权力是一种通过让他人做他们自己想做的事情而获得预期结果的能力。这是一种通过吸引而非强迫获得预期目标的能力。它可以通过说服他人遵从或使他们同意那些能够产生预期行为的准则或制度来发挥作用。软权力可依赖某人的观念或文化的吸引力，也可依赖通过塑造他者偏好的标准或制度设置议程的能力。

在他们看来，信息革命的最终影响是，改变政治进程，在软权力和硬权力关系中，软权力比过去更为重要。对政府和非政府组织而言，信任成为核心权力资源，在免费信息方面，更为开放、透明的组织将拥有优势。随着各国变得多元化和易渗透，政府政策的一致性会下降，但就信誉和软权力而言，这些国家将处于更为有利的位置。许多国家的政治进程将更为接近复合相互依赖理想模式。

他们还指出，"全球化"反映了相互依赖深度和广度，即其"强度"的增强。与20世纪70年代相比，全球主义强度，即相互依赖的网络密度的增加并非仅仅存在程度上的区别。"强全球主义"意味着，不同的相互依赖关系会在更多的环节上进一步地交织在一起。因此，某一地方发生的某方面事件也许会对其他地方的其他方面造成重大影响。全球化不仅影响治理，还将受到治理的影响。对于大多数人而言，追求更高水平的繁荣不能以导致混乱的不确定性为代价，因为这个代价太高了。除非全球化的某些方面得到有效的治理，否则目前的形势可能会难以为继。

基欧汉和奈特别强调，复合相互依赖并非现实世界的描述，而是从现实中提炼出来的"理想模式"。当然，这种理想模式正越来越与世界许多地区的现实相契合。在较长的时期里，新的"世界宪章"都不大可能被接受，因为世界的政治和文化多样化使得这种前景分外渺茫。然而，只要全球化继续深化下去，国家或其他行为体就会发现，它们的价值观越来越受到他者行为的影响。因此，它们将寻求管理相互依赖的影响，即管理全球化。换言之，"复合相互依赖"这种理想模式将会用于管理全球化。

按照他们的说法，这种治理至少可以采用五种形式：（1）在领土疆界内采取单边国家行为，降低脆弱性，或接受外在标准，增强竞争力；（2）强国或国家集团采取单边行动，以影响领土之外的国家、企业、非政府组织等行为体；（3）区域合作，增强政策的有效性；（4）全球层次的多边合作，建立管理全球化的国际机制；（5）跨国和跨政府合作（包括"公民社会"）以管理全球性化，其方式不涉及一致性的国家行为。

前两种形式的治理实践加强了这样相对明显的趋势：即未来全球治理的核心制度仍然是民族国家。民族国家消亡的条件远未成熟。然而，面对全球化，单边行动往往是不够的，它往往导致失败或引起对抗性反应。第四种形式的合作包括，进行多边合作，以建立全球性的国际机制。大多数国家发现，要想自己的利益得到实现，就必须进行合作。合作并不意味着和谐。相反，合作缘起于冲突，所以双方都认识到相互调整是必要的。国际机制以多种形式出现，有多种规则、争端解决程序和各种漏洞。有的机制经过一段时间后有所加强，确立了更具有强制性和更精确的规则，以及争端解决安排。例如，如果裁定失败的被告方未能履行裁决，世界贸易组织授权其他国家在自己选定的领域实行报复行动以获得补偿，而又不侵犯被告方的国家主权。这种安排有助于协调总体原则与民主政体存在国内压力集团的现实之间的关系，时间证明，它像电力系统的保险丝盒一样有效。

基欧汉和奈还指出，既不假定全球化必将持续下去，也不就全球化的最终影响做出价值判断。就全球化做出价值判断，必须依照个人对因果关系的理解（迄今的理解不尽如人意）和个人的价值观而定。由于全球化包含着变革、不确定性和风险，关于全球化的意见也应该反映不同程度的乐观、悲观和风险规避。然而，认为全球化毫无瑕疵或一无是处都是没有道理的。

必须指出，《权力与相互依赖》一书所阐述的有关理论，不仅对国际相互依赖这个国际经济协调的根本前提有着十分深入的阐发，而且直接向国际协调运作提供着不少可资借鉴的分析思路。其把国际相互依赖区分为敏感性与脆弱性的思想和提出复合相互依赖学说，具有深刻的理论内涵和相当的启示意义。它对国际机制变迁的不少诠释亦有益于人们对于当今国际经济体制的认识和变革。至于该书阐发的有些重要思想或论点，如国际相互依赖包含着竞争和各自付出代价、大国特别是强国的内部可能更为分化和凝聚力相对不够、权力拥有行为权力与资源权力两大类以及前者又有硬权力与软权力之分、全球治理方式的若干分析等，更是国际经济协调直接可以借鉴的运作思路。

三　国际相互依赖理论再阐释

约瑟夫·奈及大卫·A.韦尔奇合著《理解国际冲突与合作》（第八版）（2007）一书，进一步概括和发挥了自己参与创立的国际相互依赖理论。罗伯特·基欧汉则在其另一部全球闻名的著作《霸权之后：世界政治经济中的合作与纷争》（2005）里，凸显"国际制度"在世界政治经济中所具的重大功能，进而指明它可以促进"无政府状态下的合作"。这里仅作概略的引述。

（一）相互依赖的概念及其根源①

根据约瑟夫·奈和大卫·韦尔奇的说法，作为一个分析型的词汇，相互依存指的是在某种情况下，一个系统中的角色或者事件相互影响。简言之，相互依存就是彼此间的依赖。就这种情况自身来说，是没有好坏之分的，但是它是有多与少之分的。国家之间的相互依存，有的会使大家变得富裕，有的则会变得贫穷，有好有坏。卢梭曾说过："伴随着相互依存的是摩擦和冲突。它的解决方案就是分开、隔离。"但在一个全球化的社会中，这几乎是不可能的。当国家直接试着分离时，随之而来的是巨大的经济损失。

他们认为，军事的相互依存是因为军事竞争而产生的一种依存。然而，洞察能力这个重要因素也影响到相互依存，一个政策或者洞察能力的改变会减少军事相互依存程度。经济的相互依存和军事的相互依存是相似的，它是一种传统的国际化的政见。经济的相互依存涉及关于价值观和成本的政治选择。社会的选择以及先天的短缺会长期影响经济间的相互依存。

（二）相互依赖的收益与成本

他们进一步分析了相互依存的收益与成本。相互依存的好处通常可以阐述为零和或者非零和的博弈。在零和情况下，你的损失就是我的收益，反之亦然。在一个正和博弈下，双方都会获益，在一个负和博弈下，双方都会损失。很多人分一个蛋糕就是零和博弈，很多人去把蛋糕做大就是正和博弈，而把蛋糕扔到地上就是负和博弈。零和与非零和的博弈都会在相互依存中出现。

在他们看来，一些自由学派经济学家趋向于认为相互依存只发生在共同受益情况下。由于没有注意受益的不平等以及相关受益分配不公所引起的冲突，因此这类分析没有从政治层面考虑相互依存。贸易双方都会从中

---

① 第三节第一部分至第三部分的阐述可参见约瑟夫·奈和大卫·A. 韦尔奇《理解国际冲突与合作》（第八版）（中国人民大学出版社 2012 年英文版）第 243—257 页。

获益，那么两国谁应该收益多一点，而另一个收益少一点呢？其结果是，经济的相互依存中总会有一些政治上的冲突。即使是一个很大的蛋糕，人们也还是因为谁得到那块比较大的蛋糕而大打出手。

一些自由派分析师错误地认为，全球化让世界更加依存，合作会取代竞争。他们的理由是相互依存创造了共同利益，这些共同利益又促进了合作。这样分析是正确的，但是经济依存同样可以被用作一个武器，对塞尔维亚、伊拉克以及利比亚的经济制裁就是一个见证。实际上，经济制裁在某些时候比武力来得更有效，因为它可以分成很多的等级，而且成本要小。在某些情况下，一个国家通常关注自己要获得比对手更多的利益，而不是绝对的收益。

他们指出，一些分析师认为，传统的世界政治都是零和的。但是，这恰恰是对过去的误解。传统的国际贸易通常是正和博弈的，这取决于统治者的意愿。比如一个追求强权政治的政党如希特勒，那样政治就是零和的，这样在力量的平衡中产生的共同收益，一方的收益就是另一方的损失。相反，经济全球化下的政治竞争是零和的，合作则是正和博弈。

相互依存还以另一不同的方式影响着国内的政治。采取促使德国经济增长放缓的政策，对法国没有任何好处。法国和德国之间的经济相互依存意味着，法国经济状况是否良好取决于德国经济是否健康发展。古典的均势理论预测，一个国家为了阻止另外一个国家取得主导地位，一定会采取行动挫败对手。这种观点与当今的德法关系是不吻合的。在经济相互依存的情势下，国家不仅仅关注绝对收益也关注相对收益。

他们强调，相互依存的成本包括短期的敏感性和长期的脆弱性。敏感性是指相互依赖的强度和速度，也就是说，体系中一部分变化在多长时间里可以引起另一部分的变化。然而，高度敏感并不意味着高度脆弱。脆弱性是指改变一个相互依存体系结构的相对成本。它指的是退出体系或者改变游戏规则的成本。说两个国家不太脆弱并不等于说它们不敏感，而是说情势的改变对它们造成的损害比较小。在 1973 年石油危机中，美国依赖进口的能源大约只占其所需能源的 16%。美国对 1973 年阿拉伯世界石油禁运导致的油价上涨十分敏感，但是并不像日本那么脆弱。

脆弱性有程度大小的问题。1979 年伊朗的石油生产一度中断，市场对此极其敏感，但是美国人只需要关闭汽车空调以及匀速 55 码的时速就可以节约 5% 的能源消耗。美国可以通过这种简单的方法避免所受到损害，这就表明，虽然美国很敏感，但是它并不脆弱。

但是，脆弱性不仅仅取决于依赖程度，它还取决于一个社会是否能快速反应来应对变革。例如，美国就不如日本那样善于应对石油市场的变化。所以，脆弱性的程度并不是那么简单。脆弱性也取决于原料是否有替代品以及供应渠道是否多样化。

（三）相互依赖的对称性与复合性

约瑟夫·奈和大卫·A.韦尔奇还探讨了相互依存的对称性和复合性。对称性指的是和不平衡依赖相对应的相对平衡的依赖情势。依赖性小可以是权力的一个源泉。如果两个当事方相互依赖，其中一方对另一方的依赖较小，只要双方看重这种相互依存的关系，那么依赖性小的一方就拥有某种权力。在国际政治中，谁能够左右相互依存的对称性，谁就拥有了权力。一些分析家认为，相互依存只产生于对等的依赖之中。这种看法无助于人们理解这种有意思的国际政治行为。不对称是相互依存政治的核心。

两国都需要对方以及都能从相互依存中获益，如美国从中国大量进口，中国则持有美元和美国的债券。然而，中国可以威胁抛售美国的国债来毁坏美国经济，美国经济的不景气同样会减少对中国的进口，美国也会对中国出口的物品设置壁垒。没有一方愿意打破这样的对称性。

他们进一步指出，如果不同领域的相互依存状况是不对称的，那么一个国家可能把这些联系起来或者分开。假设一个问题就是一个单独的纸牌游戏，所有的纸牌游戏都同时进行，一个国家可能在一个牌桌上拥有最多的筹码，另一个国家可能在另一个牌桌上也拥有最多的筹码。一个国家可能根据自己的利益和地位，或者要求各个牌桌的游戏单独进行，或者在所有的纸牌桌之间建立联系。因此，很多国际冲突都是围绕着建立联系或者反对联系而进行的。一国希望在自己占优势的领域左右相互依存的形势，而避免自己处于相对弱势的领域被他人所操控。经济制裁经常就是这种联系的例子。比如在1996年，美国威胁要对在伊朗投资的外国公司实施制裁，但是在欧洲国家提出要把它和其他问题联系起来之后，美国就退出了。

国际制度通过设定议程和确定问题领域，经常制定相互依存关系中的交易规则。一国极力利用国际制度来制定规则，影响牌桌之间筹码的转让。国际制度可以通过把较穷国家占据相对有利地位的一些冲突同强国主导的军事问题分开，使较为弱小的游戏者获益。但是，存在着某些十分强大的游戏者推翻一张或者更多牌桌的危险。有关货币、航运、污染和贸易的制度都是独立的，如果军事十分强大的游戏者遭受太大的打击，那么就存在着他们可能推翻其他牌桌的危险。

他们又认为，最大的国家并不一定总是会在争夺经济的相互依存控制权的争斗中占据上风。如果一个较小的国家或者弱国更关注一个问题，那么这个国家可能占据先机。例如，加拿大在同美国的一系列贸易争端中占得上风。这是因为加拿大威胁采取关税和限制性报复措施，这对美国产生了威慑作用。如果加拿大的行动导致美加之间全面争端的爆发，那么加拿大会受到更大的损害。但是加拿大人认为，偶尔冒险实施报复性措施，比接受那些会使自己总是处于下风的规则要好些。小国往往能够利用强烈的态度和较高的信用，以提高自己在不对称的相互依存情势中的相对脆弱性地位。

他们直接指明，相互依存发展的自然结果就是贸易条款的增多。在这些条约中，有关欧盟的协定是最为复杂的，像北美自由贸易协定可能会增强相互依存的程度和减轻相互依存关系的不对称性。随着相互依存的加深，即便强大的国家也会发现自己对国外经济事态的发展日益敏感。1997年东南亚发生金融危机之后，美国不像在墨西哥危机中那么脆弱，它主要通过多边制度加以应付。尽管如此，由于担心一些发展中经济体的崩溃所产生的经济多米诺骨牌效应，可能会损害其他国家的信心，美国和其他发达经济体不能继续采取观望态度。

国际经济规则体现了那些最大的国家的政策。关税及贸易总协定以及后来的世界贸易组织负责制定自由贸易规则，也是一系列关于降低贸易壁垒的多边谈判的场所。经济合作与发展组织（OECD）是30多个最发达国家协商经济政策的场所。自从20世纪70年代中期以来，7个最大的经济体（它们占据世界经济总量的2/3）的领导人每年举行一次经济会晤（俄罗斯从20世纪90年代开始加入）讨论世界经济的形势。这些制度是对各国政策的补充，促进了跨国民间交往的迅速发展，其结果是经济依存的程度快速提高。

有人指出，成员国在世界贸易组织框架内所商议的协定，让富裕国家保护农业与纺织业等领域，使之应付来自发展中国家的竞争，因而对穷国来说是不公平的。这样的批评是对的，保护主义政策的确损害穷国。但是，保护主义的根源在于富裕国家的国内政治，如果世界贸易组织不发挥作用的话，国内政治的影响就更大。制度的作用很小，但还是起作用。

即便是在富裕和强大的国家之间，也同样存在着如何在一个独立国家组成的世界中管理跨国经济的问题。总之，今天的全球政治经济体系要比过去复杂得多。将来会有更多的领域、国家、问题和个人被纳入复合的相互依存关系之中。那种把世界政治仅仅描述为几个大国如同坚硬的台球在均势体系中相互碰撞的看法，越来越脱离现实了。

他们解释了复合相互依赖模式的形成。现实主义认为，国家是唯一重要的行为体系；武力是支配性的手段；安全是压倒一切的目标。如果推翻这三个假设，则是一幅不太一样的世界政治图景：国家不是唯一重要的行为体，武力不是唯一重要的手段，而福利成为压倒一切的目标。我们可以把这样一个反现实主义的世界称为"复合式相互依存"。复合式相互依存是一个思维试验，让我们想象出一个不同类型的世界政治。

他们特别指出，现实主义和复合式相互依存都是简化的模型或者理想的模型，真实的世界介于两者之间。在现实世界中最经典的相互依存的案例就是中美关系。美国从中国进口的东西远远超过出口。很明显的结果就是贸易逆差。虽然中美双边贸易是不对称的和对中国有利，但是中国的贸易行为不会使美国处于很脆弱的地位，因为美国可以从其他地方采购产品，从而对中国造成损失，而且中国也极其需要向美国出口商品。另一个方面，中国是美国商品的潜在大市场，美国国内市场对中国商品的需求量很大，这使得美国政府受跨国行为体（包括美国的跨国公司）的制约，难以对中国采取制裁措施。同时，中国经济和军事实力的迅速增长，极大影响了美国对东亚均势局势的认识，促使 1995 年美日安全同盟的强化。

（四）合作与国际机制[①]

罗伯特·基欧汉后来又对国际机制（国际制度）进行了深入的阐发。他指出，可以把国际合作界定为一个过程，在这一过程中，因为政策协调的结果，各国政府实际奉行的政策，被其他政府视为能够促进自己目标的实现。合作涉及相互的调整，而且，合作也只有在冲突或者潜在的冲突状态中才能得以出现。纷争是与和谐相对的，它会刺激政策调整的需求，它既可能导致合作，也可能导致持续的也许是剧烈的纷争。

按照罗·基欧汉的看法，既然国际机制反映了一段时间内合作和纷争

---

① 第三节第四部分的阐述可参见罗伯特·基欧汉《霸权之后：世界政治经济中的合作与纷争》（上海人民出版社 2012 年版）第 51—63、98—108、128—129 页等。

的模式，那么对它们的重视会使人们注意到长期的行为模式，而不会把合作行动视为孤立的事件。国际机制是由各个层次上的禁制内容组成的，这些禁制内容从原则到规范到具有高度专门性的规则和决策程序不等。

从理论角度讲，国际机制可以被看作世界政治的基本特征（例如国际权力配置和国家与非国家行为者的行为）中间的调解性因素，或者是"干扰性的变量"。国际机制这个概念有助于解释合作和纷争问题。机制中的规范和规则能够对行为施加一种影响，即使它们并不体现共同的理想，但是它们被那些关心自身利益的国家和公司不断用于相互的政策调整过程中。

他进一步认为，如果利己主义者监管着相互之间的行为，以及它们中间足够多的人愿意在其他人合作的条件下也愿意合作，那么它们就可能会调整彼此的行为，以减少纷争。它们甚至还会创设和维持被称为机制的制度之类的原则、规范、规则和决策程序。这些机制通过为行为者行为提供指南，来促进未经谈判而达成的调整行为的发生。被设计出来的和合适的制度，能够帮助利己主义者即使在没有霸权国家存在的情况下也能够进行合作。这意味着，利己的政府能够在共享利益的基础上，理性地去建立国际机制。政府会遵守机制中的规则，即使这样做可能不符合它们的短视利益。在多事的世界中，这种明显的自我抑制恰恰反映了理性的利己主义。

他具体阐述了国际机制的实际作用。在他看来，国际机制执行的功能是有价值的，它们降低合法交易的成本，增加非法交易的代价，减少行为的不确定性。国际机制并不否定讨价还价，相反，它们认可那些为某些目标而进行的讨价还价行为。它们最重要的功能在于推进政府之间的谈判，以达成互相有益的协议。机制还通过对各个议题的联系以及自身同这些议题的联系，影响遵守所必需的激励因素，这是因为在某一问题上的行为必然影响其他人在其他问题上的行为。

罗·基欧汉还指出，国际机制会受到未来许多因素的影响。这些因素包括世界权力关系的变动，新的相互依赖模式可能导致利益的变化，新成员的加入引起国际机制成员的变动等。接受国际机制原则和规则的各国政府承担着未来的义务，而这种成本是它们现在所不能准确估算的。另外，对国际机制的承诺减少了各国政府行事的灵活性，并且限制了它们以自身短视利益为基础的行动能力。这不仅仅对机制自身，而且对国家的声誉来说可能都是代价昂贵的。同时，国际机制对于那些具有有限理性特征的组织，对于那些试图约束其继任者的领导者，以及对于那些彼此之间具有移情情感的国家，可能具有更高的价值。

他又解释了国际机制改变的根本原因。国际机制之所以改变，不是因为国家宣称的客观利益发生了转移，或是由于权力分配的更动，亦非因为政府面临的制度化条件发生了改变，而是由于人们利益观念的改变。

毋庸置疑，约瑟夫·奈等阐发的一些重要思想或论断，如一国不仅仅关注绝对收益也关注相对收益、相互依存的成本包括短期的敏感性和长期的脆弱性、不对称性是相互依存政治的核心、一国的脆弱性还取决于一个社会是否能快速反应来应对变革等，都不乏深刻的理论底蕴和有用的实践作用。同时，他们的有些论述还对国际经济协调运作具有一定的现实意义。例如，多边贸易组织能够使得较为弱小的游戏者获益，不过存在着某些十分强大的游戏者推翻一些国际规则的危险；如果它不发挥作用的话，国内政治的影响就更大等。同样，罗·基欧汉对于国际机制（制度）的有关分析和重要论点，如国际机制被看作是世界政治的基本特征中间的调解性因素、它们被那些关心自身利益的国家和公司不断用于相互的政策调整过程中、它们会受到未来许多因素的影响、国际机制的改变是由于人们利益观念的改变等，都对国际经济协调运作有着直接的参考价值。

四　国际相互依赖理论的其他论述

其他一些著名国际关系学者在自己的代表作里亦阐发了独特的相互依存思想，而有的国际关系学者还对政治相互依存理论做了引申发挥。

（一）现实结构主义者的论述

肯尼思·华尔兹是当今国际关系研究领域影响最大的代表性人物之一。他在《国际政治理论》（1979）一书里论述了针对相互依赖及其国际事务管理的独特看法，而提出当今世界国际相互依赖程度比历史上任何时期都低的见解，更属不同凡响。[①]

在他看来，"相互依赖"被用来描述这样一种状态，即在世界任何地

[①] 第四节第一部分的阐述可参见肯尼思·华尔兹《国际政治理论》（上海人民出版社2008年版）第148—172页。

方发生的任何事情都会对其他地方的某些人，或是所有的人造成影响。对相互依赖的讨论主要集中在经济学领域。经济学家根据市场理论来对相互依赖加以定义，对此人们可以理解。生产者和消费者可能或不能构成一个市场。通过关注某些地区生产成本、商品价格以及产品质量的变化是否会对其他地区的类似变化做出反应，人们可以做到这一点。如果反应十分灵敏，那么参与者之间就存在着紧密的相互依赖。

肯·华尔兹明确指出，相互依赖意味着彼此的互惠性。如果两个或是更多的行为者之间彼此基本均等地依靠对方提供商品或服务，它们就是相互依赖的。如果中断联系，或是减少交换的成本对各方来说都是基本均等的，那么它们就是相互依赖的。相互依赖意味着各方互为依赖。这一定义使人们能够确认或紧密或松散的相互依赖关系在政治上的重要性。从数量上看，当各方对彼此提供的商品和服务的依赖加大时，它们之间的相互依赖程度也随之增强。从质量上看，当各国依靠彼此提供更为重要的在别国更难获得的商品和服务时，它们之间的相互依赖程度也随之增强。该定义包含两个部分：在彼此互动中国家所获得的总体利益得失；以及对这些得失的分配的平等性。彼此之间交换程度很高的相互依赖的各国，将经历或是服从于高度相互依赖所导致的普遍脆弱性。

他还认为，在任何国际政治系统中，某些主要国家和次要国家都是紧密相互依赖的，而另一些国家则严重依赖他国。然而，系统相互依赖的紧密抑或松散则取决于大国间依赖程度的高低。对经济相互依赖程度进行衡量发现，与20世纪早期相比，当今时代的相互依赖在许多或是在所有方面更为紧密。我们之间的差异在于概念，而非对经验事实的分歧。他们衡量的是某些国家或者所有国家之间的相互依赖。我们需要一个关于相互依赖的系统性概念。系统中大国的排列情况影响它们采取行动的能力、机遇以及趋向。当大国的数量减少时，相互依赖也随之减弱。

他又对"不对称依存"做了自己的解释。不对称依存指的是不互相依赖但在某种程度上互相影响的国家。"不对称依存"这个术语的使用意味着有人注意到了不均衡的情况，担忧想避免直截了当地指出国家之间是不平等的这一事实。

肯·华尔兹特别评论了相互依赖的经济学。那些有关美国与几乎所有国家都紧密相连的看法，将相互依赖的含义从国家所处的状态转向了政策层面。那些谈论心理和政治相互依赖的学者由此得出这一结论：由于美国关注其他许多国家的福祉，并未影响他国而采取相应措施，因此美国是与各国紧密联系的，并受到了约束。一个国家如果有能力并有选择行动的自由去关心他国的福祉，那么它就会被认为处于非常特殊的地位。相互依赖的经济学将让位于我们关注他国的政治学。所以美国不能将相互依赖经济理论付诸实践。我们也不能采取相互依赖的政策，因为相互依赖只是一种状态而非一项政策。依赖他国的国家必须使其行为服从于依赖对象的偏好。而我们则相反，可以充分利用有利的经济条件以实现国家的政治利益，正如人们所预期的，相互依赖的经济状况使得美国能够追求自己的目标。

（二）社会建构主义者的论述

作为国际关系社会建构学派的领袖人物，亚历山大·温特在其《国际政治的社会理论》（1999）一书里，同样涉及对于国际相互依存关系的看法。[①]

按照亚历山大·温特的看法，如果互动对一方产生的结果取决于其他各方的选择，行为体就处于相互依存状态。虽然相互依存常常用来解释合作，但是它不仅仅局限于合作关系。敌人之间可以是相互依存的，朋友之间也可以是相互依存的。要成为集体身份形成的原因，相互依存必须是客观的，而不是主观的，因为一旦集体身份存在，行为体就会把对方的得失作为自己的得失。主观相互依存和集体身份之间的关系是建构关系，不是因果关系。问题是把客观相互依存转化为主观相互依存。

亚·温特分析了基欧汉和奈对相互依存的两个方面"敏感性"和"脆弱性"的区分。敏感性测量的是一个行为体环境的变化会在多大程度影响到其他行为体，这表示，个体行为体面对的结果是被集体控制的。脆弱性测量的是行为体终止一种关系需要付出的代价。当这两个因素都处于高度不平衡状态的时候，就出现依存现象，而不是相互依存现象。敏感性似乎更接近相互依存的实质意义，但是脆弱性却是决定国家怎样采取回应行动的关键因素。脆弱的国家比不脆弱的国家更易于接受高度敏感的状况。

亚·温特阐释了国际合作的意义与实施条件。当人们在社会困境中选

---

① 第四节第二部分的阐述可参见亚历山大·温特《国际政治的社会理论》（上海人民出版社2008年版）第334—339页。

择"不合作"的时候，同时也就再造了造成困境的利己身份。亲社会行为则相反：自我在社会困境中选择合作，就含蓄地承受了集体身份，他的行为好像是对他者的"关心"，即便是在一开始自我的行为是出于自私考虑的。自我的行为向他者发出的信号是"我希望你也以同样的行动作为回报"（即确定他者角色）。

在非语言交流情况下，只有在长期的合作行为之后，才能产生信任感，即自己采取集体身份而不被别人利用。在语言交流过程中，信任在某种程度上可以预先建立起来，然后"产生从逻辑上似乎是信任的前提的行为"。这样的信任被称为"诱发性"信任，因为行为体通过向对方转达期望合作这一信息而诱发他者的合作行动。

他还认为，担心被利用的心理是无政府状态下的正常心理，也正因为如此，相互依存不能构成国家间集体身份形成的充分条件。国家只有在克服了这种心理之后，才能够进行合作，仅凭相互依存不能保证克服这种心理，但是，实际上国家确实克服了这种心理：如果担心被利用的心理是主要的制约因素，那么现代国家就根本不会有这么多的合作活动。在很大程度上，这些合作是由于当今的国际政治文化是洛克文化而不是霍布斯文化，因此也就减弱了被利用的代价。即使国家之间的合作被利用，国家的生存也不会因之而出现危险。进而，这种洛克文化已经在国家社会中得以充分内化，也就是说，国家不会认为最大限度地利用其他国家会对自己有什么好处。国家对利用别国采取节制的态度，不是因为它们被迫这样做，也不是因为这样做对它们有什么好处，而是因为它们希望这样做，其他国家也知道这一点。

（三）政治相互依存理论的发挥

英国剑桥大学教授克里斯托弗·希尔撰写的《变化中的对外政策政治》（2003）一书，专门探讨了全球化进程中的对外政策问题。其关于"政治相互依存"的具体论述，有着自己的独特之处，实际上又与"经济相互依存"紧密相连，因而对于国际经济协调运作同样具有比较深刻的启示意义。①

1. 政治相互依存的若干特征

克里斯托弗·希尔认为，国际政治体系的抽象特征是"政治相互依

---

① 第四节第三部分的阐述可参见克里斯托弗·希尔《变化中的对外政策政治》（上海人民出版社 2007 年版）第 203—214 页。

存"的一个方面，值得人们关注的主要有：

负责管理国家或者组织的行为体（如政府等），在寻求某种平衡的同时，还致力于：（1）获得收益；（2）得到保障以避免受到实际的或者潜在的威胁；（3）避免因外部原因而付出过多成本，受到过多制约；（4）坚持自己认可的秩序规则；（5）为维护固有的价值和特定领域里的技术优势（如不扩散）而建立某种国际团结。在这种情况下，多数行为体（如政府等）会不断遇到困难和困扰。长期的平衡行为，使决策者们发现自己处于相互依存之中。

相互依存主要与国际经济生活联系在一起，但也是国际政治体系的核心概念。它的主要特征是敏感性和脆弱性，即使国际政治中那些强大的行为体也要面对这种现实。也就是说，一个行为体发生变化时，其他行为体会受到干扰，因为这些行为体内部体系的某些部分是与外部体系紧密相连在一起的。这种情况要么表现为直接的但最终可控制的反应（例如通货膨胀的转移）的"敏感性"。或者是表现为更严重的"脆弱性"，演变成实际上的混乱（如海湾战争期间石油供应减缩）。

相互依存的作用首先表现为对国内社会的直接冲击效应，人们很难简单地把这种冲击和对外政策分开，它们很快就能让国家间关系变得复杂起来。如果国家之间的关系十分密切，不管是同处一个地区共同体之内，还是存在敌对关系，冲击效应会更为明显。国内政策和对外政策的变化通常是紧密相关的。

2. 政治相互依存的主要来源

克·希尔进一步阐发了政治相互依存的主要来源。即其还源自无政府社会的共同成员资格，它们对对外政策行为体的态度和行为影响不可被低估。它们产生于相互依存的五个来源之中，同时也体现在这五个来源之中。这五个来源是：

（1）国际组织的制度网络。不管国际组织具有什么特性，现在对国家来说，参加国际组织是一种行为规范。所有国家都是国际组织成员，多数国家兼有各种不同国际组织的成员国身份，这些国际组织有的是全球性的，有的是地区性的；有的是技术性的，有的则是安全组织。这种现象表明：一方面，国际组织都具有一定的功能；另一方面，国家不愿意被排除在一个共同的体系之外。这两方面的因素构成了一个复杂的、不断扩展的网络，弱国对国际组织作用的体验比强国的体验更为深刻，例如，美国主导的世界银行把结构性调整政策强加给了第三世界。然而，即使是强国也必须接受政府间组织的谈判和妥协。

国际组织还为一些大国难以接受的思想观念提供了一个平台。例如，要求"国际经济新秩序"的呼声改变了国际政治的议程，也增强了新兴国家和跨国政治团体的信心，使它们能够挑战西方富国集团的霸权。发达西方小国通过特别会议促进环保和人权关切的能力，也体现在影响议程设置途径上。它们还发现，通过具有重要意义的地区集团可以提高形象，表达自己的关切。

（2）国际法。它更应该被理解为是政治相互依存的一种来源，而不是一种治理框架。国际法过于基础和零散，很难被国家"遵守"，但它在演化过程中逐渐形成了一系列协议和原则，是国际体系中的各种不同思想观点都要以之为参照。毕竟，国际法在很大程度上是由国家制定的，它有两个重要功能——既确立主权，又制约主权。除此之外，国际法还促使国家按照统一的程序参与共同对话过程。

另外，国家总是感到有必要为违反国际法寻找理由，但这种行为遭到激烈的批评。所有国家都需要国际法的保护，以便从事交往活动、管理特定领域的问题（如原子能和民用航空）、免遭非法干预、建立互惠原则。国家既遵守国际法，也把它当作可以利用的工具，只不过它们采取的方式各不相同。这一事实表明，决策者不得不越来越关注外部环境的这个层面。

（3）非正式规范。它们与国际法不同，却密切相关。有的非正式规范超越了正式规则，有的滞后于正式规则。不过，非正式规范同样具有效力，甚至比国际法影响更大。"规范"是国家在国际关系中通常都认可的普遍性原则和工作前提，数量众多，形式各样，具有普遍性、不精确性，常常遭到破坏。此外，它们处于演化过程之中，而且同时具备多种发展前景。在某种程度上，它们属于强制规范。不过，法律只为这些规范提供了部分合法性。由于具有普遍性而且难以执行，这些规范的合法性，还来自它们作为国家间的、不断向其他行为体扩散的共同话语的存在。话语的本质是包容并强调某些价值，同时排除或者忽略另外一些价值。

（4）国家间的等级关系。在任何社会环境中，行为体或单元都必须认清自己在体系中所处的位置，通常指强弱排序和实力排名。各国都很清楚自己的位置，知道自己能影响什么，不能影响什么。它们不会根据经合组织的指标和任何关于财富和权力的正式分类来认识自己的位置。决策者一般会根据具体情况，把本国归入某个特定地区或者某些问题领域。它们需要简单的行动原则，所以倾向于把地理相邻程度和比较优势规律当作指导行动的经验法则。

国家之间的等级关系形成了一种自上而下的压力，反抗这种秩序会面临很大困难。当前，现状的受益者大都是西方国家。苏联解体之后，小国反抗西方的正统地位更加困难，尤其在对外政策方面。

（5）国际非政府组织。如果所有的对外政策都受其他国家的制约，国际非政府组织和其他跨国关系同样能够产生政治敏锐性和脆弱性。国际非政府组织既和政府发生互动，也有其独立的互动领域。它们在国家管理体系中从事游说活动，和政府机构以及各种非政府组织都发生密切关系。此外，它们还越过政府直接影响国内公共舆论。这样，双层博弈成为三层博弈，官方决策变得十分复杂，同时还带来新的现象，即"民间"或"地方"对外政策，因为它们源自公民社会和地方政府。国际非政府组织总是能够产生一些难以抗拒的影响，国家决策者必须把它们看作国家外部环境的特定组成部分。

3. 政治相互依存的战略选择

鉴于上述的看法，克·希尔提出了政治相互依存的战略选择问题。他指出，尽管国际体系在政治和经济领域表现出相当程度的相互依存，但这并不意味着个别行为体没有机会采取独立行动。挑战大国意愿的国家总是存在的，即使维持时间不长，也相当重要，因为体系过于庞大（地理上）和复杂，个别国家难以控制和管辖。因此，在相同条件下，国家总是拥有不同的总体战略选择，可以做出各种不同的反应。

第一种是顺从。面对来自体系的压力，多数国家选择了顺从，要么顺从相邻强国的意愿，要么顺从同盟或其他外交联盟，或者顺从由共识和霸权共同制定的普遍规则。

第二种是中立。中立的形式多种多样，可以从技术层面上保证国家避免卷入武装冲突。人们使用这个概念来概括各种能够避免对主要国际政治集团做出承诺的手段和方式。中立国家的实际数量远远多于人们的想象。

第三种是固执己见。固执己见的国家的实际数量远比人们想象的少得多。实际上，很少有国家愿意从总体上和在一些至关重要的问题上挑战现状，承担招致其他国家敌意的风险。如果某个国家以难以控制的方式固执己见，很快就会变成一个边缘国家。这种现象说明了国际体系的保守性。有些边缘国家，如利比亚和革命后的伊朗，避免这种强求一致的顺从。它们的边缘地位，部分是自己选择的结果，部分是被强加的。"冷战"后，一个不受欢迎的政体会使国家沦为边缘国家。

第四种是孤立。孤立是国家的边缘地位造成的，也可能是国家刻意追求的结果。在多数观察家看来，它们的政策是时代错误和弄巧成拙。但是对有些国家（这些国家的人民通常别无选择，因为孤立需要独裁主义来贯彻执行）来说，孤立是对它们所认为的非法外来干预或者文化污染的一种自然反应。作为一种自我依靠和主权独立的形式，孤立本身就是有价值的，但也可能仅仅是一种替代选择。另外，孤立和中立一样，从来不是绝对的。国家之间总会有一些接触，贸易往来暗自受到欢迎。最终，少数相对孤立的国家将十分渴望摆脱孤立境地，它们一般是通过外交承认来做到这一点。在抵抗国际体系的压力方面，和以上三种战略相比较，孤僻战略的持久性较差。这种战略大多与特定的领导人相联系，是各种别具一格的对外政策立场中的一种。但是，它在国内和国际上都为此付出了无情的政治代价。

上述这些抵抗、退出或者偏离对外政策正统的各种战略是否恰当，只有历史和人民才能作出判断。尽管受到国际体系中遵从和保守主义的压力，行为体仍然有很多背离常规的选择。如果存在清楚而理性的政治选择，国家的选择将在很大程度上取决于他们对成本的考虑。

应当看到，这些国际关系学者的有关阐述同样给国际经济协调运作提供着比较深刻的启示。肯尼思·华尔兹关于一个地区生产成本、商品价格以及产品质量是否会对其他地区的类似变化做出灵敏反应是存有紧密相互依赖的必要条件，以及相互依赖意味着彼此的互惠性的重要论断，亚历山大·温特关于把客观相互依存转化为主观相互依存和国家对利用别国采取节制态度的重要思想，都是发人深思的理论见解。而克里斯托弗·希尔对于所谓的政治相互依存的深入阐发，如相互依存主要与国际经济生活联系在一起，但也是国际政治体系的核心概念，一国对外政策的态度和行为产生于相互依存的五个来源之中，以及一国面对相互依赖局面拥有不同的总体战略选择等，都有益于国际经济协调相关思路的深化。当然，至于否定相互依赖经济学一类的见解，则是值得认真商榷的。

第四章　国际政治经济理论述要

除了相互依赖理论之外，经济学者以及国际关系学者的其他理论，同样为国际经济协调运作提供宽广的视野和缜密思路。本章就此作一简述。①

一　国际关系理论简述

在当代国际关系理论研究成果中间，新自由制度主义（如罗伯特·基欧汉）、现实结构主义（如肯尼思·华尔兹）和建构主义（如亚历山大·温特）这三个流派最负盛名。除了相互依赖理论之外，他们其他有些论述同样与国际经济协调运作联系紧密，为后者提供着重要的理论视野和分析思路。

（一）新自由制度主义的相关论述

罗伯特·基欧汉作为新自由制度主义理论的领军人物，除了撰写过上述的《权力与相互依赖》一书之外，他的《霸权之后：世界政治经济中的合作与纷争》（2005）这部代表作同样名动天下。其重点讨论在没有霸

---

① 本章所谓的国际政治经济理论，是对国际政治经济学、国际贸易政治经济学分析、集体行动经济学等一些理论阐述的统称。本来，国际政治经济学主要由国际关系学者或国际政治学者所阐发，研究的是国际政治及经济关系，而国际贸易的政治经济学分析一般是经济学者对国际贸易现象的考察，且较多使用的是模型分析，因而两者不宜混为一谈。同时，集体行动经济学又是从特定视角来论述某些类型的经济现象，涉及的范围相对较小。然而，它们都具有一个共同的特征，即主张政治和经济并重的分析方法，又大多探讨的是经济问题或与经济密切相连的问题，且都有不少对国际经济协调运作具有启迪意义或参考价值的重要内容。此外，国际关系理论中有些阐述内容又同国际经济协调运作紧密相关。正是在这一点上，它们之间都存在着可以相联结的共同纽带或相似点。于是，在篇幅结构有所限制条件下，本书采取了一种将它们有关理论阐述合并在一章加以叙述的做法，并使用了"国际政治经济理论"这个提法。

权国家存在的情况下如何维护国际合作的问题。①

1. *世界政治经济中的霸权*

按照罗伯特·基欧汉的看法，成功的霸权领导，自身也依赖一定形式的非对称合作。霸主扮演着一种独特的角色，为其伙伴提供领导，换取服从的回报。但是与一种帝国的权力不一样，霸主在没有其他国家一定程度同意的基础上，是不能制定和执行规则的。单单物质上的主导地位还不能够保证国际体系的稳定和有效的领导。实际上，霸主可能还不得不将许多资源用于国际制度的建设上，以确保它所偏爱的规则能够指导其他国家的行为。

他还认为，国际合作可能通过霸权的存在而培育起来，同样，霸权也需要其他国家合作来制定和执行国际规则。霸权与合作并不是可以相互取代的，相反，它们常常是相互的共生的关系。必须考虑到这样的事实，就是强制因素在世界政治中一直是可能的，利益的冲突从来没有消失，即使存在重要的共同利益的情况下也是如此。

2. *世界政治经济的基本问题*

罗·基欧汉指出，美国在 20 世纪 50 年代的确遵循着一种霸权领导战略。美国并不只是简单地向世界发号施令，它具备多种手段，为其他国家与其政策倾向保持一致提供激励因素。在贸易和金融领域，美国支持建立正式的国际机制，而在石油领域，它则支持更为狭隘的、以公司运作为基础的机制，并在必要的时候采取独立行动。从中短期来说，这项战略是成功的。不过，从长期而言，它的成功受到了挫折，因为它既未能够使一种国际机制制度化；同时，它也未能为美国实力的运用保持一个强有力的物质基础。

他特别强调，霸权合作的经历促使人们在分析国际政治经济学时考虑三个更普遍的问题：

（1）权力与相互依赖之间的关系。这种相互依赖关系涉及发达资本主义国家间逐渐增加的跨国关系，以及政府间关系和跨政府间关系的发展。使用武力已不再作为一种直接而明确的发挥影响的手段，另外，国内政治经济与国际政治经济的联系也更加密切。同时，复合型相互依赖，以

---

① 第一节第一部分的阐述可参见罗伯特·基欧汉《霸权之后：世界政治经济中的合作与纷争》（上海人民出版社 2012 年版）第 44—45、171—175、206—208、235—239 页等。

及美国对西方资本主义政治经济世界相对温和的态度，不但依赖于美国的政治和军事力量，也依赖于它的工业和金融统治。

（2）维持霸权问题。为了保证长期的成功，一个霸权国的战略必须为其自身的生存不断创造条件。对一项战略的追求必须能创造力量，否则霸权就将崩溃。因此，任何霸权领导战略必须寻求维护政府影响和领导地位不可或缺的国家资源基础。

美国就患了一种由于强大而产生的怪病，即不愿调整以适应变化。小国不会奢望自己是否或以多快的速度能够适应外部变化。它们不寻求调整，调整是强加于它们的；强国则能推迟调整。国家越强大，受其他国家的影响就越小，推迟调整的时间就越长。美国的巨大经济优势又使得其国内利益集团积聚起特权。由于所有的霸权国都没有面临必要的外部约束，它们比小国更易于屈从内部特殊利益集团的压力，所以它们特别容易产生僵化的倾向，而这种倾向就是导致经济衰落的一个重要根源。

（3）以霸权与国际机制和合作之间联系的性质问题。霸权与合作经常是互补的而非矛盾的。美国的霸权与广泛的合作共存。霸权国可能更愿意达成一个初期做出牺牲而未来会获得收益的协议，因为它希望这样能对其伙伴的未来行为加以相当的控制：如果它们不承担义务，霸权国就会给它们制造麻烦。同时，小国明白霸权国可能会强制执行一种普遍的规则模式，因此，它们可能更愿意同时与霸权国和其他国家打交道。它之所以愿意同霸权国打交道，是因为对于霸权国这个规则维持者来说，先例和名声是如此重要，以至于在它看来，欺骗和欺诈战略代价太高；而它之所以也愿意与其他国家打交道，是因为这些国家可能与霸权国站在同一条战线上。

3. 无霸权的国际合作

罗·基欧汉深入分析了无霸权下的国际合作。他认为，合作并非总是导向自由主义的目标，也并不意味着利益的和谐，而是一个讨价还价、充满争议、相互协调的过程。在经济困难时期，各国政府均力图使本国免遭政策调整的损失。现在世界经济的特征之一就在于各国既可以通过不充分的国际合作，例如《多边纤维协定》以及自动出口配额等方式；也可以通过将使纷争恶化的单边行为来达致这一目的。各国赞同国际机制的规则和原则，不是因为它们希望出现一个超越民族国家界限的世界，而是因为这些机制提供了一个框架，进而促使有限合作（无论是不是自由主义性质的）为国家利益服务。

他指出，国际机制对于具有共同利益国家的合作能力具有持续影响，认识这一点，人们就能够理解当前的合作与纷争共存这一常常令人困惑的现象。现在，这些机制能否被成功地加以改造，以在一个缺少霸主的世界政治经济中发挥作用，在相当大的程度上，这取决于人类自身的抉择。了解这些机制的价值和脆弱性将引导人们放眼未来，而不会做出目光短浅的选择。

他强调，世界政治经济中的相互依赖产生着冲突。人们的利益可能因为国外发生的不可预料的变化而受到损害。在这种情况下，它们往往要求政府给予帮助和支持。政府必然会努力将这些调整的代价转嫁到其他国家，或至少避免由它们自己来承担。这种战略自然在国家之间导致政策的相互矛盾并进而引起纷争。

在他看来，要限制纷争并避免激烈冲突，政府间的政策必须作出相互调整。也就是说，合作是必要的。实现这种相互政策调整的一条途径是通过一个霸权国的行动，或者是通过一些特别措施，或者是建立和维持国际机制，从而在有利于自身利益的同时，也能与其他国家的利益保持充分的协调。

罗·基欧汉非常重视国际制度对于无霸权下合作的重要性。他认为，如果人们要展开合作的话，就将肯定是没有霸权的合作。无霸权的合作是困难的，因为它的实现必须在更多地靠自我利益驱动而非对共同善意的关心的各个独立国家之间进行。国家的确存在互补的利益，这就使得某种形式的合作具有潜在的利益。当霸权衰落时，对国际机制的需求甚至会上升。此外，美国霸权的遗产是以大量国际机制的形式继承下来的，这些机制为合作创造了更有利的制度环境，而如果没有这些机制，合作就会非常困难；同时，维持机制比创建新的机制更容易。

他阐述了国际制度的实际作用。这些机制之所以重要，并非因为它们构成了一种集中化的准政府机构，而是因为它们能在政府间促进协议的达成，并能分散执行协议。机制的原则通过降低交易成本，增强了合作可能性。它们为有序的多边协调以及合法的或不合法的国家行为创造条件，并在机制中的不同议题以及不同的机制间建立联系。它们提高了信息的对称性。机制帮助政府之间保持经常性接触，从而减少产生欺诈的动机，提高了声誉的价值。通过建立国家遵循的合法行为标准，以及提供进行监督的手段，机制也为建立在互惠原则基础上的分散化实施行为打下基础。

当考虑霸权之后的合作问题时，需要考虑到制度的因素。那些认为国际制度并不重要的理论，无助于人们理解国家在自身利益的推动下，是在何种条件下成功实现合作的。在当代世界政治经济形势下尤其如此，因为当代世界有大量重要的国际机制，它们即使在美国霸权衰落后仍促进了合作。是合作还是纷争占优，基本取决于政府如何更好地利用已有的机制来建立新的协议，并确保相互之间遵守旧有的机制。

罗·基欧汉还指出，推动合作的制度并非是要对各国政府指手画脚，确切地说，制度是帮助政府通过合作追寻它们自身的利益。应该力图去维护那些持续存在的有价值的国际制度，因为维护这些制度的难度比建立新制度的难度要小得多，而如果没有这些制度，就必须付出巨大的代价去发明和建立相应的制度。由于制度再创立的时候并没有考虑到会在哪些问题上推动合作，国际机制具有超越其初始具体目标的潜在价值。因此，对制度价值的充分评价，依赖其在未来对那些难以确定问题的解决究竟能够做出多大的贡献。

（二）现实结构主义的相关论述

肯尼思·华尔兹是现实结构主义的最主要代表人物。他在《国际政治理论》（1979）一书里论述了国际事务管理的独特看法，其涉及国际经济协调运作的若干理论见解。[①]

1. 国际关系中的权力及其作用

在肯尼思·华尔兹看来，使用权力就是运用某人所具有的能力，并试图以一定方式改变他人的行为。A 在运用能力时能否得到 B 的服从，取决于 A 的能力与战略，B 的能力和对策，以及所有这些受到周围环境影响的因素。权力只是诸多原因中的一个，不能被孤立地看待。

他认为，权力是一种手段，而使用权力导致的后果必然是不确定的。要适用于政治领域，权力就必须根据能力分配来加以界定，权力的大小不能根据（行为体）可能或不可能取得的结果来加以推断。

他具体指明权力主要有四种作用。第一，当别国使用武力时，权力可以用来维持本国的独立自主。第二，享有更大权力的国家可以拥有更为广

---

① 第一节第二部分的阐述可参见肯尼思·华尔兹《国际政治理论》（上海人民出版社 2008 年版）第 205—227 页。

阔的行动余地，同时使行为结果难以确定。第三，与弱国相比，强国享有更大的安全余地，并对于进行何种博弈游戏以及如何进行更具有发言权。弱国的行动余地十分狭窄。不适宜的行为、有缺陷的政策、有悖常规的举动都可能招致致命的后果。相反，强国则可以漫不经心，不对情况加以了解，它们可以一再地重复相同的蠢举。更为明显的是，它们可以减缓对他国明显的威胁行为做出反应的速度，直至辨明该举动是否真正对它们构成威胁。它们可以对大多数威胁漠然处之，因为只有极少数威胁能使它们遭受重大损失。它们可以保持克制，直至事态得到澄清，而无须担心错失采取有效行动的良机。第四，巨大的权力使其拥有者在系统中具有重大利益，并赋予其为实现其利益而采取行动的能力。对它们来说，进行管理是值得的，而且也是可能的。当大国间处于稳定的均势，国家实力的分配也没有出现严重失衡，对绝对收益的关注将可能取代对相对收益的忧虑。拥有巨大优势的国家能够领导或是参与集体行为，即便其他国家将从中获得与之不相称的收益。

2. 国际事务的治理

肯尼思·华尔兹认为，在国际上，公共事业可能无法得以实现，原因在于各行其是的国家很难确保进行合作。在国际上，集体物品可能无法得到提供，因为那些逃避支付费用的国家也能够分享提供者所提供的服务。通过组织起来，借以对不合作的个体施加压力，或是向"搭便车"的个体收取费用是极端困难的。

他指出，强国数量越少，少数几个最强大的国家和许多其他国家实力差距越大，前者越可能为整个系统的利益而采取行动，并参与管理或干涉较小国家的事务。如果有许多强国，它们中的某些国家将只关注区域性事务，而非全球性事务。美国和苏联都无法像一个"普通"国家那样行动，因为它们本身就不是普通国家。它们在系统中超凡的地位使其担负其他国家不想也无力承担的任务。

他主张，按重要性由高到低依次排列，国际事务的治理分别是系统的转换与维持、和平的维持、对共同的经济及其他问题的管理。

关于系统的转换与维持。构成系统的首要实体也是其管理者。它们试图处理日常事务，也可能尝试去影响变化的本质和方向。系统是无法被超越的，在可预见的未来不可能出现对各国事务公认的管理者。

美国可以用以下两种方法或是其中的一种来为其在国外的行为正名。

首先，可以夸大苏联或共产主义的威胁并对轻微的危险做出过度反应。如果要以传统的安全理论为边缘性的军事行为提供辩护，那么多米诺骨牌理论就变得十分必要。其次，可以为其他人的利益行动。美国可以把富者和强者帮助他人的既定义务与美国自己对一个更好的世界该如何的信念等同起来。国家的安全利益开始等同于对特定秩序的维持。一旦一个国家的利益达到了一定程度，它们就有自我增强作用。美国在努力构建国际安全秩序的过程中，也加强了自身的经济利益，并表达了它对世界的政治热望。

弱国则担心会丧失自我，由此限制自身与强国的合作。它们希望的是权力的平衡而非扩大。拥有强大的权力往往诱使国家不必要地或是愚蠢地运用权力，这是我们不可避免的恶习。对于一个国家或国家集团来说，要在一个充满不满和争端的世界阻止他人运用强力，要在一个充满矛盾的世界里结束冲突，需要权力与智慧并重。因为正义无法被清晰地界定，一个强大国家面临的诱惑，就是宣称自己试图强加于别国的解决方法是公正的。虚弱导致的危害与权力带来的诱惑两者是相匹配的。

关于和平的维持。国家竭力保持其自主权。为了这个目标，多极世界中的强国施展策略、结成联盟，偶尔也会兵戎相见。一些国家发动战争是为了避免出现有利于他国的权力失衡。出于自身的利益考虑，大国为维持均势而战。为了自己的利益，它们生产出了作为副产品的一种集体物品，而那些不想被征服的国家则将为此感激不尽。另外，势均力敌的竞争使意识形态从属于利益的需要，实力比对手略高一筹的国家往往对于微小的威胁过分关注，并在国外追求实现已然超越了狭义的安全利益的各种幻想。

关于共同经济及其他问题的管理。管理是困难的，制定对国家事务加以调控的规范也是困难重重。随着紧密相互依赖的发展，对管理的需要进一步增长。如果相互依赖的确十分紧密，那么每个国家对他国行为的反应都将受到束缚，就仿佛这些行为是发生在它们本国境内的事件一样。依赖的相互性使每个国家都谨慎地、心存疑虑地注视着他国。而相互依赖的减弱将削弱对控制的需要。与此同时，相互依赖的减弱意味着权力的高度集中，从而赋予那些处于权力金字塔顶端的少数强国在实施控制时享有更大的利益和更强的能力。当相互依赖的程度较低时，国家间实力的不平等产生了一种均衡状态。在缺少权威调控的情况下，松散的联合和大国一定程度的控制有助于促进和平与稳定。如果某一无政府领域中的成员彼此间相互依赖的程度较低，那么，为了达到共同目标而采取一致行动的需要将随之减少。重要的是进行控制而非精确的调控,是避免谋求积极成就,而非为此进行协同合作。

肯尼恩·华尔兹强调,任何重大国际问题从来都不能由一个国家在得不到任何帮助的情况下独立解决。没有人会否认对共同问题进行解决或某种方式的管理需要集体的努力。现在,为实施共同计划而开展合作,比战后初期更为需要。全球问题的解决无法由某一国家独立承担,而只能有多个国家共同完成。但是谁能够提供解决手段,又由谁来承担主要费用呢?除非我们来做,否则国家间合作的程度和效果都将十分有限。

在他看来,美国在经济上依然遥遥领先,如果领袖国不再进行领导,其他国家就无法追随于后。所有国家也许共处于一条渗漏的世界之舟上,但其中一个国家掌握着最大的汲水器。在经济和社会事务中,就像在军事事务中一样,其他国家倾向于将大部分责任留给我们。

(三) 社会建构主义的相关论述

作为国际关系社会建构学派的领袖人物,亚历山大·温特在其《国际政治的社会理论》(1999) 一书里,集中论述了国际政治的社会建构,尤其强调了国际关系中的社会结构、无政府文化和国际体系的发展变化。其中一些论述对国际经济协调运作颇具参考价值。[①]

1. 国际关系中的社会结构

亚·温特分析了国际关系中的国家问题。在他看来,国家是控制有组织暴力行为的主要行为体,也是有意图行为体,具有自我意识,即"国家也是人",这一点影响着国际体系的本质。不能只通过有意图行动的视镜解释任何层次上的社会生活,因为宏观结果可能是在微观层次上通过多种方式实现的,还因为社会结构可能建构施动者。国家和社会在概念上相互依存,就像奴隶主和奴隶、教师和学生是相互依存的一样。每一种身份的性质都是由于它与另一种身份的关系而产生的。

他明确阐述国家具有五个基本特征。即:(1) 制度—法律秩序;(2) 唯一可以合法使用有组织暴力的组织;(3) 具有主权的组织;(4) 社会;(5) 领土。国家是真实的,因为国家结构产生了可以观察的结果形式。如果其行为可以通过"根据最合理理论推论"的原则加以预测,

---

① 第一节第三部分的阐述可参见亚历山大·温特《国际政治的社会理论》(上海人民出版社 2008 年版) 第 193—231、253—297 页等。

就可以算作有意图的施动者。

亚·温特讨论了国际关系中的身份问题。他认为,国家是可以具有身份和利益的实体。身份作为有意图行为体的属性,可以产生动机和行为特征。这里讨论四种身份,即个人(或团体)、类属、角色和集体。

(1)个人身份(如果是组织则为团体身份)是由自行组织、自均衡的结构建构的,这种结构使行为体成为独立的实体。这种身份总是有着物质基础,对国家来说是诸多个人和领土。团体身份是以具有集体身份的个人为先决条件的。个人/团体身份是其他身份的基点或平台。

(2)"类属"身份这个术语用来指一种社会类别。只有具有社会内容或意义的相同特征才能够构成类属身份,这种社会内容来自比较正式或比较非正式的成员规则,成员规则定义了什么可以是类属身份并且引导他者对于这个类属采取行动。作为类属身份基础的那些特征从根本上说是内生于行为体的,所以与角色和集体身份不同。在国家体系里,类属身份的对应物是"政权类型"或"国家形式"。

(3)角色身份依赖文化,所以对他者的依赖就加大了,如果说确定类属的身份特征是先于社会的,角色身份则不是基于内在属性,因此只能存在于和他者的关系之中。他们只有在社会结构中占据一个位置,并且以符合行为规范的方式与具有反向身份的人互动,才能具有这种身份。一个人单凭自己是无法获得角色身份的。

(4)集体身份是角色身份和类属身份的独特结合,它具有因果力量,诱使行为体把他者利益定义为自我利益的一部分,亦即具有"利他性"。利他行为体仍然可以是理性的,但是他们权衡自我利益的基础是团体或"团队"。这使他们能够克服使利己主义者处于窘境的集体行动难题。四种身份除了第一种之外,其他三种都可以在同一行为体身上同时表现出多种形式。人们都有着许许多多的身份,国家同样如此。

亚·温特研究了国际关系中的利益问题。他指出,所有四种身份都包含了利益成分,但又不能还原到利益。身份表示社会类别或存在状态;利益指的是行为体的需求,利益表示有助于解释行为的动机。没有利益,身份就失去了动机力量;而没有身份,利益就失去了方向。

他主张要区分两种利益,即客观利益和主观利益。客观利益是需求和功能要求,是再造身份必不可少的因素。所有四种身份都有着这样的再造要求:美国如果没有对有组织暴力的垄断权就不能够成为国家(团体身份）；如果不实施私有财产权也不能成为资本主义国家（类属身份）；如果没有从属国就不能成为霸权国（角色身份）；如果没有与西方诸国的团结也不能成为西方国家（集体身份）。

他认为，主观利益概念指行为体对于怎样实现自我身份需求所实际持有的信念。正是这些信念构成了行为的直接动机。可以使用"偏好"、"志趣"或"意愿"这些术语中的一个来表达主观利益，而把"利益"这个字眼只用来指"客观"利益。有必要强调，偏好是动机，不是行为；意愿不能够从信念中剥离开来。行为体面临的关键问题之一就是把主观利益和客观利益协调起来。

他进一步分析道，国家利益概念是指国家—社会复合体的再造要求或安全要求。这一定义的一个重要特征是，它指的是客观利益。有四种国家利益需要特别关注。这些利益的形式因国家其他身份而异，但是，所有国家的根本需求是一样的。第一种是生存。它从根本上来说是指构成国家—社会复合体的个人。第二种是独立。它指国家—社会复合体有能力控制资源分配和政府选择。第三种是经济财富。它指保持社会中的生产方式，在延伸意义上也包括保护国家的资源基础。第四种是集体自尊。它指一个集团对自我有着良好感觉的需要，对尊重和地位的需求。

他强调，如果国家—社会复合体要得到安全，就必须满足这四种利益。正因为如此，这些利益就成为国家对外政策行为的客观限制因素。这些利益有时会产生矛盾，需要确定孰先孰后，但从长远观点来看，所有四种利益必须得到实现。如果国家做不到这一点，就会逐渐灭亡。虽然在这一方面，四种利益起到了选择机制的作用，但是，这些利益真正的意义在于它们驱使国家认知它们，解读它们的含义，并依此决定应该怎样定义主观安全利益。

2. 国际体系的无政府文化

特别是，亚历山大·温特对国际体系的无政府文化做了深入阐述。他指出，对于暴力的共有理解往往集中表现为三种具有不同逻辑、不同趋势的文化，即霍布斯文化、洛克文化和康德文化。这些文化确实是最重要的表现形式。即便是各国的国内文化没有相同之处，国家体系仍然可以有一种文化，这种文化会影响体系内成员的行为。

他具体阐述说，文化形式的一个关键方面是角色结构，即共有观念使持这些观念的行为体所具有的主体位置格局。主体位置是由自我和他者的再现建构的。任何一种无政府状态的核心不过是一种主体位置：霍布斯文化的主体位置是"敌人"，洛克文化的主体位置是"对手"，康德文化的主体位置是"朋友"。每一个主体位置都在使用暴力方面涉及一种独特的自我对他者的姿态或取向。这样的姿态或取向可以在微观层次通过多种方式实现。敌人的姿态是相互威胁，他们在相互使用暴力方面没有任何限制；对手的姿态是相互竞争，他们可以使用暴力实现自我利益，但是不会相互杀戮；朋友的姿态是相互结盟，它们之间不使用暴力解决争端，并协力抗击对它们的安全构成的威胁。

亚·温特强调，无政府体系的结构和趋势取决于三种角色，即敌人、对手、朋友中哪一种在体系中占主导地位。国家会处于相应的压力之下将这种角色内化于它们的身份和利益之中。然后，他对这三种文化作了具体剖析。

关于霍布斯文化。在决定自我和他者之间使用暴力的角色关系范畴中，敌意处于一端。它与对手和朋友分属不同类别，这三种位置构成了社会结构。

敌人之间的暴力是没有内在限制的，如果存在限制，也是由于实力不足（势力均衡或力量耗尽）或是外部制约力量（利维坦）造成的。这是在自然状态中发生的那种暴力。对手之间的暴力则不然，这种暴力是自我约束的，受到相互承认存在权利的制约。这就是具有文明特征的那种暴力。

把他者再现为敌人，国家的对外政策姿态和行为至少有四种含义，这又产生了某种特定的互动逻辑。第一，国家往往采取强烈的改变现状的方式对待敌人，即试图摧毁或征服敌人。第二，决策往往在很大程度上不考虑未来前景，向最坏处做准备。这样就减少了以合作行动回应敌人所作出的任何合作举动的可能。第三，军事力量被视为至关重要。第四，如果真正爆发了战争，国家就会以自己认为的敌人的方式来进行战争，这就意味着无限制地使用暴力，因为自我限制只会使自己处于相对劣势的地位。

关于洛克文化。在过去几百年里，国际政治发生了质的结构变化。霍布斯自然状态中不是杀人就是被杀的逻辑已经被洛克无政府社会的生存和允许生存逻辑替代。洛克文化的角色结构是竞争，不是敌对。竞争对手不像敌人，竞争对手期望相互行为的基础是承认主权，"生命和自由"是对方的权利，因此不会试图征服或者统治对方。但是，对手也不是朋友，对手之间的相互承认不等于在发生争执时不使用暴力。

竞争的基底是主权。现代国家间的竞争受国际法承认的主权结构限制，所以这种竞争的基础是法治。但是，在这种限制范畴内，竞争并不排除以暴力解决争端。正因为如此，洛克文化不是一种完全的法治体系。这种体系最终成为什么样子取决于国家相互之间期望使用暴力的程度。竞争对手期望他者有时使用武力解决争端，但是认为对方使用暴力的程度会被限制在"生存和允许生存"的界限之内。

竞争对于国家对外政策至少有四种意义，最重要的意义是，无论国家之间有什么冲突，它们对待相互的主权必须持维护现状的态度。第二种意义涉及理性行为的本质。竞争对手之间不必如此紧张，因此风险也就较少，未来就会更受重视，绝对收益就可能比相对损失更加重要。第三种是，相对军事实力仍然是重要的，因为对方可能使用武力解决争端。第四种是，如果争端真正导致战争，竞争对手会限制自己的暴力行为。

关于康德文化。第二次世界大战以来，一个新的政治文化已经在西方兴起，在这种文化中，非暴力和团队行动已经成为规范。这种文化称为"康德"文化。康德文化的基础是友谊的角色结构。在这种角色结构中，国家期望相互遵守两条基本的规则：（1）不使用战争和战争威胁方式解决争端（非暴力规则）；（2）如果任何一方安全受到第三方威胁，双方将共同作战（互助规则）。涉及这些规则的三个问题需要受到注意。第一，这些规则是独立存在的，是同样必要的。当国家相互期望对方遵守以上两条规则的时候，它们之间就存在友谊。第二，友谊只涉及国家安全，不必外溢到其他领域。非暴力和互助规则对其他领域问题的处理划定了界限，但是在这些界限之内，朋友也会有相当大的冲突。第三，友谊在时间上是无限制的，就此而言，友谊与"结盟"具有质的不同。结盟是竞争状态甚至敌对状态下的权宜安排。

康德无政府体系的一个显著特征就是在实际上它是一个法治的体系，这就限定了国家合法谋取自我利益的范围。由于没有中央权力机构执行这样的限定规则，所以确定无疑地、迅速地惩治违规者这一点会被削弱。但是，只要国家内化了这些限定规则，规则就会被视为对国家行为的合法约束，并以集体方式加以执行。

应当看到，国际关系学者的上述阐发从不同方面提供着比较重要的参考价值。罗伯特·基欧汉对于国际合作与霸权国家的分析就颇有见地。例如，他指出，国家之间的确存在互补的利益，这就使得某种形式的国际合作具有潜在利益，不过这种合作是一个讨价还价、充满争议、相互协调的过程；国际机制具有超越其初始具体目标的潜在价值，使得各国的利益保持充分的协调；强国更易于屈从内部特殊利益集团的压力，而这种倾向就是导致经济衰落的一个重要根源等。而肯尼思·华尔兹关于国家权力的四种主要作用和大国使用权力的深入阐发，就值得各国进行国际协调时认真借鉴。例如，他认为拥有强大的权力往往诱使一国不必要地或是愚蠢地运用权力，而且还要宣称自己试图强加于别国的解决方法是公正的，实属一针见血。至于亚历山大·温特对国际关系中的社会结构与文化因素的深刻阐发，则从另一种视角给国际经济协调运作以十分有益的启示。尤其是，他把利益分为主观利益与客观利益，还对国家利益的内涵展开具体剖析，和围绕敌人、对手和朋友三种角色对相关文化的全面透视，堪称剖析入理、发人深省。必须指出的是，他们的有些论述仍在明显维护或实际有利于发达国家的基本利益。

二 国际政治经济学理论简述

兴起于20世纪70年代的国际政治经济学，被学者们作了各不相同的诠释和发挥。它尤其注重政府间政策与行为协调的原因和动力研究。这里选择各具代表性的三位学者的相关论述，做个简明引述。

（一）苏·斯特兰奇的相关论述

著名英国学者苏珊·斯特兰奇是国际政治经济学的奠基者和主要代表之一。她在《国际政治经济学导论——国家与市场》（1988）一书里，展开了市场与政治行为者相互作用的分析。其中以下论述可以引发人们的深入思考。[①]

1. 国际政治经济学研究

本书打算通过从结构上分析国家对市场的影响，或者反过来市场力量

[①] 第二节第一部分的阐述可参见苏珊·斯特兰奇《国际政治经济学导论》第15—26、29—33、40—49页等，经济科学出版社1992年版。此外，可以参考上海人民出版社2012年出版的《国家与市场》一书，它是该书第二版（1994）的新译本，对这里引述的内容亦大多做了进一步的补充与发挥。

对国家的影响，提出把政治学和经济学综合起来的方法。在尝试综合分析时碰到的主要问题，是经济学和政治学的性质。

苏·斯特兰奇阐述道，经济学讲的是如何以不足的资源对付无限的需求。如何充分利用匮乏的资源，从根本上说是一个效率问题。例如，这种或那种"市场失败"是大部分经济学家的研究和探讨课题。政治学讲的是如何提供公共秩序和公共商品。但在国际政治学中，主要问题也往往有关维护秩序及和平、提供最低量的公共商品，加上管理这两者之间出现的争端和冲突。几乎所有国际政治学的标准教科书都认为，维持秩序即使不是研究的唯一问题，也会是研究的基本问题。她则要搞出一种分析框架，一种改善现在和过去都受到经济、政治和社会环境影响的人类条件的方法。这是开处方，即为改善人类处境可以做什么及应当做什么确定主张的必要前提。

她坚信这是能够办到的。根据其分析，必须首先考虑人类设法通过社会组织提供的基本价值观念，即财富、安全、自由和正义。不同的社会（或不同时期相同的社会）在产生这每一种基本价值观念的同时，总是对四种价值观念做出不同的先后安排顺序。所有社会都需要生产食物、建筑住房和制造其他物质产品，但是有的社会最优先安排物质财富的生产。所有社会都需要很好地加以组织，以便使个人得到更大程度的安全，免受来自本国或国外其他人的暴力伤害和凌辱。但是，有的国家把秩序和安全放在第一位。事实上，社会有组织地生活比个人孤立生活具有这两大优点，正是在于与其他人的联系可能增加财富和个人安全。不管怎样，社会组织的确带来了对自由的若干选择，即带来了个人的选择权；也带来了在一种安排比另一种安排公正的情况下进行选择的权利。

她指出，一旦有了社会，就要做出安排，为个人或集团提供一些财富、一些安全、一些选择的自由和一些公正。这些基本价值观念就像化学元素一样。这些元素按照不同比例组合起来，就会组成许多十分不同的化合物。各个社会在组合不同的基本价值观念的比例方面相互是有区别的。

因此，对国际政治经济学研究所下的定义是，这门学科是研究影响到全球生产、交换和分配体系，以及这些体系所反映出来的价值观念组合的社会、政治和经济安排。这些安排不是天赐的，也不是偶然机会带来的。它们是人类在自己确立的体系和一套自己确定的规则和惯例中做出选择决策的结果。于是，国际政治经济学研究不能回避对因果关系的密切关注。

对国家、公司或个人来说，今天的结果是昨天的原因所导致。如果不作出一些努力去追根溯源，人们就不可能理解当代国际政治经济学。

苏·斯特兰奇还认为，除了现有的安排和历史的原因之外，国际政治经济学必须关注未来的可能性。未来无法加以预测，但也不能加以忽略，政治经济学家应当提问，国家、企业或个人将来会面临什么样的选择？世界能变得富裕一些吗？世界能变得比较安全、稳定和有秩序吗？会不会比以前好一点？这些都是重要的合理的问题。

她认为，尽管在现实世界中最后的决定是根据价值偏好和权力关系作出的，但思想观念也可发挥一些作用，至少可以影响对不同选择的成本和风险作出合理的阐述。国际政治经济学的规范性、描述性的研究方法与思考性、分析性的研究方法之间，差别只在于个人的兴趣、经验和训练等方面有所不同，无所谓正确与谬误之分。国际政治经济学研究，可以兼容这两种方法。

她特别提到，基欧汉和奈合写的《权力和相互依存》是很有影响的书，用各国相对政治权力（换句话说，即相对政治结构）的变化来解释国际体系的变化，但是忽略了经济权力和经济结构的变化，只注意到经济发展过程，而这是一个非常狭隘的因素。

在她看来，如果忽略或低估跨国关系，特别是跨国经济关系，是以国际体系问题为基础的政治经济学的一个重大缺点，那么，另一个严重的不足是，它完全不要求研究者和学生探讨那些原则、规范、条例和决策过程对谁的权力最有影响。它也没有坚持要求探讨这种权力的来源：权力是建立在强制力量、市场成就和财富基础上，还是建立在其他国家信奉一种意识形态、一种信仰体系或一套观念的基础上？相形之下，集中研究权力机构与市场之间相互关系，并着眼于分析安全、财富、自由和公正这四种基本价值观念，已经影响并将继续影响国际政治经济的结局。

2. 结构性权力和联系性权力

苏·斯特兰奇提出，在政治经济中使用的权力有两种，即结构性权力和联系性权力。但是，世界体系里国家之间和经济企业之间正在进行的竞赛中，结构性权力越来越比联系性权力重要。联系性权力就是甲靠权力使乙去做他本来不愿意做的事。结构性权力是形成和决定全球各种政治经济结构的权力，其他国家及其政治机构、经济企业、科学家和别的专业人员，都不得在这些结构中活动。结构性权力就是决定办事方法的权力，就是构造国与国之间关系、国家与人民之间关系或国家与公司企业之间关系框架的权力。如果有一方在相互关系中也能决定周围的结构，那么，各方在相互关系中的相对权力就会增大或减小。

她阐发了这种区分的重要意义，强调它比区别经济权力和政治权力的不同更加有助于理解和分析政治经济学的权力问题。

首先，碰到具体的形势，特别是国际政治经济的具体形势时，很难在政治权力和经济权力之间划出明确界限。没有采购商品、控制生产和调动资金的权力，就不可能有政治权力。没有政治权威机构的制裁，没有政治机构提供唯一的法律保护和社会安全保障，经济权力也不可能得到。最有经济权力的不再是单一的个人。它们是一些已经建立了自己的权力层次和控制网络的公司或国家企业，通过这些层次和网络，它们做出的主要是政治性而不是经济性的决策。

其次，结构性权力不是存在于单一结构中，而是存在于四个各不相同但互有联系的结构中。它们分别是生产、金融、安全和知识。权力是通过这四种结构对特定关系产生影响的。这四种相互影响的结构并非世界体系所独有，或全球政治经济所独有，在人类很小的集团中，范围很广的结构性权力的来源同它在大世界中是一样的。

再次，结构性权力存在于能够控制信贷供应和分配的人那里。对信贷的控制是很重要的，因为通过信贷，不用先工作或交易就可获得购买力，但这种购买力终究得靠借款人的信誉和贷款人的信任才能获得。

最后，掌握知识、能够全部或局部限制或决定获得知识的条件的那些人，也可运用结构性权力。这种权力的重要性是不可低估的。

她专门指出，如此分析国际政治经济学中权力问题所得出的结论，将会严重怀疑大多数当代国际政治经济学著作提出的一个重要看法，即美国已在国际体系中丧失了霸权。美国政府以及同它相依为命的公司，在国际体系中并没有丧失结构性权力。它们也许改变了如何使用结构性权力的主意，但是并没有失去这种权力。

苏·斯特兰奇着重强调，她努力发展一种以结构性权力四种基本来源为基础的替代性方法。一旦人们理解了四种基本权力来源，可以进而说明，国际政治经济学的某些议题，如贸易、援助、能源或国际运输体系，实际上是次要权力结构。它们不是偶然地出现的，而是安全、生产、金融和知识这四种基本结构造成的。结构性权力部分地来自思想，部分地来自强制力量，部分地来自财富，这种权力不限于国家和夺取了政权的人拥有。基本结构以及力量的弱点，影响到国家之间和其他组织之间的权力关系。

3. 社会科学的局限

苏·斯特兰奇批评说，已经声称阐述了世界经济政治学的主要社会科学学科有着严重的局限，以致它们显然需要新的观点和分析框架。基本上，局限是从三门重要的社会科学学科——经济学、政治学和国际关系学的过去历史中出现的。前两种学科认为国家疆界把不同的政治制度和经济制度分隔开来，两门学科实际上可以相互割裂地进行研究和分析。国际关系学把重点放在战争与和平问题上，民族—国家成为"主角"，以致该学科很难涉及除了世界秩序以外的其他议题。

确实有一些经济学家致力于发展公共选择理论，试图打破那种荒谬的束缚。但是经济分析的假设，即人们必然首先试图用最低的代价获得一切，成本是所有行为的最终决定因素，这个假设常常限制经济学家的见识。

同时，政治学家总认为可以在一个已知的社会经济结构中运用权力，即使权力要服从宪法的某些制约和受到体系影响。甚至比较政治学的优秀著作，也常常把重点放在各国之间或各国决策系统之间的异同上（更多的时候是放在差异上），而不是放在世界经济所产生的共同因素上。

当经济学家忽视权力和政治学家注重各国内部如何运用权力时，许多研究国际关系的学者则局限于关注一个国家与另一个国家之间联系性权力，他们通常忽略或不肯考虑结构性权力，即限定结构、选择竞赛和规定竞赛规则的权力。国际关系学对那些能使涉及国际关系和可以利用的方面获得权力的资源见识有限。

于是，她得出结论说，从与国际政治经济学相关的三个主要社会科学学科中观察到的各种不正确现象，无疑已阻碍了国际政治经济学的正当发展，它们是国际政治经济学研究和教学的障碍。

4. 关于谈判

苏·斯特兰奇指出，从结构着手研究仅仅是成功的一半。重要问题是，如何对具体形势进行分析，以便更详尽地了解政府、政治运动或公司在什么地方具有可行的选择，可能出现什么情况，以及进行什么样的选择。

她认为，首先要寻找的基本谈判常常是权力机构和市场之间心照不宣的协议。甚至在中央计划经济中，以国家各部的形式体现的权力机构同以消费者和生产者为代表的市场之间，也有一种交易关系。在一个政治权力集中在国家手中的体系里，各国政府之间必然会进行一系列谈判。但是，这些谈判主要取决于某些国内谈判的持续生效程度。有时候这些谈判在政党之间进行；有时候这些谈判在政府和部门利益集团的当地代表或工会领袖之间进行。谈判的一方也可能是消费者或环境保护主义者组织。

她强调，关注谈判有很大好处，谈判比其他方法更能为企业或政府、政界的决策者提供行得通的措施。为国际组织的改革绘制美好的蓝图也许是消磨时光而已。它很难对有关的政府起多大作用。当抽象的经济理论建立在不切合实际假设上，那么，阐述抽象的经济理论在现实世界上同样是无济于事的。在现实生活中，如果忽视有权势人物利益的相互交织，就不可能存在持久稳定的政治经济环境。问题在于找到利益和权力的平衡点，能够订出并且遵守一系列可行的谈判协议。

（二）罗·吉尔平的相关论述

罗伯特·吉尔平在他的代表作《全球政治经济学：解读国际经济秩序》（2001）里，主要剖析了经济全球化及其对国际政治经济的实际影响和潜在影响，并强调民族国家依然是国际经济事务中的主要角色。这里仅对这部影响很大的国际政治经济学著作进行简要引述。[①]

1. 以国家为中心的国际政治经济学

罗·吉尔平首先对国际政治经济学作了明确的界定。"全球的政治经济"被定义为市场和诸如国家、跨国公司和国际组织之类强有力的行为者之间的相互作用，国家在国内和国际经济事务中继续是首要的行为者，民族政府仍对经济事务作主要决策，它们继续制定其他行为者发挥作用时要遵循的规则，而且它们动用相当大权力来影响经济后果。

他认为，国家的利益和政策取决于进行统治的政治精英、一个国家的社会中权势集团的压力以及"民族国家的政治经济体制"的性质。一个社会的经济政策或外交政策反映这个国家统治精英所界定的民族国家利益。

[①] 第二节第二部分的阐述可参见罗伯特·吉尔平《全球国际政治经济学：解读国际经济秩序》第13—18、32—39、64—65、172、207页等，上海人民出版社2006年版。

在他看来，国家安全永远是国家主要关心的问题。国家必须不断防止实际或潜在对它们的政治和经济独立所构成的威胁。对安全的关注意味着权力——军事的、经济的和心理的——在国际事务中至关重要；国家必须不断关注权力关系的变动以及在国际均势中国家利益变化的后果。

同时，经济和技术的力量深刻改变着国际事务和影响着各国行为，这是千真万确的事实。但是，在高度一体化的全球经济中，各国继续利用它们的权力，推行各种引导经济力量有利于本国国家利益和公民利益的政策。这些国家的经济利益包括从国际经济活动中取得较多的利益和保持本国独立。

这样，国际政治和安全体系提供了国际经济可以在其中运作的必要框架；而国内和国际经济所产生的财富则是国际政治体系的基础。后来，随着时间的推移，根据"不平衡发展规律"，由此引起的国际均势的变化使各国重新确定它们的国家利益和外交政策。这种政策变化常常会破坏国际经济、政治体系的稳定，甚至导致国际冲突。

罗·吉尔平强调，世界经济运作的方式取决于市场和国家政策，特别是强大国家的政策；市场和经济力量无法单独解释全球经济的结构和运作。各国的政治雄心和角逐之间的相互影响，包括它们在合作方面的努力，确立了市场和经济力量在其中运作的政治关系框架。国家，特别是大国，制定了每个企业家和跨国公司必须遵循的规章，这些规章一般反映了占主导地位的国家及其公民的政治利益和经济利益。但是，经济和技术的力量也会影响各国的政策和利益，影响各国政治关系。事实上市场是决定经济和政治事务的一种强大力量。经济学和政治学的关系是互动的。

但是，他同样注意到，在研究政治经济学时，经济活动的目的是一个根本性问题；这个目的是政治经济学研究的核心，其答案则是它属于社会必须决定的政治性事务。反过来，（国内的或国际的）某个社会选择追求的目的又会决定该国市场机制的作用。一个社会是否决定把市场或其他机制作为确定生产资源分配和产品分配的主要手段，这是极其重要的政治事务。经济活动的社会目的或政治目的以及实现这些目的的经济手段是不可分割的。在所有社会中，经济活动的目的和市场在实现这些目的时的作用取决于政治活动，最终则由社会托付给国家负责。然而，市场有自己的发展逻辑，市场的要求必须加以留意。市场和经济因素的确对国家要取得的目标有所制约。

2. 经济学研究与经济活动

罗·吉尔平指出，社会、政治和经济机构之所以重要，是因为它们决定了（至少影响了）作为政治和经济行为者的个人和团体相互作用的动机。只有理解了市场如何运作和国家以及其他行为者如何试图操纵市场为自己谋利，人们才能真正懂得国内经济或国际经济的功能。

罗·吉尔平对经济学科做了具体剖析。在他看来，经济学显然是比政治经济学和其他社会科学更为严谨、理论上更加先进的一个研究领域。但是经济学是建立在方法极有限假设的基础上，因而经济学的正式研究范围还是十分有限。尽管经济理论和方法很重要，是研究政治经济学的必要基础，但是它们不足以用来解释"现实"世界中经济的性质和动力。对于经济学作为分析工具用于理解社会、政治，甚至经济事务的动因的局限性，新古典经济学家和政治经济学家彼此意见相左。虽然经济学提供了静态分析的有用框架，但很少解释基本经济变量的变化。事实上，经济变化的主要决定因素在经济分析框架之外。

事实上，应用微观经济学方法解释各种形式的人类行为，还是用处有限。经济分析只有不可避免地与经济学所无法解释的社会、政治和心理因素交锋，才会取得进展。虽然经济学的研究策略是使外生性变量"内生化"，但经济分析和解释永远不可能超越某种局限。诸如文化、技术和组织机构这类的外生性变量一直存在，它们会影响经济的结果，但是本身不能靠经济学方法从内生加以解释。

罗·吉尔平还着重强调，重要的是要记住，经济活动是在不同的社会政治结构中进行的，这些结构会在很大程度影响经济活动的结果，因此，人们必须在经济学本身和国际政治经济学成果基础上去了解国际经济情况。

（三）布·弗雷的相关论述

布鲁诺·S. 弗雷是20世纪80年代欧洲主张"公共选择理论"的主要人物。在其《国际政治经济学》（1984）一书里，他应用这种当时被称为的新方法，阐发了国际政治经济学的有关内容。①

1. 关于国际政治经济学研究

在布鲁诺·S. 弗雷看来，政治学家关于国际政治经济的研究，主要

---

① 第二节第三部分的阐述可参见布鲁诺·S. 弗雷《国际政治经济学》第8—11、106—120页等，重庆出版社1987年版。

有四种观点：（1）重商主义观点或新重商主义观点，它强调民族国家的主要作用，认为民族国家是基本的单独行为者，是确保本国国民收益的唯一来源。（2）与新古典经济学相联系的自由主义观点。提出国际政治经济的人对这一观点表示十分怀疑。（3）激进派即马克思主义者的观点，它把国际体系的结构的不平衡当成是资本主义不可避免的产物，认为发展中国家遭受发达国家剥削是毋庸争辩的事实。（4）结构主义者的观点，它承认发展中国家相对于工业化国家来说，存在基本的结构性的不利。但由于主张通过谈判寻找正确的结构，它仍然属改良主义的观点。

他指出，政治学家毫不含糊地宣布，国际政治经济是他们本身独有的研究领域。"权力"和"权威"以及非市场关系被当成用来研究这个问题的主要概念；另外，分析必须要"动态"的，必须考虑历史的过程。因此，出现了抛弃经济学理论的明显倾向。

布·弗雷认为，从公共选择方法观点来看，政治学家对国际政治经济的研究在各个方面都有所欠缺。最明显的不足是非分析的结构，他们缺少一种经过精心琢磨的行为理论以从中引申请出（不明显的）可以检验的假说。相反，他们的分析方法是带有描述性的、历史性的，有时还是奇闻轶事性的。他们没有作出努力来提出明确的论点和提交经验（经济计量）检验。不过，他们的分析方法对提出有关国际政治经济学一些问题、加深理解和帮助领会特殊形式的机构和政治过程是有益的。

他的结论是，国际经济有明显的政治性，但是整个国际经济学理论却无视了政治因素影响国际经济和国际经济又反过来影响政治。

2. 关于国际合作

布·弗雷还探讨了国际合作问题。他认为，公产的使用在传统上是不受限制的。所有的个体都可以不受约束地使用和开发某项有公产属性的自然资源。尤其是大海和大洋，历来都被国际法公认为非私人所有的、集体和公共的财益。在资源取之不竭，而使用者互不妨碍的情况下，随意使用并不会发生问题。但当资源一旦短缺，就得有所限制，以防止使用集中或过度。但只要使用价格为零，任何使用者都不会愿意，而且也不能够维护这种短缺局面。

以捕鲸为例，愿意单方面限制捕获量的国家是没有的，因为谁都知道这只会为其他国家提供更好的渔业机会，而不会在整体上保持鲸鱼的生存数量。这种做法还造成了资源的浪费（低效率调配），原因是投资过度。

20世纪50年代太平洋上的捕鱼队增加了两倍,但大麻哈鱼捕获量只增加了50%。这是世界公产诱发高速开发竞争的结果。

他强调,世界公产资源的滥用和毁灭问题体现了国际经济的相互依存关系必然创造公共财益及外在物,因为这个问题超出了自然资源的界限,并牵涉集体保障等其他领域。在所有这些事例中,独立的个体行动者一般不愿从全局出发提供公共财益。相反倾向于做"搭便车"的角色。从公共财益及"搭便车"倾向角度对国际经济中的不同领域进行审核,即可找到公共财益为一切人所拥有,而不管是否都参与了公共财益的创造的现象。

他进一步引申说,因而,法律和秩序亦可被认作公共财益,它是对外贸易的重要补充部分。没有法律和秩序便会造成国际交换的瓦解并导致福利损失。建立一个含有几个先前独立的地区单位的共同国家,也可看作是公共财益。

布·弗雷明确提出,各国都懂得在提供公共财益方面进行国际合作的艰难,而且为抵制或削弱"搭便车"的企图做过努力,从而希望继续从国际公共财益获得好处。目前已从三个不同方面寻求解决的办法,这些办法并不互相排斥,在有利条件下反而能相辅相成。

第一,为各个参与合作的国家有针对性地提供私有财益,使每一国家在加入合作和参与为国际公共财益提供资金中得到好处。创造这些有针对性的刺激是各国政府同意参与国际合作行动的先决条件。因而所有参与国都应作出相当的努力,尽可能具体地把国际公共财益转变为私有财益。

第二,可以尝试强制的办法,但靠强制来形成和维持合作的设想,实施起来很困难,甚至是不可能的。所有成员国都不愿放弃自己的主权,因而认为强制可行(有时确实如此)便是排除了国际合作的根本问题。比方说,要求某国际机构迫使超级大国裁军,大抵是徒劳的。因为超级大国不会愿意把任何权力屈让予别的机构。

第三,把合作条件纳入法规或规章性协议之内。协议所规定的各项"法则"是参与国家在对将来情况不明确的条件下所愿意接受的。例如把劫机人员送回起飞国家的类似规定就是这样通过的。这种形式的国际合作对所有国家都可能有利,因为大家都不知道将来会发生什么具体的劫持事件。在"凶吉未卜"的情形下表决的各国会同意一般性的规定,因为这将为它们在航空安全方面提供有利的国际公共财益。

布·弗雷还认为，总的来说，小型国家集团建立的合作协定比较容易达成和遵守。小型国家集团不像大型国家集团那样容易发生"搭便车"行为，因为各国比较容易做到互相监督，且较易发现并惩罚违反规定的国家，甚至直接排斥类似的破坏行为。"互惠准则"只存在于彼此之间受制约的国家中间。

毫无疑问，采用经济与政治相结合的分析方法来探讨国际经济问题，是一个值得肯定和鼓励的研究方向。这样做，可以帮助人们更加全面而透彻地认识和把握国际经济现象的实质和全貌，进而予以有效而恰当的处置。尤其是，国际政治经济学家对于经济学科某些局限性的剖析，不仅言之有据，而且极具警戒意义。国际政治经济学对于国际经济合作的高度重视及其具体阐发，亦为国际经济协调运作提供着一些精神食粮。比如，国际谈判常常是权力机构和市场之间心照不宣的协议论断，就不乏具有深刻的启示作用。关于结构性权力的具体阐发，则从一个独特的视角拓展了国际经济协调的想象空间。总之，国际政治经济学的相关论述，直接为国际经济协调运作提供着不少有用的分析思路。

三 国际贸易政治经济学分析简述

国际贸易的政治经济学分析主要研究的是贸易政策（尤其是保护贸易政策），因此，有人又称之为"贸易政策中的政治经济学"（如保罗·克鲁格曼等：《国际经济学》）、"保护贸易制度的政治经济学"（如大卫·格林纳韦主编：《国际贸易前沿问题》）、"贸易壁垒的政治经济学"（如彼得·H. 林德特：《国际经济学》）等。这里只对围绕贸易政策的经济与政治原因分析以及规范分析领域里的"寻租"或"直接非生产性寻利活动"（DUP）的论述作简要引述。

（一）保护贸易政策的论述

20世纪70年代中期，R. E. 鲍德温深入论述了民主政体中的贸易保护主义问题，他的解释成为国际贸易政治经济学分析中极负盛名的理论阐述：[1]

---

[1] 以下这部分阐述可参见R. E. 鲍德温《美国多边关税削减中的贸易与就业效应》（1976），《美国经济评论》第66卷，第142—148页。

在一个民主政体中，多数人的意愿应该具有决定性的力量。然而，通常经济学应用的中间选民模型基于一系列假设条件，可这些条件在其重要方面并不代表现实。事实上，有五个方面的重要修改和扩展可以考虑。

（1）削减关税的受损者，在国内相关商品生产中的人们，不是必须要给予补偿的。如果他们构成了一个稳定的多数，他们就会阻止削减或取消关税。那么，这种中间选民模型就预示着贸易保护主义获胜。

（2）未来的获益者与受损者相比，只有较小的激励因素参与投票，为自己搜集信息，组织起来支持一个压力集团。削减关税是一种"公共产品"，其好处每个人都可以享受到，包括那些没有花力气、为削减关税付出任何东西的人。削减关税受益者的收益是不太确定的，而且是在将来兑现的，因此是有些看不清的。另外，削减关税的受损者更直接地感受到它的影响，因此愿意更深入地介入政治过程。

（3）自由贸易未来的受损者在国会中有可能比未来受益者得到更好的体现。例如，当未来的受损者在区域性的分布上较为有利，就会出现这种情况。如果他们在三个选区的两个里面拥有51%的多数，那么他们就仅仅需要总选票中的33%就可以在国会中赢得多数。如果他们在25个选区的13个里面拥有51%的多数，这个集团只需要总选票的26%就可以主导国会。

（4）相互投票或选票交易能够对多数选举结果产生巨大的影响。如果选民集团对两个议题有不同的倾向性，选票交易就有可能发生。假设有一个选民集团，集团Ⅰ，与国内进口竞争的活动有关。他们的主要倾向是反对削减有关他们自己产品的关税（提案A），而对其他产品的关税削减不太在意（提案B）。假设还有另外一个选民集团，集团Ⅱ，他们的主要兴趣在于保持与提案B相关产品的关税，而对与提案A有关的关税削减不太在意。如果两个集团都不是多数，而其他选民从自由贸易中得到利益，提案A和B都将会通过，自由贸易得以实施。然而，如果集团Ⅰ和Ⅱ联合起来就会形成一个多数，那么他们就会同意交换选票：在集团Ⅱ投票反对削减集团Ⅰ强烈反对的关税（即投票反对A）前提下，集团Ⅰ就会投票反对削减集团Ⅱ强烈反对的关税（即投票反对B）。这就导致了一个反对削减关税的多数票，结果提案A和B都被击败了。

（5）关税提供了政府的收入，没有这笔收入，很难支持公共开支。在发展中国家更是这样，由于税收体系效率低下，税收极少。这种国家的政府会强烈希望保持这个收入来源，因此反对自由贸易。

（二）保护贸易政策态度的分析

1. 保护贸易中的利益集团

20 世纪 80 年代初 S. P. 马奇专门研究了贸易政策背后不同利益集团的实际态度，从而深化着这方面的政治经济学分析。其主要论述如下[①]：

与那些向国内市场供应商品的国外企业进行竞争的国内企业，对关税保护具有强烈兴趣，并在总体上反对自由贸易。它们由特定经济部门工会和工人组成，这些部门知道它们能够分享关税保护所创造出来的租金。生产补充产品和向进口竞争企业提供投入品的企业也支持保护（假设它们自己对进口的原材料依赖性不大）。保护贸易集团经常会有强烈的政治利益，因为调整保护措施的影响是可见的、直接的，因此在政治辩论中具有很大分量。

社会中对贸易自由化政策感兴趣、反对保护贸易的主要集团是出口供应商。向国外市场提供产品的企业认识到，国内日益增长的贸易保护主义可能引起外国的报复，威胁它们的销售。如果它们自己的国家不准备降低自己的保护程度，它们就无法指望扩大自己的海外市场。然而要把这些出口的利益转化为有效的政治行动是相当困难的。限制进口的损害是间接的；这种损失具有预期的机会特征，难以计量。反对关税的企业是跨国公司，因为它们可以在国际市场上进行有效的竞争，所以倾向于自由贸易。贸易保护主义的倾向可能会限制它们自己的活动，特别是本国的贸易保护主义行动会引起外国政府对其在当地资产的国有化。那些在生产过程中使用进口投入品的国内企业也会对贸易自由化感兴趣。然而，这样的企业经常同时属于与进口竞争的部门，有着保护贸易的利益。所以它们的政治立场比较暧昧，或者甚至是赞成关税的。

消费者及其组织（只要它们存在）倾向于低关税。贸易壁垒给消费者带来的负担是较少的产品选择和较高的价格。可是，消费者集团对贸易政策的影响很小。

是赞成关税派还是反对关税派占上风取决于有关集团的政治权重和它们在政治过程中提出要求的强度。一个关键因素是组织和获得支持有效的

---

① 以下这部分阐述可参见 S. P. 马奇《斯托尔珀—萨缪尔森定理的三个简明检验》，载 P. 奥本海默主编《国际经济学问题》（1980，伦敦）一书。

游说活动所需要的财政开支的能力和动机。贸易保护构成了一个公共产品，它影响一个特定经济部门或职业的所有成员。

在公共产品中，利益集团可能在三种条件下组成：（1）该集团已经根据其他一些不是出于游说的理由组成，或按照政府法令（如在某些国家、农民的组织）已经建立起来。（2）集团成员只能从所属的组织得到某些特定的私人产品，如信息或保险。（3）存在着一个小集团的情况下，这个小集团的成员能够制裁那些想"搭便车"的人。

一般来说，这些条件更可能在生产者方面形成，而不是在消费者方面形成。

2. 保护贸易中的行政管理当局

P. A. 米塞林在20世纪80年代初则特别探讨了行政管理当局给予贸易政策的重要影响。其基本论述大致如下[①]：

在形成关税中发挥重要作用的另外一个角色是行政管理当局。

行政官僚们所面对的政治制约是由国会和政府强加给他们的。然而，这两者对行政管理机构的严格监督缺乏动力，因为它们依赖后者来实现自己的目标。此外，政治家们得到的信息远远少于行政官僚们所得到的信息，行政管理当局可以在贸易政策领域中按照它们自己的利益来加以使用。

由于许多行政管理部门是按照行业组织起来的，它们比政治家们更加依赖这个特定行业的关系。而且官僚们比控制着整个经济政策的政府拥有较少的手段可以运用。结果是每一个官僚必须更密集地使用手中工具实现他们的目标：他们力求比政治家们更坚定地保护与他们相关的经济部门，反对外国的竞争，因为政府的政治家们还有其他手段可以用来支持相关的行业。

3. 贸易壁垒的政治经济学分析

著名国际经济学家彼得·H. 林德特在其影响极广的《国际经济学》第九版里，则从个人成本—收益的角度解释了贸易壁垒的形成[②]。

贸易壁垒的政治经济学，从参与就贸易政策进行的政治斗争的个人成

---

① 以下这部分阐述可参见 P. A. 米塞林《保护主义政治经济学》（1981），*Welswirtschaftliches Archiv* 第117卷，第469—496页。

② 以下这部分阐述可参见林德特《国际经济学》第九版，尤其是第386—387页，经济科学出版社1994年版。

本—收益角度对贸易壁垒做出了解释。个人就某项贸易政策做出决策，取决于四个主要因素：（1）它带来的低效率或国民损失；（2）个人将加盟的那个利益集团的规模；（3）该集团从其他人那里得到了多少同情，而这些人并未从它主张的贸易政策直接获益；（4）在立法和行政机构中，该集团有多少代表。比如说，一场争取进口保护的运动，会由于保护造成的巨大低效率（静负荷损失）而受到危害。如果保护的利益集团集中在一个小集团，那将对这场运动有所帮助。这是因为"搭便车"的问题在一个小集团内比较易于解决，并且因为个人平均获益的大大增加会提高他们个人对此事的承诺。使其他人对该集团产生同情，这对同样的保护主义运动是有帮助的。最后，如果你所属的经济集团散布于很多选区，那是很有利的，因为那可以使你的集团在每个选区都有代表。考虑这些因素，特别是利益集团规模因素，也有助于解释其他一些格局，如关税逐步升级格局。

（三）国际贸易的规范分析

在国际贸易的规范分析里，寻租和直接的非生产性寻利活动的理论阐述最负盛名。著名国际贸易学家亚蒂什·N. 巴格瓦蒂等对它们的基本理论思路做了概括[①]：

在现实中，与关税相伴随的逃避关税、谋取关税的游说、谋取收益的游说三种现象已引起分析家们的关注。当数量限制替代关税时，上述三种活动将会分别以逃避数量限制、谋取数量限制以及谋求佣金的形式出现。

在无直接生产性条件下，所有这些活动是有利可图的。经济行为者使用真实资源获取收入，但并没有对那些直接或间接进入效用函数的产出做出贡献。总之，这些活动等价于紧缩了经济的可利用资源集合。

这些活动的大部分或试图躲避政府政策（例如，逃避关税），或试图使政府修正政策（例如，有保护关税替代自由贸易），从而获取利润。但人们可能同样联想到诸如偷窃或者谋取私人的利他主义馈赠份额的非政府活动。它们间接且最终的是福利改善性的。可把这些活动描述成直接的非生产性的牟利活动，即 DUP，该活动并不产出。

克鲁格把"寻租"活动定义为由现存的政策干预诸如数量限制，或

---

① 第三节第三部分的阐述可参见亚蒂什·N. 巴格瓦蒂等《高级国际贸易学》第 389—390 页，上海财经大学出版社 2004 年版。

者许可与限制所产生的游说活动。而这些政策干预可带来重要或意外的利润（具有马歇尔式的租金性质）可由成功的游说者获得，因此，"寻租"活动更多像导弹寻求热能一样。此外，有些 DUP 活动是由价格工具引发的。"寻租"也预先假设现存干预活动产生租金，但当谋取关税活动被考虑时，有些活动是在谋求设立或影响政策干预本身。DUP 活动也可涉及逃避某项政策工具。

DUP 活动可进一步划分成合法活动与非法活动。逃避关税或走私是非法的，但谋取关税与收益在多元民主制度下通常是合法的，这种区分是重要的，因为非法活动要承担被侦破与惩罚的风险，而合法活动则并不如此。

（四）国际谈判积极作用的论述

诺贝尔经济奖得主保罗·克鲁格曼在《国际经济学》（第四版）一书里，阐述了国际谈判与贸易政策之间的关系。它为国际经济协调运作提供着一些重要的思路[①]：

人们一直认为要设计出可以增进社会福利的贸易政策是困难的，这些贸易政策在现实中总是被利益集团的政治意图左右。有关贸易政策产生的成本远远超过其带来的收益的"恐怖故事"非常盛行，使人们很容易对贸易理论的实践意义产生怀疑。然而，通过一系列国际谈判，战后贸易自由化取得了巨大的进展。也就是说，各国政府同意共同进行关税削减。这些协议把各国减少进口竞争行业的保护与降低针对这些国家出口行业的外国进口保护联系起来，这种联系有助于消除那些可能会阻止各国采纳自由贸易政策的政治障碍。

国际谈判对自由贸易的正面影响是一目了然的。进口竞争行业的生产者比消费者更容易组织起来而且信息更充分，国际谈判则可通过让国内出口商参与而起到一种平衡作用。例如，美国与日本可能达成一项协议，其中规定美国要取消针对日本竞争者而设置的一些制造业的进口配额；作为回报，日本也要撤销对美国农产品及高技术产品向日本出口的障碍。对于美国的消费者来说，即使承受很大损失，可能也无法从政治上有效反对这些进口产品的配额。但是希望打入外国市场的出口商则不然，他们会通过

---

① 第三节第四部分的阐述可参见保罗·克鲁格曼等《国际经济学》，尤其是第 217—218 页，中国人民大学出版社 1998 年版。

游说来促成双方同时取消进口配额,从而间接保护消费者利益。

国际谈判还有助于避免贸易战。假定一国政府把别国的政策视为既定的话,它就一定会选择保护。政府的行为不仅要顺及公众利益,而且还要考虑其自身的政治利益。

再假定即使各国政府单独行动时采取保护政策会使损失更小,但如果两国都选择自由贸易,则会使各自的收益更大。只要看看从贸易中的所得,就会认识到这一假设的合理性。这种情形就是所谓的囚徒困境,各国政府为了使自己的决策最优都会选择保护,然而,若两国政府都不选择保护,那么它们的福利都会得到改善。若两国都实施单方面的保护措施,结果只能是贸易战并造成双方社会福利恶化。很显然,日本和美国有必要达成一项协议(如条约)来避免保护政策。如果两国政府都对自己的自由行径有所约束,两国的社会福利就会大为改善;签订条约就是一个不错的约束手段。

显而易见,国际贸易政治经济学分析的上述成果,给国际经济协调运作提供着丰富的养料。鲍德温关于自由贸易政策得益者与受损者的特性以及对于政府态度的论述,马奇关于不同利益集团对待自由贸易政策的实际态度的分析,林德特关于个人抉择贸易政策的四个主要因素的阐述,都堪称为国际经济协调的重要分析思路。而把行政管理当局与政府加以区分的分析方法,则帮助人们从一个新的角度去透视发达国家的经济政策博弈。巴格瓦蒂关于寻租和非生产性寻利活动的剖析,即便对于我国正确认识和处置国际经济协调的国内阻力,亦有着实际的参考价值。至于克鲁格曼有关国际谈判积极作用的具体阐发,更是对那种坚忍不拔的国际经济协调精神的全力支持。

四 集体行动经济学理论简述

曼瑟尔·奥尔森在《集体行动的逻辑》(1965)、《国家的兴衰》(1982)和《权力与繁荣》(2000)三部代表作里,深入研究了集体行动和利益集团理论。这些与国际经济协调紧密相关的理论阐述,产生着相当广泛的影响。

（一）集体行动的逻辑[①]

按照曼·奥尔森的看法，集团行动中存在一个悖论，即认为由个人组成的集团会采取行动以实现它们共同的或集团的利益，与个人会有理性地增进个人利益这一假设，在逻辑推论上存在着矛盾。

他指出，从本质上看，像工会、行业协会、农场组织、卡特尔或院外游说集团等各种机构提供的服务，类似于国家提供的基本服务。这些机构的服务，也是使某类或某集团的所有人受益。这类组织，至少当它们表现为大集团时，并不是因为它们提供集体物品而得到支持，而是因为它们足够幸运地发现了称为"选择性激励"的手段。选择性激励可以是消极惩罚，也可以是积极奖励。在现代民主社会中，众所周知的有组织利益集团就是工会，它也部分的是通过消极的选择性激励来维持的。

他认为，小集团，或者社会联系密切的成员所组成的各种小集团的较大"联邦"集团，拥有其他的积极或消极选择性激励的来源。对不承担集体行动费用的那些人进行责罚甚至放逐，有时候可能就是一种非常重要的选择性激励。同样，在联系密切的社会集团中，寻求集体物品者会给那些为集体利益而牺牲个人利益者以特别的尊敬或荣誉，从而就给他们提供了一种积极的选择性激励。

他强调，如果从集体行动中获益的集团足够小、对集团而言集体行动的成本收益比率又足够划算，即使没有选择性激励，符合集体利益的行动也可能发生。当集团中有少数成员时，它们之间也可能相互讨价还价并达成集体行动，任何一方的行动都对其他方利益和行动进程产生影响，以至于每一方都有激励采取策略性行动，即要考虑自己的选择对其他人选择的影响。单个企业或个人之间的这种相互依赖，能够给他们足够的激励，以实现共同的利益。

他断言，在任何讨价还价中，每一方都会为自己寻求尽可能大的收益份额，因此，如果它不能够获得集体行动收益的心满意足份额时，就有动力威胁阻碍或破坏集体行动，即"敲竹杠"。这样，讨价还价就不可能实现集团最优结果，甚至根本不能达成集体行动。

鉴于上述的阐述，曼·奥尔森得出的结论是：在没有选择性激励情况

[①] 第四节第一部分的阐述可参见曼瑟尔·奥尔森《集体行动的逻辑》一书全部论述，上海人民出版社 1995 年版；曼瑟·奥尔森《国家的兴衰》第 17—32 页，上海人民出版社 2012 年版。

下，集团行动的激励就会随着集团规模的扩大而消失，因此大集团相对于小集团更不可能达成实现共同利益的行动。可以获得选择性激励的那些集团比不能够获得的集团更可能达成集体行动，小集团将比大集团更可能参加集体行动。

（二）进一步的理论含义[①]

曼·奥尔森还认为，倘若与其他的逻辑与事实联系起来，特别是与经济学中某些标准观点联系起来，还可以得出进一步含义。他共提出了相关的 9 个命题。

其一，不存在任何一个国家，所有具有共同利益的人都可以形成对等的组织，并通过广泛的讨价还价达成最优结果。如果上面阐述的逻辑是正确的，那么通过广泛的讨价还价以达到效率或公平的社会就是不可能的。像消费者、纳税人、失业者以及穷人等既没有组织起来所必需的选择性激励，人数也不在少数，因此他们经常被排除在讨价还价之外。在这种情况下，那些已经组织起来的集团就会不择手段地提高自身收益，包括选择对已经组织起来的集团有利的政策，尽管这些政策对整个社会是没有效率的，因为政策成本通常由尚未组织起来者承担。

其二，在边界不变的稳定社会中，随着时间的推移，将会出现大量的集体行动组织或集团。为集体行动而达成的组织或集团仅在有利环境下才会出现。经历的时间越长，那类集团的数量越大，因为时间越长就越可能出现有利环境或为组织起来所需要的创新性的政治领导才能，组织就越可能创造出来实现它们的潜在收益。

其三，"小集团"的成员具有达成集体行动的不成比例的组织力量，但是在稳定的社会中，这种不成比例性会随着时间的推移而减弱，但不会消失。寡头和小集团更可能为集体行动而组织起来，组织时也可能更少拖延。因此，社会上小集团中的每个成员通常比大集团中的每个成员具有更大的游说或卡特尔力量（或占总收入中的人均美元数更大）。

其四，特殊利益组织或联盟降低了社会效率或总收入，并且加剧了政治生活中的分歧。在一个社会中进行集体行动的典型组织，如果只代表一部分利益，将很少或不会为了社会利益做出巨大的牺牲；它们会通过获取社会产

[①] 第四节第二部分的阐述可参见曼瑟尔·奥尔森《集体行动的逻辑》一书全部论述，上海人民出版社 1995 年版；曼瑟·奥尔森《国家的兴衰》第 17—32 页，上海人民出版社 2012 年版。

品的更大份额服务于成员利益。而且，即使分配改变造成的社会成本超过再分配数量很多倍，这样做也是有利的。这样的组织在获取社会产品更大份额时，不会考虑强加这种再分配可能给全社会造成的任何数量的损失。

除此之外，对分配问题的重视使得政治生活中分配问题的意义相对更加重要，而政治生活中普遍共同利益的意义就相对不是很重要了。在一个国家或其他管辖权范围内全部或大部分人民分享的共同利益能够将他们聚合在一起。比较而言，在分配争斗中，没有人受损，就不可能有人受益，这就可能产生怨恨。这样，当特殊利益集团非常重要，而分配问题又非常有意义的时候，政治生活中的分歧就会加剧。

其五，共容性组织有动力使它们所在的社会更加繁荣，并且有动力以尽可能小的负担给其他成员再分配收入，并且会禁止再分配，除非再分配的数量与再分配的社会成本相比非常大。共容性组织面对的激励与只代表非常少一部分人利益的组织面对的激励存在巨大差别。如果一个组织，比如说，代表了一个国家收入生产能力的1/3，平均而言，其成员将获得使社会更具生产性努力所产生收益的1/3。因此，该组织将会有激励为政策和行动做出牺牲。共容性组织包含如此多的社会成员，以至于它们有动力积极关心社会生产性。

因此，企业或产业的效率受集体行动的相关组织是否具有共容性的影响。然而，如果认为特殊利益组织共容程度的上升都必然会产生积极作用，那就大错特错了。

其六，分利联盟做出决策通常要比它们所包含的个人或企业慢得多；它们通常日程繁忙、事务众多，并且更经常采用固定价格而不是固定数量。特殊利益集团做出决策比它们所包含的企业或个人慢的两个主要原因在于：它们在做出决策时，要么必须使用各方自愿的讨价还价原则，要么使用宪政程序，要么两者都使用。

当议事日程繁忙或谈判难题成堆的时候，解决如何分担集体行动成本所造成的利益冲突甚至更加困难。这种困难就促使集体行动的组织或联盟寻求能够在参与者之间分配集体行动成本的公正局外人、简单规则或仅仅是根据长官意志。

由于成本分担造成利益冲突，大多数卡特尔和院外游说组织倾向于保持固定价格和工资，而不是取决于销售量和就业人数。价格和工资通常比销售量和就业人数固定的一个原因在于，这样做较易通过市场和其他公正力量来分担集体行动成本。有时候，在分利联盟中，外部或公正的机制将会以有害于统治利益的方式发挥作用，这样的机制通常会被放弃。

其七，分利联盟会阻碍社会采用新技术的能力，并因此降低经济增长率。既然比较大的技术创新通常会改变卡特尔组织的最优政策和成员相对实力，同样会要求新的复杂的谈判回合，并且可能会使得特殊利益组织和联盟无法生存。这反过来会使得卡特尔集团对创新和变化非常谨慎。

如果存在许多变化和创新，不论大小，在每个时期都必须迅速达成采用全部有效率变化的协定是不可能的。决策迟缓以及繁忙、复杂的议事日程妨碍了迅速采用。为了对新技术做出反应，需要将资源从一种活动或产业配置到另一种活动或产业中，通过降低配置速度，特殊利益集团也会使经济增长变慢。

如果由于特殊利益集团的存在造成了新技术采用的延缓，增长率的下降将会非常高。新技术采用的延缓和进入障碍造成社会产量下降会比特殊利益集团得到的高出很多倍，在长期中就更加严重。

其八，分利集团一旦大到可以为所欲为，就会成为排他性的，并且会尽力限制分散成员的收入和价值。当分利集团通过政治行动寻求实现目标时，排挤新成员的原因就在于：如果获胜联盟最小的话，分配给每个联盟成员的收益就会更多。以分利为导向的院外集团和卡特尔一样，必然是排他性集团，而不是共容性集团。

其九，分利集团的增多会提高管制的复杂性、政府的作用和惯例的复杂性，并且会改变社会演进的方向。众所周知，所谓集体行动经济学的理论阐述比较深刻地揭示了特殊利益集团的实质、特点和作用。曼·奥尔森对于特殊利益集团的重要论断，即在没有选择性激励的情况下，大集团比小集团更不可能达成实现共同利益的行动，以及可以获得选择性激励的那些集团比不能够获得的那些集团更可能达成集体行动，可以帮助人们深入观察和分析发达国家利益集团的实际表现，进而制定和实施自己相关的协调思路与策略。而其关于消费者、纳税人及其穷人即社会弱势群体的实际地位的阐述，关于共容性组织对于收入分配的作用的阐述，关于所谓分利集团延缓技术进步、阻碍经济增长、激化社会矛盾，甚至改变社会演进的负面作用的阐述，都给人以深刻的思考。显然，这些论述对于人们认识和处置国际经济协调的某些运作及其所面临的国内外阻力，确实有着相当实际的借鉴意义。

第五章 国际经济协调基本理论述要

前两章所涉内容主要是关于国际协调的视野、理念和基本思路的理论启示。第五章和第六章两章则阐述直接有关国际经济协调运作的理论内容，它们更多地论述具体的分析思路和运作策略，因而具备更具体的借鉴意义和参考价值。

一 经典博弈理论简述

许多年来，有关博弈论的基础性研究开展得比较广泛和深入。它们无疑是国际经济协调运作的理论基石。[①] 被人称为经典博弈理论的是指那些占据主流地位的代表性博弈分析，它们直接有关国际合作与协调的阐述值得人们高度关注。[②]

（一）纳什均衡

纳什的博弈分析当属经典博弈理论中最为突出的学术成果，通常用

[①] 严格地说，既然把研究策略性决策制定过程的经济学分支学科称为博弈论，那么，第五章和第六章的内容应该是博弈论有关重要理论成果的全面梳理与阐述。然而，笔者却因为面临两大障碍而难以如此布局和写作。其一大障碍是，相当多的博弈论研究成果立足于个体行为，是把个人利益最大化作为基本出发点的，而本书论及的国际协调运作的行为主体则是主权国家、国际机构或单独关税区，它们更多追求的是宏观层面的利益所在，这两者根本无法简单地替代或融合。换言之，大多数涉及博弈论的经济理论难以适用于本书的相关阐述分析，恰如微观经济学中的个人无差异曲线难以合乎逻辑地转换为社会无差异曲线一样。另一个障碍则是，这个繁重的学术任务既非本人的专业特长和知识结构所能以胜任的，事实上亦与本书的宗旨有所背离（因为阐述这些研究成果的篇幅之大，足以推倒依据本书宗旨而确立的框架结构）。因此，经反复权衡，最后只得将这两章的阐述仅仅局限于那些直接对国际经济协调15个原则具有指导或借鉴意义的若干经济学成果。

[②] 本章第一节和第二节尽管专门论及博弈理论这个主题，仍然只局限于与国际合作与协调直接联系的一些理论阐述，且不展开任何博弈模型的具体阐述。

"纳什均衡"一词予以简明表述。这里略作阐述。

纳什均衡又称非合作博弈均衡，是指假设有若干个局中人参与博弈，在给定其他人策略的条件下，每个局中人选择自己的最优策略（个人最优策略可能依赖也可能不依赖他人的策略），从而使自己效用最大化。所有局中人策略构成一个策略组合。纳什均衡指的是这样一种战略组合，这种策略组合由所有参与人的最优策略组成。在给定别人策略情况下，没有人有足够理由打破这种均衡[①]。

这就是说，如果关于对手的策略选择，局中人的一个策略选择为他产生了最高可能的盈利，那么，这个策略选择就是关于对手该策略选择的最优反应；如果在一个策略组合里，每一个局中人的策略选择是关于对手选择的最优反应，那么这个策略组合是纳什均衡。应该看到，在所有的博弈理论中，纳什均衡是最普遍的求解方法可以用各种方式产生。

用通俗的语言来表达，纳什均衡是指一个不会令人后悔的结果，无论其他人怎样做，各方对于自己的策略都很满意。在纳什均衡中，你不一定满意其他人的策略，但你的策略是应对对手策略的最优策略。在纳什均衡中，各个局中人的预期都全部实现。

纳什均衡是很实用的博弈论工具，因为它会指出结果在何时会稳定，并指出没有人想要改变自己策略的结果。如果希望向新的均衡移动，你应该想想新的结果是不是纳什均衡。如果不是，那么你的新结果就不稳定，所以可能会很难达到。

（二）囚徒困境模型

博弈论中最有名的范例要数囚徒困境。囚徒困境模型可以大致描述如下。

警方以谋杀与非法持有枪械的罪名逮捕了两个犯人，可是除非有人招供，否则并不能证明这两个人犯了谋杀罪。警方就把这两个犯人关在不同的房间里，并告知 A 说：如果 B 招供，那么，A 不招供就会被判死刑，A 招供则会被判无期徒刑。接着，警方提醒 A 说，就算没有人招供，他们也已经在非法持有武器的罪名上掌握了足够的证据，所以如果 B 不招供，那么，A 也不招供就会被判一年有期徒刑，A 招供则可以无罪开释。

---

① 第一节第一部分和第二部分的阐述可参见詹姆斯·米勒《活学活用博弈论》（中国财政经济出版社 2006 年版）第 100—151 页。

这就是说，即便 B 不合作，招供还是对 A 有利。因此，A 总是会招供。于是警方便如法炮制对付 B。结果 B 也发现，招供才是优势策略。优势策略是指无论你认为别的局中人可能会怎么做你都会使用的策略。于是，两名罪犯被判无期徒刑。

其实，他们两人倘若都保持沉默，就只需坐一年牢，而一招供，则要坐一辈子牢。然而，当两个理性的犯人陷入囚徒困境时，他们一定会招供。而两个非理性的犯人则可能一起保持沉默，进而使惩罚减轻。加入黑手党的犯罪，反而可以克服他们的困境。为了避免被黑手党处死，两个犯人此时应该拒绝与警方合作，这样就可以只坐一年牢。

陷入囚徒困境时该怎么办？显然，就个别情况来看，自利可以改善个人的处境，但从整体来看，使好心对大家才有利，这就是所谓的囚徒困境博弈的特征。在只进行一次的囚徒困境博弈中，你绝对应该对对手使坏心，因为使坏心可以给你带来最大的利益。但在没有最后一次的重复博弈中，你会尽量与人合作，以争取更好的结果，为了达到这个结果，你应该做的重要事情就是让对手相信，你有能力看出并会严惩欺骗性行为。

由此可见，在囚徒困境博弈中，竞争会伤害到各方参与者，携手合作则对双方比较有利。但如果博弈只进行一次，那么自利会迫使他们进行毁灭性竞争。而在重复囚徒困境博弈中，局中人可能有办法靠合作而获得一个好的结局。可是，隐匿的行动、时期较短和最后一次博弈的问题依然可能破坏合作。

囚徒困境模型还有一些变化了的其他表述。其中，鹰—鸽博弈分析可能最为流行。

鹰—鸽博弈具体表述如下：两个局中人卷入一场冲突。如果局中人 A 坚持强硬态度而寸步不让，但另一个局中人 B 因胆怯放弃而采取退却做法，那么，所有荣誉都属于局中人 A，可另一个局中人 B 则忍辱负重。如果他们双方都寸步不让，那么，将以两败俱伤而告终。如果双方均妥协求和的话，那么，他们都能全身而退。在这里，采取强硬的做法是鹰战略，采取忍让的做法是鸽战略。显然，他们都实行鸽战略，双方就可以通过谈判来分享有关的经济资源。换言之，这是一种显然的"双赢"结果。

（三）合作演化模型简述

诺贝尔经济奖得主埃莉诺·奥斯特鲁姆与他人合著的《共同合作》（2010）一书，对集体行为的行为人模型进行了概述。其中，其关于相关研究成果的概括、高成本惩罚的演化的分析，以及得出的简要的理论结论，都对国际经济协调不乏参考之处①。

1. 集体行为研究成果简述

按照埃莉诺·奥斯特鲁姆等人的论述，许多学者已经用正式方法，尤其是博弈论和行为人模型解决了集体行为问题和公共资源管理问题。多数研究的重点是合作与非正式规则（社会规范）的演化。她们还对正式规则的演化感兴趣，这些正式规则包括对发现行为人违反规则时行为人可能受到的惩罚的明确说明。因此，监督和惩罚也是人们需要解释的重要行为。近年来，许多研究已经考虑了高成本惩罚的出现。这些研究重点关注的是一些新出现的文化规范，这些文化规范放弃资源以惩罚定义清晰的社会困境中的背叛者。

2. 高成本惩罚的演化

她们指出，有人提出高成本惩罚是大型人类社会中合作演化的一个重要因素。各种模型研究证明了在人类社会中演化出高成本惩罚的可能。于是，她们讨论了这些惩罚博弈模型。

（1）有的策略可以威胁惩罚背叛行为，从而鼓励合作。如有人提出，如果某些行为人做出了遵守"冷酷扳机"策略的坚定承诺，那么他们将有可能消除"搭便车"行为。冷酷扳机策略是指一旦有人没有合作，就会从合作永久变为背叛。只有当所有行为人都承诺自己会惩罚他人，并基于已知的强烈承诺查明背叛行为时，才可能出现这种自我实施的正向均衡。除了冷酷扳机策略以外，理论研究还导致非合作博弈理论所预测的可能均衡猛增。在这些预测的均衡中，有导致次优纳什均衡、最优结果和二者之间的各种情况的策略。

她们认为，冷酷扳机策略将背叛作为惩罚背叛的一种方式，这可能将参与者锁定进背叛均衡。实地环境中的惩罚通常涉及背叛自己订下的协议以外的某些行为。由于惩罚其他人通常需要自己付出成本，并对每个人产生收益，因此这是二阶社会困境。

（2）有的学者对该问题建模，该模型为一个两阶段博弈，在合作阶段之后是惩罚阶段，两个阶段都重复多次。他们运用无成本惩罚策略证

---

① 这部分阐述可参见埃莉诺·奥斯特鲁姆等《共同合作》第165—175页，中国人民大学出版社2013年版。

明，合作、惩罚非背叛者、然后惩罚不惩罚背叛者的人的策略是一个均衡。还有其他学者发现，在大总体中，如果（i）背叛者对单个行为人进行的惩罚的反应是自此以后合作；（ii）惩罚者的长期受益超过了他们惩罚其他人所付出的成本，那么先合作然后惩罚背叛者的策略就将增加合作。这种策略和最初背叛如果遭到惩罚就合作的策略以及合作，但在某些情况下不惩罚的策略都能存续下去。由于惩罚大型总体的成本更高，因此群体规模增加将降低这种策略产生合作行为的可能性。

（3）有些学者在大总体模型（规模 n 大于 2 的群体）基础上建立了一个两阶段演化模型。在模型中，任何人都可以在第二阶段惩罚其他人，但是惩罚者和被惩罚者要付出成本。同一群体根据概率函数在下一个回合继续博弈。在模型中假设策略将得到继承。他们允许在执行合作策略时产生错误，但是，除此以外的所有策略都按照意图执行。互动回合结束后，再产生出较成功策略的比例高于再产生出较不成功的策略比例。在这个模型中，群体规模的增加需要互动数量的线性增加与之抵消，以实现类似水平的集体行为。当行为人普遍采用道德策略时，背叛者和不进行惩罚的合作者将由于受到惩罚被选出来。"选择行为可能以这种方式表现出对惩罚的偏好，即使所导致的合作不足以弥补个人惩罚者付出的成本"。这种道德策略可以使任何行为变得稳定——其结果类似于著名的"大众定理"，根据这一定理，这种作为冷酷扳机的惩罚策略可以稳定任何均衡。

（4）还有学者用行为人模型扩展了该项研究，这使得定义更具体的文化群体选择程序成为可能。他们证明，当最初行为人为非惩罚背叛者时，会演化出高成本惩罚。在每一期中，行为人可以向公共物品贡献，也可以不贡献。如果行为人贡献，该总收益将在群体成员中平均分享。如果行为人不贡献而是背叛，那么该行为人将不产生成本和收益。

在做出是否贡献的决策后，合作行为人将做出是否惩罚所在群体中每个背叛者的决策。如果惩罚者的出现率足够高，那么被惩罚的成本就会超过合作成本。因此贡献更有利，尤其是当贡献者不对惩罚进行投资时。实际上，与非惩罚贡献者相比，惩罚者承受了适合性劣势。这就是惩罚被视为具有利他性，而只有贡献者是"二阶搭便车者"的原因。当几乎不存在背叛时，惩罚者相对于贡献者的报酬劣势接近于 0。

（5）有的学者证明，如果允许高成本惩罚，那么在群体规模最高为 64 人的群体将出现高合作水平。还有学者证明，如果行为人可以决定不参与公共物品博弈，那么在群体规模为 5 个行为人的情况下，在空间公用物品博弈中也可以演化出高成本惩罚。然而，只有在选择不参与时，才会演化出惩罚者。

3. 集体行为人模型的具体结论

埃莉诺·奥斯特鲁姆等人从集体行为人模型的研究中，得出了以下一些具体结论。

她们看到，自 20 世纪 80 年代以来，行为人模型被越来越多地作为一种正式方法用来研究在何种条件下有限理性行为人可以演化出不同规模的合作。程式化模型显示，当具有有限认知能力的行为人能够通过使用标签显示其过去的行为时，他们可以形成合作者群体、进行重复互动、决定不参与社会困境或使用高成本惩罚，而不同的群体会彼此互动。

她们还指出，在大多数计算实验中演化的行为人不是盲目地追逐私利，而是有条件地合作。如果只有一次性互动而没有发送信号，那么就不太可能出现合作策略。

她们认为，对程式化模型的理论思考显示出交流的重要性。交流有助于表明合作意愿、交换关于其他人声誉的信息，以及有意（无意）地表明某人的可信度。请注意，行为人模型内部的交流仅限于显示行为人特征，不会涉及说服和（或）协商。人们仍然不太了解的是，非正式规则（或规范）如何在正式安排中变为制度，从而在更高规模上演化出合作行为。对于大总体来说，演化出共同规范是很困难的，因此正式规则对于执行合作协议十分关键。

她们强调，目前行为人模型的缺点是，它的性质相当抽象，而且是人为规定的。因此，社会科学家需要将行为人模型与案例研究的调查和实验相结合。

（四）合作博弈理论简述

诺贝尔经济奖得主道格拉斯·C. 诺思对于合作博弈研究则有过如下的总体评价。[1]

拉塞尔·哈丁，他着重研究的是囚徒困境问题以及大集团集体行动的困难。哈丁强调，集体行动的困难不仅与团体的规模有关，还与成本—收益的比值有关。尤其是在非对称性存在，从而参与者在重复博弈中需要探究

---

[1] 这部分阐述可参见道格拉斯·C. 诺思《制度、制度变迁与经济绩效》第 18—22 页，上海人民出版社 2012 年版。

他人的动机与能力的情况下，惯例（由此导出某种形式的社会秩序）将有可能生发出来。哈丁认为，当参与者采取条件策略时，惯例也会产生，但条件策略往往与监督和强制（通过威胁）有关。

迈克尔·泰勒，研究了无政府（无国家）状态下社会秩序得以存在的条件。他断言社群是在无政府状态下形成社会秩序的基础。社群的主要特征包括，成员拥有共同的信仰和规范，相互间存在着直接而复杂的联系且互惠互赖。泰勒认为，国家摧毁了社群的基本构成要素（蒂特马斯和其他一些人也提出了这个观点）。事实上，即便是在利他主义能发挥一定作用的情况下，社群的构成要素仍有可能被国家的强制行为削弱或摧毁。

霍华德·马格里斯创立了一个模型。其中，假设个人行为部分有利于动机决定。马格里斯认为，个人有两种类型的效用函数，一类强调团体偏好，另一类强调自立性偏好，个人在这两种效用函数之间进行权衡。这一模型使他能够解释那些在个人财富最大化行为假设下所无法解释的特定的投票行为模式。

道格拉斯·诺思强调指出，博弈论讨论了合作问题，并且探讨了那些能改变博弈者报酬的特定策略。但在博弈论清晰、明确而简单的世界与人们赖以型构人类互动的复杂、模糊而又失误连连的方式之间，仍存在着巨大差距。加之，博弈论模型与新古典模型一样，也假定了博弈者是追求财富最大化的。但是，人类行为显然远比这种简单行为假定所涵盖的内容复杂得多。尽管博弈论也指出了不同情况下合作与背叛的收益，却未能从理论上对交易的潜在费用加以说明，也没有讨论在不同制度结构中交易费用是如何改变的。因此，还是要回到科斯定理那里，才能厘清这些问题。

必须强调，围绕纳什均衡所展开的博弈论分析，是众望所归的杰出理论贡献。其核心思想及其由此引申出的囚徒困境模型，雄辩地论证了合作竞争的必要性和重要性，这正是国际经济协调的重大理论基础和根本指导思路之一。所以，它们是人们需要深刻领悟和认真推敲的理论成果。鹰—鸽博弈则再次指明了采取鸽战略以追求"双赢"是唯一正确的做法。埃莉诺·奥斯特鲁姆等人关于集体行为人模型的概述，尤其是重视正式规则的演化对于合作的关键作用和高成本惩罚问题的阐述，都给予国际经济协调运作以有效的启示。而诺思提及的一些重要论点，如惯例可能产生于博弈之中、社群是形成社会秩序的基础、个人行为部分地有利他动机决定等，同样对国际经济协调具有一定的参考价值。而诺思对上述这种合作博弈论之不足的针砭，同样言之有据，并成为部分演化博弈理论的重要出发点。

二 演化博弈理论简述

所谓演化博弈理论，是指那些与经典博弈理论明显不同的、相当注重制度与社会因素的博弈分析。① 其中，肯·宾默尔、H. 培顿·扬和罗伯特·萨格登等都是具有代表性的人物。他们的理论同样拓展着人们的国际经济协调的视野和思路。

（一）肯·宾默尔的理论阐述

肯·宾默尔在其《博弈论与社会契约》（1994）一书里，从经济学、伦理学、政治学、生物学等多门学科的视角研究和探析了人类行为的深层原因和决定机制，其中有些论述亦有益于国际经济协调思路的形成②。

按照肯·宾默尔的说法，已经找到了作为基础机制的保持最优化的范式，这种新的范式将演化力量——生物的、社会的及经济的——作为使事物最大化的责任方。在这种情况下，社会经济力量具有最大的重要性。

他指出，在博弈论和经济学中，参与者或经济行为人是由其偏好及主观信念所刻画的，或者，如霍布斯所说，是由情感和经验所刻画的。然而，在社会契约的讨论中，霍布斯清单上的刻画人的本质的另两个项目却是经常矛盾的。因此，需要建立一个关于行为体力以及推理方式的模型。

---

① 必须看到，所谓演化博弈理论一词或许未必能够确切地概括这里涉及的相关理论，而且演化博弈理论的一些研究成果还存有相当的争议。然而，在笔者看来，这类理论成果的一个显著特点则是应予肯定的，即它们在承认博弈论的有用性的基础上，亦注意到后者的某些不足抑或缺陷。例如，赫伯特·金迪斯在《理性的边界》一书里就明确指出：博弈论中盛行的文化维护着博弈论的自负，使得博弈理论家在研究社会理论时既不关心事实，也不关心其他社会科学的理论贡献；博弈论最根本的失误在于，缺乏一套关于参与人何时以及如何共享心理建构的理论；博弈论无法单打独斗，这使得否定方法论个人主义甚为必要等。同时，他还强调："不懂得或者不在乎数学之深奥，而仅仅把数学看作探求事实所调用的几种工具之一，对于这样的研究者来说，运用博弈论将大有斩获。"（均可参见该书前言，上海人民出版社 2011 年版）应该说，基于这样认识的博弈论研究确实可能给人以比较深刻的启示。何况，这类理论成果事实上提供着一些国际经济协调的有用思路。正因为如此，本书仍然用了一定篇幅来简述这种演化博弈理论的相关论点。

② 这部分阐述可参见肯·宾默尔《博弈论与社会契约》（上海财经大学出版社 2003 年版）第 28—47 页、第 403—410 页等。

他认为，在博弈论中，这样的事情可以用详细地确定其参与的博弈的规则来非常规范地处理。然而，只是认识到行为人的体力放入他所参与的博弈中去还不够，重要的是防止那些不应该进入到博弈规则去的东西。这里用生存博弈和道德博弈的区别来进行必要的区分。一个行为人体力是由生存博弈的规则来确定的。道德博弈是另外的规则。

他强调，之所以遵守嵌入在契约中的义务，并非因为社会成员承诺要遵守它，而是因为它与每一个有权力毁约的成员的利益相一致，除非有人作出与他的最优利益相左的行动而首先背叛。因此这个社会契约是一致同意的而不需依赖实际的或假设的强制实施机制。在博弈论术语中，它仅仅是一个在协调均衡处的约定。

所以，把社会看作一个动态有机体更为有用，而约束内部事实的道德指令是确保在正常时各组成部分运转良好的契约意识。这些道德指令的源头在生物、社会和政治演化的历史理论之中，而不是在抽象的思想的著作中，无论他们有多么高明的智慧。如果每个人只做他想要的，那么就可以认为无政府状态是必然的结果。聪明人会协调他们的努力而实现个人目标，无须受到真实的或想象的怪物的强制或胁迫。

肯·宾默尔进一步阐述生存博弈与道德博弈的区分。生存博弈的规则由自然来确定，无论人们相信与否它都存在。如果一个社会的成员具有经济人的自我利益动机，他们就会在生存博弈中通过协调达到均衡。这样一个均衡可以称为社会契约，因而一个社会契约是对每一个人的战略均衡的剖面图。在社会契约起作用的时候，每一个根据他的战略规定的行为规则行动的成员都会达到最优状态，但是维持均衡的这些规则并不受生存博弈规则的制约，它们完全是出于习惯。它们之所以存在只是人们信仰它们，如果社会演化的偶然事件把社会导向了另一个不同的均衡，人们可能会信仰另一套习惯规则。

于是，为了取代人们现在用来维持生存博弈均衡的习惯规则，提议人们可以声称自己正在进行的是另一个博弈，即称之为"道德博弈"的博弈。在道德博弈中，每个成员都认为只要他已感到受到了不公正的待遇，他就可以求助原初状态的装置。每个人都会无视他们在社会中已经被赋予的角色而消失在无知之幕后面，通过谈判来达成一个新的社会契约。提出道德博弈的原因是，人们现在的社会契约里已经包含了协调人们每天都在进行的大量子博弈达到均衡的原初状态。

肯·宾默尔认为，无论如何，通过讨论"公平"而达到理性化的情形中实现协调均衡时，人们除了向他人显示移情偏好外还向自己显示移情偏好，原初状态装置无疑没法捕捉到涉及相互作用的复杂性，但它出于直觉的诉求的确表明它部分地击中了要害。

(二) 培顿·扬的理论阐述

美国经济学者 H. 培顿·扬被视为博弈论制度分析的权威学者，其《个人策略与社会结构——制度的演化理论》（1998）一书则是博弈论中习俗、惯例和制度的经济学研究的最新代表作之一。其中有些阐述具有显著的参考价值。[①]

在 H. 培顿·扬看来，该理论揭示了由众多个人的简单的非协调的行为产生出的经济和社会结构会有多复杂。当一种交互作用一遍又一遍地发生，并涉及不断变化的人物时，就产生一个反馈的回路，其中某些当事人过去的经历就塑造了其他人在当前的预期。这个过程产生了可预测的均衡模式和非均衡的行为，这些行为可以理解成是社会和经济的"制度"，亦就是业已建立起来的习俗、习惯、规范和组织形式。尽管将博弈看成是人们基本的交互作用的模型，但是这个理论可以应用到很多其他形式的交互作用中去。

诚然，这里所研究的简单的交互作用模型与人们所看到的在自己身边的经济与社会制度之间还有相当大的差距。例如，要让人识别出决定谈判和经济契约实施的一套完整的规则和激励，这是强人所难的。但是，这些制度可以被认为是某些定义恰当的高维博弈中的均衡。对于正确的或者说在道德伦理上可接受的行为惯例来说也是这样的。

H. 培顿·扬指出，规范也可以表示为在一个重复博弈中的均衡，其中社会的指责和其他形式的惩罚是对于偏离规范（以及那些没有执行适当惩罚的人本身）的预期后果。这个理论适用于所有这些情况：人们通过反复的交互作用以及他人的交互作用的经历来形成对于他人是如何行为的预期，这最终又体现为可观察到的行为模式。

即使认为习俗和规范可以被看成是博弈中的均衡，但把它们当作是通过许多的未协调的决定渐渐累积产生的，就显得十分荒唐。有很多制度和

---

① 这部分阐述可参见 H. 培顿·扬《个人策略与社会结构——制度的演化理论》一书（上海人民出版社 2008 年版）最后一章（第 183—190 页）。

行为的模式时常是由有影响力的人批准（或者推行）某一种特定的行事方式而形成的。拿破仑构建的法典至今仍然统治着很多欧洲大陆国家；俾斯麦为德国的产业工人建立了社会保障体系，这为很多以后的体系提供了模式。主要的博弈方显然在经济和社会制度的发展中起着重要的作用，但是这并不意味着小人物就不重要了。

他认为，即使主要的博弈方有时候的确很重要，但相对于人们所考虑的社会制度的规模而言他们可能就是次要的。文字变成现在的形式部分是由于市井的闲谈，部分是由于教育，部分是由于媒体的传播。很难说长期来讲哪一个更加重要。还应该记住大群博弈方的协调决定在事物的整个发生机制中却常常是很小的。在人们能够感知的几乎每一个层次上，这些决定相对于整体而言都是以一种相当分散的方式做出的。在这个协调博弈中的博弈方确实可以非常大（国家），但是，在整个过程的规模上却仍然相当小。

他提到，一般来说，如果发现社会在一个与理论所做的长期预测不一致的制度中运行很长时间，那么这也并不足为奇。制度一旦建立，就可以把人们锁入固定的思维方式中去。然而建立的制度是可以被废除的，而且随着时间的流逝它们的确在被废除着。

他强调，这里发展的理论，都抽象掉了很多在实际运用中必然会出现的复杂性。一种复杂性就是博弈会随着时间而改变。在这种情况下，在这种适应性过程的分析中占据中心地位的就应该是暂时过渡的而不是渐进的行为。另一个复杂性在于博弈以及由它们产生的惯例不可能总是被孤立地对待的。几乎每一个人能够想到的博弈都是内嵌于一个更大的博弈中。在契约形式上的讨价还价是在法律的影子下进行的，而法律又是在伦理的氛围下运作的，伦理又有着宗教信仰的色彩。一个区域的规范和惯例不可避免地会溢出到其他的区域；没有明确的界限可以划清人们与他人的关系。

所以，人们可以将博弈和学习规则看成是模型化社会和经济交互作用的基础。尽管不能期望这里的方法能够预测任何单个制度形式的历史，但是它却揭示了制度是根据特定的空间和短暂的模式不断演进的，并且在制度的持久性和它们对于个人的福利含义之间是有着联系的。

（三）罗·萨格登的理论阐述

英国经济学者罗伯特·萨格登的《权利、合作与福利的经济学》（1986）一书，从理论上阐发了惯例的发生和变迁机制，被视为演化博弈论制度分析的代表作之一。其中一些论述对于确切理解人类经济社会的运作及其许多协调问题,有着比较深刻的启示作用。①

在罗·萨格登看来,用博弈论能够最好地理解自发秩序的观念。这种博弈提供了一个有用的模型,描述了社会惯例可能是如何演化出来的。其最终目标在于解释社会惯例如何得以从个体之间无政府状态下的交往活动中生发出来。这里将关注诸如承诺、产权和互助这类的惯例——这些惯例广泛存在于大量的社会和文化之中,并且可以追溯到有历史可考的年代。如果要将这些现象解释为博弈行为的产物,就需要一种关于人们实际如何博弈的理论。

他指出,如果一个博弈重复进行,参与人将趋向于采纳那些在长期来看最成功的策略。但是哪一项策略对于一名参与人来说是最成功的,也许取决于他的对手选择最频繁的那一项策略。给定他人的博弈策略,每个人自己的策略比他所能遵循的其他任何策略都要好(或者至少一样好),行为人可能偶尔会实验其他策略,但是这些策略永远不会致使他们改变惯常的行为模式,这样一种状态就是一个稳定均衡。

他认为,大量社会组织依赖像这里已经描述的那些惯例。这些是从未被有意识地设计的规则,遵守这些规则符合每个人的利益。正是因为这些规则不是被设计出来的,正是因为遵守它们符合人们的利益,人们很容易就忽视了这类规则的重要性。

罗·萨格登强调,这里所考虑的针锋相对策略是勇敢互惠策略。这些策略有两个定义性特征。首先,面对一名在每个回合都选择背叛的对手,这些策略除了第一个回合之外在每个回合都选择背叛。其次,如果两名都遵循勇敢互惠策略的参与人相遇,他们在每个回合都选择合作。注意这两名参与人不需要遵循相同的策略。

他声言,一项策略只有当其总是在第一个回合选择合作的情况下才能满足第二个条件(因为直到进行第一个回合之前,没有参与人能够知道他的对手的策略),这就是为什么称这些策略是勇敢的。在有任何证据表明你的对手将选择互惠策略之前,就准备选择合作,你会让一个总是选择背叛策略的对手利用你而打开方便之门。如果你遵循勇敢互惠策略,这种

---

① 这部分阐述可参见罗伯特·萨格登《权利、合作与福利的经济学》(上海财经大学出版社 2008 年版)第 17—52、79—82、161—180 页等。

利用局限于一个回合，但这仍然是利用。这是如果你选择了任何"与合作本身相合作"的策略所不得不支付的代价，即任何这样的策略，如果博弈中双方参与人都遵循该策略，他们都会选择合作。

罗·萨格登假设当人们进行扩展的囚徒困境博弈时，他们只考虑两种策略——勇敢互惠策略和无条件选择背叛的险恶策略 N。于是，他分析了相关的三种可能性。首先，两个 N 策略类型参与人相遇。他们会在每个回合都选择背叛；每一方从博弈中所得的效用为零。其次，N 策略类型参与人可能遇见某个遵循勇敢互惠策略的人（称之为 B 策略类型参与人）。除了第一个回合外他们会在每个回合都选择背叛；但是在第一个回合 N 策略类型参与人选择背叛而 B 策略类型参与人选择合作。这样在整个博弈中 N 策略类型参与人获得效用 b，而 B 策略类型参与人获得 C。第三种可能性是两个 B 策略类型参与人相遇。他们在每个回合都选择合作，每个回合都得到效用 b－c；请注意所有的 B 策略类型参与人是不是都遵循相同的策略并不重要；重要的是每个 B 策略类型参与人都遵循某项勇敢互惠策略。

他提出，这一结果似乎在暗示，在平均进行许多回合的博弈中，勇敢互惠的惯例很有可能演化出来。即便一开始绝大多数的参与人都是用心险恶的人，用心险恶者可能还不如少数遵循勇敢互惠策略的人做得好；然后就会有一股自我强化的少数群体成长趋势。注意即使这一少数群体的成员没有遵循相同的策略，该论证仍然成立。换言之，在任何具体的补偿惯例形成之前，一般性的勇敢互惠惯例就可能自我确立起来。

他还注意到，可能存在谨慎的而非勇敢的互惠策略（一项谨慎策略是从不首先合作的策略）。一个遵循谨慎互惠策略的行为人等待他的对手首先选择合作；然后，也只有在那时，他才会选择合作。这类策略有很大的好处，既能使你与勇敢互惠者进行合作又不会被用心险恶者利用。当然，它的主要缺点是不能与合作自身合作：谨慎的参与人不能区分对手是用心险恶还仅仅是谨慎。

如果谨慎策略想要成功，它们需要经过调整以适于在它们的勇敢对手中流行的补偿惯例。举例而言，假设所有勇敢的参与人都遵循策略 T1——为每次不正当的背叛只规定了一回合补偿的针锋相对策略。这样在第一回合选择背叛然后发现他的对手选择了合作的谨慎参与人，事实上确定对手在选择策略 T1。因此，谨慎参与人的最优计划是做得和 T1 策略类型参与人完全一样：下两个回合选择合作然后选择针锋相对策略。

他强调，即便一开始 T1 不是最成功的策略，最终它也会变成最成功的；且无论多少人转而选择它，其仍然会是最成功的策略。换作更具常识性的话来说，想象一个社群，最初几乎所有人都是险恶的。在这个社群中，由于选择合作在一开始几乎总是遭受冷落，成为勇敢互惠者并没有好处；但是成为谨慎互惠者却没有什么损失：这允许你与任何恰巧遇见的勇敢互惠者进行合作，并且保护你不被用心险恶者利用。因此人们会逐渐习得谨慎互惠能够带来好处。但是谨慎互惠者太谨慎了，以至于不能和他人合作；他们只能和勇敢互惠者进行合作。随着谨慎互惠者数目的增长，并且随着用心险恶者数量的减少，勇敢者获利的时候会到来。

罗·萨格登得出的结论是，两种论证表明社会演化过程可能利于勇敢互惠策略。它们进一步表明，如果扩展的囚徒困境类型的博弈在一个社群中重复进行，勇敢互惠的惯例往往会演化出来。

（四）赫伯特·金迪斯的理论阐述

赫伯特·金迪斯所撰的《理性的边界——博弈论与各门行为科学的统一》（2009）一书，遵循着肯·宾默尔的基本理念，即把公平和对等作为核心的道德条件，将社会规范理解为协调人类行为和引发合作的社会手段，同时又有着一些自己的独特阐发。其中一些论述不乏精彩或深刻之处。[①]

赫·金迪斯论述了群体中的利他与合作。他认为，强对等性[②]和不平等规避，都意味着有条件的利他合作。其方式是，在社会困境中，只要他人合作则自己也倾向于合作，尽管彼此合作的目的各有不同：强对等者推崇礼尚往来，而不管分配后果；不平等规避者使部分人承担不太合理的合作成本份额，只是不愿看到不平等的结果。

他分析了所谓的社会困境现象。他指出，公共品博弈是一个 N 人博弈，它通过"合作"，每个个体 A 对其他成员利益的增进将大于 A 的合作成本，而 A 从自己所创造的全部好处中得到的份额却小于其合作成本。

[①] 这部分阐述可参见赫伯特·金迪斯《理性的边界》一书（上海人民出版社 2011 年版），尤其是第 40—56 页，第 131—144 页，第 178—179 页。

[②] 强对等性是对 strong reciprocity 一词的意译。按照翻译者的说明，该词既包含着以善制善的倾向和以恶制恶的倾向，亦包含着惩恶扬善的倾向，即对于无关乎自己利益的第三方之善恶行为进行奖励或惩罚。

若不做贡献，个体不会有个人的代价，也不会给群体带来任何利益。公共品博弈捕捉了大量的社会困境现象，比如对团体或社会目标的自愿捐献。

他阐发了合作的社会规范。在他看来，现代民主社会中，众多的个人拥有公德情操的深潭，即使在与最不受个人情感影响的陌生人交往中，公德情操都会表现出来。道德情操的深潭源于一种天性倾向，这种天性倾向是人们作为一个物种演化的产物，也是人类特有的内化社会行为规范之能力的产物。即使在德行为与人们的物质利益有冲突的时候，这两种力量都会使个人预先偏向于德行为，当因为占便宜而受公众谴责时，个人的反应将是感到羞愧和悔恨而不是反社会的我行我素。

赫·金迪斯指出，博弈论表明，合作与竞争既不是不同的，也不是对立的。群体间的竞争需要群体内的合作，而个体间的竞争亦可使彼此获益。经济理论的一个主要目标是，证明自虑个体之间大规模合作的合理性。博弈论革命用重复博弈模型取代了关于外在实施的信任，在重复博弈模型中，合作者对背叛者的惩罚可保证自虑个体之间的合作。在很多方面，公共品博弈是人类合作的典型背景。

于是，他提出一个公共品博弈中的合作模型，其中每个代理人都受利己、无条件利他以及强对等性所驱动。这里考察合作均衡的条件，和合作的效率如何取决于利他和对等性的水平。它要证明，若存在稳定的内点均衡（兼有合作行为和偷懒行为），利他动机和对等性动机的增加将产生更高的效率。

他进一步分析说，要想为自虑主体之间的合作提供一个合理的博弈论模型，就要为方法论个人主义辩护，并使经济理论在根本上独立于其他行为科学，且作为其他行为科学的基础。事实上，这一方案并不成功。一条完全成功的途径很可能需要社会偏好和社会认知的心理学模型，也需要对社会规范的分析。社会规范作为相关机制，将从多重纳什均衡中进行拣选，并指引异质行为主体的行动通往一个和谐运行的体制。

赫·金迪斯最后对全书的主要理论观点作了一个总结，它们分别是：

（1）博弈论是人类行为建模中不可或缺的工具。抛弃或排斥博弈论的行为科学，在理论上是残缺的。

（2）博弈论中传统的均衡概念，即纳什均衡，只有当参与人共同拥有关于博弈将如何进行的信念时，才会被理性的行动者采纳实施。

（3）群体合作行为建模中所出现的纳什均衡，的确无法从理性主体的互动之间自发产生。相反，它们需要一个更高层次的相关机制或设计者。

（4）因而，对于社会理论来说，纳什均衡并非一个合适的均衡概念。

（5）恰当的相关机制可以完全等同于社会规范。

（6）社会规范的范围，可以涵盖从简单惯例（如词汇和交通灯）到复杂的基因——文化产物（如地盘权和产权）。复杂的规范可以被传授、学习和内化，但个人在遗传方面也一定有承认和遵循社会规范的倾向。

（7）因此，存在演化而来的以人脑之具体特征为基础的社会认识论，也存在文化意义上的具体社会制度的运行，这些社会制度影响了人们的信念共性。

（8）即使存在信念共性以及引导相关均衡的社会规范，自虑的个人并没有动机去选择相关均衡。相反，人是他虑的：它们倾向于遵守社会规范，甚至在遵守规范代价不菲时也是如此。它们可以称之为规范倾向。

（9）当代的各门行为学科有四个互不相容的人类行为模式（心理学、社会学、生物学和经济学——引者注）。各门行为科学必须提出一个统一的选择模式，消除这些不相容性。而这个统一模式要能够以不同的方式进行特殊化，以满足不同学科的不同需求。

（10）博弈论需要更广泛的社会理论来获得解释力，而没有博弈论的社会理论则是严重有害的。

（11）理性的边界并非各种形式的非理性，而是各种形式的社会性。

必须指出，肯·宾默尔从多门学科的视角展开博弈论分析，既比较贴近活生生的社会经济实践，又丰富着相关现象的经济学内涵。其关于道德博弈的思想，尤其是社会契约是一个在协调均衡处的约定、契约意识是确保各部分良好运转的道德指令、道德博弈可以通过谈判来达成一个新的社会契约等论述，对于负责任大国如何恰当处置国际经济协调的各种复杂问题，更有着积极的启示或有益的引领作用。H. 培顿·扬围绕习俗、惯例和制度的博弈理论阐述，如认为习俗和规范应看成是博弈中的均衡，强调制度一旦建立就会把人们禁锢于难以摆脱的固定思维方式中，指明经济博弈以及由它们产生的惯例不可能总被孤立地对待等，同样是具有警示性质的国际协调分析思路。罗伯特·萨格登对于勇敢互惠策略的深入阐述，实际上是对国际经济协调的充分肯定，而其关于相关惯例之演化的分析，又从一个侧面强调了惯例及规则与国际协调之间的紧密关系。至于赫伯特·

金迪斯的有些深刻论述，如关于强对等性和不平等规避都意味着有条件的利他合作，关于国际合作中的人们受到利己、无条件利他以及强对等性等动机所驱动，更为各国有效开展国际经济协调提供着一些实在的新思路。总而言之，演化博弈理论重视传统博弈理论的不足之处，关注制度和社会等因素在人类博弈活动中的重要影响，对于必须吸收博弈理论研究成果的国际经济协调运作来说，显然有着至关重要的启示意义和实践价值。

三　冲突战略理论简述

国外学者关于国际经济协调的基本理论研究，托·谢林的《冲突的战略》、罗·阿克塞尔罗德的《合作的复杂性》、哈·库恩主编的《博弈论经典》（囊括三位诺贝尔得主的代表作）等都颇具代表性。它们除了阐述大家比较熟悉的博弈论和新制度经济学等的一般分析工具之外，还突出了不少新的理论及其运用。其中，以诺贝尔奖得主托马斯·谢林的《冲突的战略》一书（1960）最具代表性。

（一）国际协调的主要因素与核心思想

1. 国际协调的核心思想

"冲突的战略"理论最重要的思想是，它主张运用威慑，或威慑与承诺并存，或者更通俗的说法就是一方行为对另一方行为的影响。同时，可信承诺在冲突或谈判过程中发挥着非常重要的作用。这是其理论的核心。[①]

具体地说，该理论对冲突与共同利益一视同仁，不仅适用于潜在的敌人，也适用于潜在的朋友。这一理论只有在下面两个极端条件下才失去其自身作用，即双方存在完全的共同利益，或者两者之间存在完全的冲突，即使发动两败俱伤式的战争也没有丝毫共同利益。同时，在谈判或冲突的场合，如果博弈一方能够以可信和可观察的方式限制自己的某些选择自由，反而会增强其谈判地位，而赋予一方更多的相机决策权则可能伤害该参与人的利益。下面对其主要论述做些概要的阐述。

---

① 第二节主要阐述可参见托马斯·谢林《冲突的战略》，尤其是第4—39页，华夏出版社2005年版。

这个经济理论的最大特征是，只用文字加以系统阐述，并无任何数理分析方法和计量验证一类手段。

2. 国际合作与协调的主要影响因素①

在谢林看来，国际合作与协调有着若干非常重要的影响因素它们分别是承诺、威胁、许诺及讨价还价。

"承诺"，是指有决心、有责任、有义务去从事某项活动或不从事某项活动，或对未来行动进行约束。承诺意味着要放弃一些选择和放弃对自己未来行为的一些控制。而且这样做是有目的性的。目的就在于影响别人的选择。通过影响别人对已做出承诺一方行为的预期，承诺也就影响了别人的选择。承诺有时候也适用于集体行动的分析。

威胁就是做出一个承诺，并让别人知道这个承诺，如果被威胁的一方不按照威胁的要求行事，提出威胁的一方则宁可做出对自己不利的事情（或者损失一些东西），也要让被威胁的一方承受成本、损害或痛苦。如果缺乏承诺及其有说服力的沟通，威胁就会缺乏"可信度"。如果威胁取得了成功，那么就没有必要实施威胁要做的事情，威胁者付出的代价就是做出承诺和显示承诺成本；如果威胁失败了，就会代价高昂且毫无效果。

许诺就是创建一个可观察到的义务来完成所许诺的事情。但是这个基本定义包括大多数威胁，因此许诺一定是个子集。许诺作为一项义务，与威胁的区别主要表现为：所许诺的事情在许诺对象看来符合其自身利益。许诺是为许诺对象所欢迎的一项义务（在行为不端时进行惩罚的义务则称之为威胁）。另一个具有双层含义的许诺是担保。纯粹口头的或仪式性的许诺，将使一个人的荣誉、自尊和恪守诺言受到考验。

托·谢林进一步阐述了它们的含义及其彼此之间的关系。他指出，一个威胁有效的前提条件是必须有说服力的，而说服力取决于两方面："力量"和"可信度"。力量，是指做出许诺或威胁的人具有（明显）能力，使得所作出的许诺和威胁力度足以让对方遵守好的行为。可信度，是指对方相信所作出的许诺或威胁将被真正执行。而承诺就是指可信度。

他认为，威胁就是承诺在一定条件下对被威胁对象进行伤害，并促使他选择他不会自动选择的行为。答案是令人吃惊的（只是短暂的吃惊）：

① 这部分关于主要因素的阐述可参见托·谢林《承诺的策略》，尤其是第 1—21 页，上海人民出版社 2009 年版。

威胁，或近似于威胁的东西，也可以是受欢迎的。威胁有时可以通过对第三方的许诺来实现。

他强调，对许诺和威胁进行比较会发现它们之间存在一些差异，但是也存在一些联系。其中一个差异在于，依赖某个交换物的许诺通常只有当许诺进行得很成功并一定得到遵守时才会成本很高，而威胁只有进行得不成功并且必须实施所威胁的事情时才会成本很高。威胁有时会显得过分和不相称，但是只要威胁取得了成功，这个威胁就不显得太大了。当威胁显然不相称时，其可信度可能会下降，但是只要威胁取得了成功，其成本可以与较小的威胁一样低。但是许诺如果太大的话，其成本就会过高了。

他阐述道，许诺可以是有条件的，也可以是无条件的，也就是说，取决于对方的行为表现，或者与对方的行为完全无关。时间的确定非常重要：如果第二方的行为表现出在第一方诺言必须实现之后，那么第一方诺言必须以第二方的一个诺言为条件，即我保证今天为你做必须做的事，但是你也要向我保证明天为我做事。在这种情况下，交易双方都必须作出可信的许诺。

他申明，也存在欺骗性许诺，特别有意思的一类"虚假许诺"是，为了得到对方支持和配合，许诺去做自己实际上有充分激励无条件去做的事情，而假装自己可以选择不做。这一策略将做某事的许诺转变为不做某事的威胁，而且很可能只是虚张声势。

托·谢林还讨论了讨价还价问题。在他看来，许多讨价还价都是关于"剩余"的"分配"问题。最终确定的数额都在一定范围的某个点上。在这个范围内，任何一点都是潜在互利的交易。有时候，这一范围是不确定的。有时人们比较清楚范围的大小，在这种存在一定弹性的情况下，对自己的让步幅度加以一个可信的限制是有利的。

他看到，双方都想寻求一个承诺——一个"客观的"基础，使自己能宣称某一数值是自己能接受的最低或最高水平。现实承诺可能需要时间，双方可能同时在寻求这种承诺，如果一方感觉自己要求过高了，可能会选择缓和让步，双方都可能试图阻止对方建立承诺。建立承诺的过程既需要证据，也需要说服。

（二）国际协调的相关论点

谢林的不少具体思路与论点颇具启示性，同样对国际经济协调运作不乏指导意义。

他认为国际关系并存着对立冲突与合作依赖。研究对象的多样性反映了国际关系中对立冲突与合作依赖并存这一现实。双方利益完全对立的完全冲突状态是非常罕见的。完全冲突通常只会在大规模毁灭性战争中出现，否则在一般战争中也很难发生。鉴于此，冲突中的"胜利"一词含义并没有严格的界定。冲突中的"胜利"只是相对于冲突一方的价值观而言，而非冲突另一方。而且这种胜利只能通过冲突双方的讨价还价、互谅以及避免采取互损行为得以实现。

他指明非零和博弈下的共同利益。这里所指的冲突双方也不是完全势不两立的敌人，而是互存疑虑与分歧的伙伴。这里关注的也不是冲突双方的利弊得失，而是如何达到一个实现冲突双方最大利益的结果。国际冲突不是"零和博弈"，而是"非零和博弈"。在非零和博弈下，博弈一方的所失并不意味着另一方的所得；对博弈双方而言，寻求一个"双赢"结果就是他们的共同利益。

他强调大部分冲突存在讨价还价的可能性。在这种情况下，冲突一方能否达到自己的目的取决于另一方选择或决策的最佳平衡点。如果冲突一方首先妥协，双方讨价还价的可能性就变得十分明显。或者当冲突一方完全占领或退出具有战略意义的领土后，讨价还价就成为一种默认的行为。倘若存在任何避免大规模毁灭性战争的可能性，那么，互谅的可能性就同冲突要素一样重要。

他主张摆脱非敌即友的传统思维模式。将冲突视为一个谈判过程，有助于人们摆脱非敌即友的传统思维模式。把有限战争看作一个讨价还价的过程，意在强调冲突双方之间除了存在利益分歧外，寻求"双赢"结果也是共同利益所在。总之，既重视冲突的存在，又关注冲突双方之间的共同利益；既重视"合理"追求价值最大化的行为模式，又关注一方的"最佳"选择取决于另一方的行为，以及"战略行为"涉及的一方如何通过研究对方行为的语气判断来影响对方决策这一事实。

他指出不能滥用"威慑"手段。威慑必须可信、有效。主张实施威慑，并让其发展成为一种民族荣耀和尊严，这一切都增强了威慑的可信度。威慑对丧失理智者不起任何作用。威慑的效果同对手掌握可供选择的资源有很大联系。孤注一掷的威慑则令对手更加危险。当对手过于狡猾，能够识别威慑时；或者对方过于软弱，根本无力保护自我时，那就完全没有必要使用威慑。还要看到，威胁偶然实施的可能性越大，真正实施的可能性就越小。但是，一旦威胁的效果取决于对方是否容易轻信，那么威胁方必须重新组合或调整自己的威慑动机，向对方显示自己实施威胁的决心。否则，威胁也会丧失其自身价值。

他赞成所谓混合博弈的战略行为。混合博弈与完全冲突（零和）博弈相比，唯一的区别在于前者强调博弈选手制定战略并将其传达给对方的重要性。而零和博弈的要点在于博弈双方不能进行沟通以及一方决策不能被另一方察觉。只有混合博弈强调战略行为的重要性，并建立双方互动行为模式的优势。战略行为，是指博弈一方以对自己有利的方式影响对方对自我行为的预期判断，从而达到影响对方决策的行为模式。战略行为意味着一方在限制对方行为之前必须首先限制自己的行为。这一行为模式给对方留下一个最大化问题，并迫使对方做出对自我有利的选择，同时也破坏了对方采取同样行为的能力。

他提出贸易谈判得以成功的具体条件。看起来双方似乎存在很大的选择余地，并会产生不同结果。但是无论产生何种结果，总比双方没有达成任何共识要好。这是"完全谈判"成立的核心条件，因为总有一方愿意率先妥协让步，从而双方达成某种共识。如果双方都知道达成妥协的临界点，那么任何一种结果都是至少一方愿意妥协接受的。

（三）国际协调的若干主张

基于上述见解，托·谢林还认为，需要进一步形成相关政策主张。其中如下的政策主张特别值得人们深入思考。

关于非理性决策的影响因素。他认为，决策的非理性受很多因素影响。一是无序和非连贯性的价值体系；二是错误的分析判断；三是无法有效地获取信息与沟通；四是接受或传达指令、获取或传递信息过程中可能存在危险的随机因素。

关于正确认识自身优势与自由。他提出，其理论涉及的策略是建立在谈判主体自愿原则基础上，而且要求主体牺牲自我的自由选择权。这意味着遏制对手的权力就是限制自己的权力。在谈判中，优势也是弱势，自由也许只是让步的自由，破釜沉舟也许意味着给对方更多的机会。

关于解决问题不取决于逻辑思维推理。在他看来，人们通常只有在得知别人将做出和自己同样行为时，才会与他人产生共鸣，达成某种共识。大多数情况下都会出现某些合作的契机，如某个"关键点"使双方成功地对彼此预期做出判断，从而达到某种默契。能否找到问题的最佳解决方法很大程度上取决于双方的直觉，或许依靠来自双方对相似事物之间的类比经验、先例、偶然巧遇、对称性、审美观或几何原理、诡辩推理，以及当事人自身条件和对彼此情况的了解。

关于承诺的履行。他强调，承诺的含义十分广泛。既包括迫使对方必须做出选择的行为；也包括改变一方此前出于经济原因而做出的最终选择；还包括为避免履行诺言造成的损失而毁约的紧急自损行为。据此，一份有效的协议必须以强制性术语表达，并涉及协议当事人的强制性行为。强制性取决于至少两个因素，即拥有相当权力的权威部门能够判决是否实施惩罚和它们能对双方的不当行为进行必要的惩罚。

关于威胁的履行。他主张，威胁必须具有必要性和可行性，而且保证被威胁者的行为对威胁客体本身的损害远远大于实施威胁的一方。同时，一旦博弈一方做出威胁承诺，就意味着他失去做出其他选择的权力。如果威胁战术失败，威胁方面面临的境遇可能比以前更糟糕。

关于威胁与承诺的异同点。他提出，威胁和承诺产生的共同原因是，一方期望通过这种方式迫使对方产生错觉，即自己可能改变了动机结构。它们的不同之处在于，威胁是以对方的某种行为为前提条件，是一方对另一方行为的反应；承诺是当能够创造有利条件时，一方采取的"第一个行为"，而威胁则是第二个行为。

关于允诺的履行。他指明，允诺必须是对等的双边承诺，双方的允诺互为条件。当然，在某种情况下，为了促使对方能够从"双赢"角度做出选择，一方可能单方面做出允诺。允诺还是第二方可以控制的承诺。换言之，第二方可以自主选择履行与否，但是必须在有效的时间内。实际上，只要存在两个以上的选择，威胁和允诺就成为一方对另一方的互动反应。

必须充分看到，托马斯·谢林的冲突战略学说对国际经济协调理论做出了杰出的贡献。他运用承诺、威胁、许诺及其讨价还价等概念来展开理论论述，大致确立了国际协调思路所须具备的基本要素。其提出的核心论点，即威慑与承诺并存以及可信承诺在冲突或谈判过程中发挥着非常重要的作用，更是各国进行国际协调运作务必遵循的基本准则。至于托·谢林的许多理论阐发，实际上就是非常具体而有效的协调思路，完全可以直接应用于相关的国际协调活动之中。其中尤为显著的有：双方利益完全对立的完全冲突状态是非常罕见的；对博弈双方而言，寻求一个双赢结果就是他们的共同利益；冲突中的"胜利"只是相对于冲突一方的价值观而言，并非冲突另一方，而且这种胜利只能通过冲突双方的讨价还价、互谅以及避免采取互损行为得以实现；如果冲突一方首先妥协，双方讨价还价的可能性就变得十分明显；既重视"合理"追求价值最大化的行为模式，又关注一方的"最佳"选择取决于另一方的行为，以及"战略行为"涉及的一方如何通过研究自我对对方行为的语气判断来影响对方决策；当对方决定做出适度让步时，另一方可以通过某种方式协助对方肯定其适度妥协的"必要性"，从而促进谈判达成对自己有利的结果；在谈判中，优势也是弱势，自由也许只是让步的自由，破釜沉舟也许意味着给对方更多的机会；一旦博弈一方做出威胁承诺，就意味着他失去做出其他选择的权力，如果威胁战术失败，他面临的境遇可能会比以前更糟糕；在某种情况下，为了促使对方能够从双赢的角度做出选择，一方可能单方面做出允诺；等等。毋庸赘言，这样一位发出夺目理论光彩的经济学家由此获得诺贝尔经济学奖，实属众望所归。

第六章　国际经济协调策略理论述要

必须看到，国际经济协调运作既是一种经济理念和战略思维的实施，又是各种具体策略手段的运用。作为一种狭义的经济协调方式，"谈判"在国际经济活动中就被普遍应用。这样，有关具体策略思路的理论研究便成为人们深入探索的一个重要方面。①

一　国际经济协调的策略思维

有些西方学者探讨了国际合作与协调的基本策略思维，具有显著的参考价值。

（一）关于策略思维的基本法则

著名经济学者阿·迪克西特与其他人合作所撰的《策略思维》一书，概括和阐述了策略思维的基本法则及其适当性②。

1. 策略思维的基本法则

按照阿·迪克西特等人的说法，策略思维是关于了解对手打算如何战胜对手的艺术。不过，其基础是由一些简单的基本原理组成的，而它们首先是一些基本准则。

---

① 许多博弈论文献都阐述过有关协调策略问题，例如，普拉伊特·K.杜塔所撰的《策略与博弈》一书第二篇，以"策略型博弈：理论和实践"为题，就用八章篇幅阐明了相关研究成果。（参见该书第31—143页，上海财经大学出版社2005年版）詹姆斯·米勒的《活学活用博弈论》第四章和第五章，就专门介绍了有关大规模协调博弈的理论内容。（参见该书第50—99页，中国财政经济出版社2006年版）但是，与本书第五章的处置方法相一致，本章同样不可能对这类学术成果展开较为系统的梳理和发挥，而仍旧只局限于引述一些比较有用且具一定影响力的相关论述，以作为本书中心论点的理论支撑。

② 这部分阐述参见阿·迪克西特等《策略思维》第29—64、89—98、119—132页，中国人民大学出版社2002年版。

他们指出，策略博弈的精髓在于参与者的决策相互依存。这种相互影响或互动通过两种方式体现出来。一种是相继发生，即参与者轮流出招。每个参与者出招时，必须展望一下这步行动给予其他参与者以后的行动造成什么影响，反过来又会对自己以后行动造成什么影响。另一种是同时发生，即参与者同时出招。每个参与者必须设想若自己处在其他人的位置，会做出什么反应，从而预计自己这一步会带来什么结果。

法则之一：向前展望，倒后推理。一个博弈的行动可能是相继进行，也可能同时进行。这种博弈通过描述博弈树进行研究。只要遵循法则1，就能找出最佳行动方式。运用这个法则不可缺少的前提是，后行者可以观察到先行者的行动。该原理的另一个适用条件是，策略必须是不可逆转的。

法则之二：假如有一个优势策略，请照办。在同时行动的博弈中，存在一个逻辑循环的推理过程。这个循环必须解开，一方必须看穿对方的行动。这样，首先看参与各方有没有优势策略。优势策略意味着，无论对手采取什么策略，这一策略都将胜过其他任何策略。这就引出法则二。如果你没有优势策略，但你的对手有，那么，相应选择自己的最佳策略。

法则之三：剔除所有劣势策略，不予考虑，如此一步一步做下去。接着，假如没有一方拥有优势策略，那就看看有没有人拥有劣势策略，劣势策略意味着无论对手采取什么策略，这一策略都将逊于其他任何策略。如果有，请遵循法则三。

法则之四：走完寻找优势策略和剔除劣势策略捷径之后，下一步就是寻找这个博弈的均衡。如此不断地进行下去，假如这个过程以一个独一无二的结果告终，那就意味着找到了参与者的行动法则以及这个博弈的结果。假如最后既没有优势策略，也没有劣势策略，或者这个博弈已经进行了最大限度简化，那么，请遵循法则四。寻找这个博弈的均衡，即一对策略，按照这个策略做，各个参与者的行动都是对对方行动的最佳回应。

他们还提醒道，具体实践中的博弈，可能包含一些相继行动过程，也可能包含一些同时行动过程，因此须将上述技巧综合起来、灵活运用，思考和决定自己的最佳行动应该是什么。

2. 策略的可信度

阿·迪克西特等进一步认为，还要建立自己策略行动的可信度，这需遵守三个重要原则。

第一个原则是改变博弈的结果，即务必使遵守承诺成为符合你自身利益的选择。具体做法有建立和利用一种信誉、写下合同等。

第二个原则是改变博弈，使背弃承诺的努力大受限制。具体做法有剥夺自己的反悔机会、破釜沉舟和让后果超出自己的控制等。

第三个原则是充分利用别人，帮助自己遵守承诺。具体做法有通过团队合作建立可信度、雇用谈判代理人等。

至于如何建立可信度来推进合作过程，他们更是专门阐述了如下有针对性的思路。

他们提出，要想使一个策略行动显得很可信，你必须同时采取一个附加或从属的行动。可以把后一个行动称为承诺。这里提供八种手段，以助于建立可信的承诺。

一是信誉。一般情况下，你都会在同一时间跟不同对手进行多个博弈。因此你就有建立信誉的动机，而这就相当于做出一个承诺，以使自己的策略行动显得可信。博弈参与者是怀着非常直接而有意识的目标来培植信誉的，他一心想为自己日后的无条件行动、威胁和许诺创造可信度。不过，信誉也有可能出自非策略的理由，却同样有助于树立可信度。从不食言的自豪感就是一个例子。

二是合同。要是你的承诺显得可信，一个直截了当的办法就是同意在你不能遵守承诺的时候接受惩罚。一份合同就是确保承诺得以遵守的手段。为使合同方式奏效，负责强迫执行承诺或者收取罚金的一方必须具备某种独立的动机完成自己任务。立下合同的时候，也有可能加入中立方，负责强迫该方遵照合同行事。

三是切断沟通。切断沟通之所以可以成为一种管用的确保承诺可信的工具，原因在于它可使一个行动真正变得不可逆转。

四是破釜沉舟。军队通常借助断绝自己后路的做法而达成遵守承诺的目标。

五是让后果超出你的控制。要想减小出错的后果，你一定希望找到一个刚好足够阻吓对手而又不会过火的威胁。你可以使你的威胁变得缓和一点，办法是创造一种风险，而不是一种确定性，表明可怕的事情有可能发生。

六是小步前进。信任对方有时候意味着冒很大风险，不过，假如承诺的问题可以减小到一个足够小的范围，那么，可信度的问题就能自动解决。威胁或许诺可以分解许多小问题,每一个问题可单独解决。小步前进缩小了威胁或许诺的规模,相应地缩小了承诺的规模。

七是团队合作。有时候,团队合作可以超出社会压力的范畴,通过运用一个强有力的策略,迫使我们遵守自己的许诺。

八是受托谈判代理人。例如,工会领袖变成受托谈判代理人,可以改善工人与老板的谈判地位。有时候他根本无权妥协,有时候他若做出妥协,可能导致自己下台走人。

(二) 关于利益分配的实施程序

史蒂文·J.布拉姆斯和艾·泰勒在《双赢之道》一书里,集中阐述了如何进行公平分配以和平解决贸易争端的相关方法与程序。换言之,他们试图通过公平分配来推进国际合作与协调。可以说,其阐发直接为制定国际经济协调策略提供着有用的理论思路[1]。

1. 基本分析框架

该书提出了自己的基本分析框架,即聚焦于两方争端,涉及物品或议题或兼而有之,建基于自愿选择和陈述偏好。其目标就是寻找一些符合上述要求的运作程序。随着相关分析的不断深入,它将始终以无妒忌、平等以及效率的三个标准来评价有关分配程序。

它主张,公平分配程序允许贸易争端各方在规则范围内自己决定做何选择。在这里,没有仲裁者活动的空间,但斡旋者还能发挥作用,如澄清事实、为解决问题提供便利等。不过,从根本上说,公正的保障是所使用的程序,而不是斡旋者的智慧或仁慈。它指出,为了一个客观的公平分配机制能够顺利进行,争端各方必须有机会陈述其偏好,即至少应该做到让他们愿意并有能力挑选其所偏好的项目。

它尤其强调的是,中立程序是建立公平争端解决机制的关键所在。而程序是由规则统领的,是争端各方自己能够实施的。与这些规则相联系的是各方为确保自己得到应有利益而实施的贸易战略。因此,规则与战略的结合以及如何得到最佳使用就是本研究主要考虑的问题。基于此,它重点阐述了三种重要的运作程序,即严格和均衡交替法、先分后选法、和调整赢家法。其中,调整赢家法最为重要。对此,他们展开了如下阐发。

---

[1] 这部分的阐述可参见史蒂文·布拉姆斯等《双赢之道》第132—136页,中国人民大学出版社2002年版。

2. 严格与均衡交替法

严格交替就是轮流，即你先选，然后我选，再轮到你，依次类推。先选一方可能会占据巨大优势，因此，第二个进行选择的可以得到补偿（如获得额外选择机会）。这样，至少可以降低另一方的优势。换言之，这种平衡选择机会的特定方法被称为均衡交替。

严格交替法，即各参与方使用由下至上战略，按各自偏好，轮流选择待分配项目。在各参与方真诚选择条件下，此方法有效率。且当事方不需对其偏好陈述，易于理解掌握，有明显的公平性。但它却给予先选择者优势，除非当事方认为所有项目的价值几乎相等，否则会造成妒忌。此方法为逐项比较，而非整体比较。它可能是处理诸如离婚，和财产分割等问题的最常用的方法。

均衡交替法，即在剔除掉无争议的项目后，对于被竞争的项目，当事各方在选择过程中不同阶段轮流充当最先选择的一方。它好于严格交替法，在各参与方真诚选择的条件下有效率。若待分配项目数量多且相对较小，或当事方不能或不愿比较项目集合体，或无法通过分配分数来量化自己的偏好，则均衡交替法非常易于使用，且不易被人操纵。但若待分配的是微妙的问题，则此法无意义。注意：一方可利用自己对对方偏好信息的了解而获得比真诚选择时更大利益。

3. 先分后选法

即一个人先将待选项目分成两份，另外一个则先挑选。若当事方超过两个，则引入修剪程序。此方法不易引起妒忌，但若利用对方的信息，会引起不公平。且常缺乏效率，较少成为最佳选择。但因其历史悠久，在特定情况下——如分蛋糕——也可使用。注意：此方法需比较整个项目集合体。

4. 调整赢家法

亦称 AW 法，即参与方先给有争议的物品打分，总分 100 分。各方通过打分来表明各自价值取向，且它们将构成公平分配的基础。此方法要求当事各方在获得分数上相当，即满足程度相当。此方法无妒忌，有效率，公平。但若一方利用信息优势而欺骗，则会两败俱伤。因此真诚成为保证战略。

AW 法要对各种解决问题整合归类，把大问题分解，故各部分应可分。而当事方对各问题的不同偏好，使各方同时获胜成为可能。在实际运用中：(1) 增加 AW 法抵御恶意操作的能力。(2) 合理进行分数分配。(3) 把问题划分若干独立问题。(4) 寻找使 AW 法最佳时机。(5) 对各项问题加以界定。

AW 法优于先分后选法，它也需注意对于整个集合体的满意程度，而非单个项目的满足。

5. 选择最优的方法

上述几种方法适用于不同的情况。那么，不同情况下最适用哪种方法呢？

均衡交替法简单易用。严格交替法使第一个进行选择的当事方获得优势。除非当事方认为所有项目的价值几乎相等，否则，这种方法会导致嫉妒。而均衡交替法却给当事方提供了很多方法克服严格交替法的缺陷。如果待分配项目数量多且相对较小，或当事方不能、不愿比较项目集合体（如先分后选法要求的那样），或无法通过分配分数（如 AW 法要求的那样）来量化自己的偏好，那么均衡交替法不仅易于使用，而且难以被人操纵。另外，如果需要解决的不是物品的分配，而是微妙的问题，那么交替程序就失去意义了。在这个问题上这一方获胜，下一个问题上另一方获胜，该做法过于粗糙，对平衡利益关系这种精细的问题不适用。

先分后选法很少成为最佳选择，但特定情况下也有优点。在某些情况下——如分蛋糕——均衡交替法和 AW 法都不适用，但先分后选法适用。同时，均衡交替法和先分后选法都能扩展至三个或更多当事方的情况。使用均衡交替法的效果几乎没有改变，仍然易于使用，大多数情况下能实现公平。相比之下，先分后选法在三个当事方的情况下使用起来可能十分复杂。

AW 法更适用于分配物品，而待分配项目是各种问题时，则须在正式使用前进行大量谈判。如果待分配项目不是物品，而是各种等待解决的问题，那么双方在开始运用 AW 法之前，必须就等待解决的问题是什么、在每个问题上输与赢意味着什么等内容达成协议。该阶段将出现大量艰苦的讨价还价。AW 法相当难以操纵，所以操纵对 AW 法不构成实际问题。因此，采取掠夺战略的动机非常小，诚实战略将确保当事方至少获得所有待分配项目价值的一半。在多数情况下，AW 法好于先分后选法。

但是，对有两个当事方、待分配项目数量多且相对较小的情况，均衡交替法比 AW 法更具操作性。而当争端各方的权利本来就不平等，或待分配的是关于损失（不好的事情）及收益（好的事情），对于这些情况，所有的程序都适用。

必须看到，严格交替程序使先选择的一方从始至终拥有领先权，而均衡交替程序使争端各方克服这个缺陷；先分后选法保证分配结果不引起嫉妒，但不保证效率和公平，而 AW 法使争端各方克服这个缺陷。

（三）关于最常见的具体策略

围绕具体策略的实施与协调问题，有些学者分别从不同方面进行了阐发分析。

1. 最常见的合作博弈策略

在博弈论文献中间，被讨论和研究得最多的合作博弈策略主要是一报还一报策略及其各种有所变化的相关策略。

所谓的一报还一报策略，有时亦被称为以牙还牙策略或者针锋相对策略。它是指，人家对你怎么做，你也对他们怎么做。说得更精确一些，这个策略在开始阶段双方是合作的，以后则模仿对手在前一阶段的行动。如果对手背叛自己，则自己就跟着背叛。这种做法是建立在人们倾向于一报还一报的观察上：以德报德，以怨报怨，一方合作则另一方也合作，一方背叛，另一方也以牙还牙。

罗伯特·阿克塞尔罗德在其《合作的进化》一书里，对于在各项实验中均获得相当成功的"一报还一报"策略给予了高度评价。他认为，"一报还一报"的成功可以说明的是，它在很大范围的环境中表现极佳。"一报还一报"放弃了占他人便宜的可能性。这种机会有时是很有利可图的，但是在广泛的环境中，试图占便宜而引来的问题也多种多样。首先，如果一个规则用背叛试探是否可以占便宜，它就得冒被那些可激怒的规则报复的风险。其次，双方的反击一旦开始，就很难自己解脱。最后，试图识别那些不反应的规则（如"随机"规则或者那些过分不合作的规则）并放弃与它们合作的努力，经常错误地导致放弃与其他一些规则的合作，而这些规则是可以被有耐心的规则像"一报还一报"挽救的。

总之，"一报还一报"的稳定成功的原因是它综合了善良性、报复性、宽容性和清晰性。它的善良性防止它陷入不必要的麻烦，它的报复性使对方试着背叛一次后就不敢再背叛，它的宽容性有助于重新恢复合作，它的清晰性使它容易被对方理解，从而引出长期的合作。[1]

而且，这种策略还促进了互惠的利他主义机制。这是因为，考虑到其他的博弈者可能先考虑自己可供采取的策略后再决定采取合作或者背叛行为，选择"搭便车"或许并不能为自身带来更好的利益。一个合作的行为本身（或者是某人具有的合作趋向的声誉）很可能会带来互惠的合作，从而为合作者带来最终获益的局面。[2] 可见，这种做法毕竟有利于国际合作。

但是，以牙还牙是一个有缺陷的策略。这主要表现在，只要有一丁点儿发生误解的可能性，这个策略的胜利就会土崩瓦解，结局就可能是灾难性的。其问题还在于，任何一个错误都会反复出现，犹如回声。一方对另一方的背叛行为进行处罚，对手会不甘示弱而进行反击。这一反击又招致第二次惩罚，由此形成一个循环，惩罚与报复就这样自动而永久地持续下去。显然，它缺少的是一个宣布"到此为止"的方法。可见，只要有可能出现误会，长期而言，以牙还牙策略会有一半时间合作，一半时间背叛。应该记住，存在出现误会的可能性意味着你必须有更宽宏的雅量，而不是简单地采取以牙还牙的报复行动。

于是，以牙还牙策略需要寻找一个替代者。该策略在惩罚有过合作历史者时显得过于急躁了一些。必须找出一个更能区别对待的策略，即应在背叛只是偶尔为之时显得宽容一些，而在背叛成为一种惯常行为时又能果断地实施惩罚。可以考虑遵循以下指导原则，作为迈向这一方向的一步，即开始合作；继续合作；计算合作情况下对方看上去背叛了多少次；当这个百分比变得令人难以接受时，转向以牙还牙策略。不过，用这个策略惩罚不必永远持续下去。必须记住一个原则，假如有可能出现误会，不要对你看见的每一次背叛都进行惩罚。你必须猜测一下是不是出现了误会，不管这个误会来自你还是你的对手。这种额外的宽容固然可使别人对你稍加作弊，不过假如他们真的作弊，他们的善意也就不会再有人相信了。所以，如果你的对手有投机倾向，他终将自食其果。

基于上述考虑，有些学者提出了对于一报还一报策略有所改动的如下策略：

---

[1] 参见罗伯特·阿克塞尔罗德《合作的进化》第35—36页，上海人民出版社2007年版。
[2] 参见理查德·H. 泰勒《赢者的诅咒》第12—18页，中国人民大学出版社2007年版。

（1）宽容的一报还一报策略。即有10%在对手背叛的情况下，仍予以合作。特别当对手并非故意使用噪声时，这种策略极为有效。它可以给博弈双方提供纠正错误的机会。于是，当一个人面对大量博弈对手时，如果他们还没有适应噪声存在的话，那么宽容的一报还一报策略是比较有效的。

（2）带有悔恨的一报还一报策略。即如果自己无意中造成了背叛引来对手的背叛，那么自己就不要背叛下去。如果自己是受害一方，那么它就会被激怒，一直背叛，直到对方出现合作行为从而使得自己满意。需要看到，当对手故意使用噪声时，此法最有效，因为它既能迅速回到合作，又能避免被利用。

（3）一报还两报策略。它是指，当对手出现第一次背叛的情况下，自己仍然予以合作。只有在对手继续再发生背叛行为时，自己才以牙还牙。这当然是一种宽容的表现。①

2. 最常见的谈判策略

在进行国际协调的经贸谈判过程中，各国政府都需要确立自己的谈判战略，它们实际上就是各种具体策略的组合应用。通常而言，被广泛研究的这类策略主要有：

（1）诉求性战略或策略。是指这种谈判战略或策略完全着眼于自身价值或利益的诉求，旨在对手能够照单全收或基本接受。实施这种战略的具体做法常常显得比较强硬或者僵硬，不太善于审时度势，不大肯做出大的妥协或让步。事实上，在价值诉求的战略中，应具备专门用以说服和积聚潜在的国外支持者的战术，倘若可能，应避免那些可能会帮助对手的战术，或考虑运用某些手段来收买对手，令其放弃原有的立场。同样，在面对威胁时，谈判者也应在其他国家的国内政治中寻找各种战术机会。

（2）分配性战略或策略。是指这种谈判战略或策略主要在于如何设法获取既有"蛋糕"中更大的或应有的份额。一般而言，它可以采取主动进攻或者立足防御两种不同的态度。应当看到，实行立足防御的分配战术，本身就意味着自己处于相对不利的博弈地位。这样，这种做法实际上就包含着在压力下做出让步的意思。所以，当谈判陷入僵局，会有更糟糕

---

① 分别参见罗伯特·阿克塞尔罗德《合作的复杂性》第34—40页，上海人民出版社；罗伯特·阿克塞尔罗德《合作的进化》第36页，上海人民出版社2013年版；普拉伊特·K.杜塔《策略与博弈》第66、206、221、267—268页等，上海财经大学出版社2005年版。

的事情发生在己方之时，防御诉求者可能会理性地做出一项决定，接受一项包含无回报让步的协议。反之，进攻诉求者则应谨防操之过急或过于咄咄逼人。例如，在缺乏来自国内假定受益者的足够支持的情况下，就不宜随意向对方实施威胁手段。

（3）整合性战略或策略。是指这种谈判战略或策略并不仅仅局限于获取既有"蛋糕"中的更大份额，而且力图通过创造性活动进一步把"蛋糕"做大，进而使自身得到更大的价值或利益。在整合的战略中，提出的解决方案可能是烘烤一个不同的馅饼，而不是去分割现成的馅饼，是谈判双方共同来预测各种选择可能造成的后果。在这里，创造性是受到欢迎的。这种整合战略并不包括向对手发出威胁，并向对手提出：如果做出让步，就不会实施这一威胁，或者是采取某种抵押品，让对手用让步作为交换的条件。

（4）混合性战略或策略。是指它混合或交替应用着各种谈判战略或策略。不过，这个提法常常被人用作比较近似于整合性的做法。例如，在混合战略中加进整合性的做法，就被称为混合—整合战略。还有，理论上的针锋相对做法就可以被视为混合战略的一个变量，即究竟谈判者如何向对手采取报答性的行动，或是向造成己方损失的对手采取报复性行动。当然，大多数理论中的针锋相对做法都比较狭窄和机械，往往排斥了整合行为中的共同发现和共同创造的活动。

（四）关于高效协调的策略

赫·斯科特·福格勒等人在《创造性问题求解的策略》一书里，专门讨论了高效率开展工作所需具备的素质与习惯，其中不少内容实质上对于有效开展国际协调颇为有用，有一些甚至可以视为国际经贸谈判的具体策略。[①] 具体而言，应当积极关注如下环节。

一是主动出击。采取主动，令事情发生。积极寻找新思想和革新。不让消极的环境影响行为和决策。做能做的事。如果做错了什么，要承认它，并从错误中学习。

二是开始就把目标置入视野。知道要走向何处，并且确知采取的所有步骤、方向是正确的。首先明确要完成的是件什么事，然后，才是如何最

[①] 这部分阐述参见赫·斯科特·福格勒等《创造性问题求解的策略》第12—13页，中央编译出版社2005年版。

好地完成它。

三是把首要的事置于首要位置。不断地重温目标，并且把它放在优先的位置上。密切地关注重要的事——那些如果仔细思考和计划会产生影响的事。

四是思考"双赢"。"双赢"是寻求所有与解法和协议有关者彼此利益的思维框架。认明关键的结果和后果。它们将构成能让所有人完全接受的解决办法。令所有与此决策有关的人感到这个决策好，并且投入行动。

五是首先寻求理解，然后被理解。尽管多地了解情况。竭力从别人的角度观察问题。为了谋求被理解，先要让自己适应环境，逻辑地表述事情，而不要带着情绪陈述。做到可信任，热情，并且合乎逻辑。

六是起增强剂的作用。使整体大于部分之和。掂量合作者的差别。胸襟开阔，诚实相处，帮助每个人出人头地。

七是更新。从身体、思想、精神、社会四方面更新自己。

毫无疑问，阿·迪克西特等人所提出的策略思维四项基本法则具有相当普遍的借鉴意义。而其针对可信度所确立的三个原则及其八个手段，更是国际经济协调运作需要认真对待的重要问题。史·J. 布拉姆斯等关于严格和均衡交替法、先分后选法和调整赢家法的具体阐述，同样不乏积极的参考价值。其中针对调整赢家法的有些论断，如各方应表明各自价值取向且把它们作为公平分配的基础、双方一开始必须就等待解决的问题是什么、在每个问题上输与赢意味着什么等内容达成协议、诚实战略将确保当事方至少获得所有待分配项目价值的一半等，完全可以构成国际经贸谈判与协调的共识。罗·阿克塞尔罗德等强调合作博弈策略应当建立在善良性、报复性、宽容性和清晰性的基础之上，则是一个颇为精湛的合作策略思想，它从激励和惩罚两个角度实在地推动着国际合作与协调。至于追求高效的一些策略，如主动出击、首先寻求理解、起增强剂的作用和更新等基本思路，显然都是国际经济协调运作得以直接借鉴的重要做法。

二　国际经贸谈判的策略思维

国际经贸谈判是开展协调运作的重要方式与渠道。不少研究成果表明，遵循恰当的分析思路可以有效推动这类谈判的最终成功。

(一) 国际谈判基本原理

美国学者珍妮·M. 布雷特《全球谈判》一书，专门论述了一国参与国际谈判所应确立的基本战略。其相关阐发如下[①]：

珍妮·M. 布雷特把谈判分为分配性与整合性两类。在她看来，谈判的实质是索取价值，即在一定量资源中，你能得到多少资源，另一方又能得到多少资源。这样，成功的价值索取型谈判产生的是分配性结果，即一定量资源的分配能满足你谈判立场的利益或需要。但是，谈判的实质也可以是创造价值：你和另一方如何才能增加可用来分配的资源总量。所以，成功的价值创造型谈判产生的结果是达成一份既是整合性又是分配性的协议，这份协议把增加了的资源总量分配给谈判双方。需要注意的是，创造价值需要将表面上一定量的资源转换成对谈判者双方价值不同的资源，然后把它分配给最看重其价值的谈判者。

她指出，整合性谈判有一个重要的原因：实行整合性谈判的谈判者有更多的价值可以分配，因此索取所需要的可能性更大。整合性谈判的另一个重要原因是，实行整合性的谈判者有时能够达成一项非整合性谈判不能达成的协议。谈判僵局一般出现在卖方的要价超过买方能支付的价钱。然而，如果卖方知道买方为什么不能支付那个要价或买方知道要价如此高的原因时，谈判者或许能够达成交易。

她认为，整合性常常用来不精确地表示一份令双方都满意的协议，然而，令双方都满意是对协议进行评价，而不是对协议进行分类。不指望或找不到一份整合性协议的谈判者可能对一份分配性协议也相当满意。分配性协议与整合性协议与资源总量有关，而与对资源的评价无关。

珍妮·M. 布雷特讨论了谈判中的利益、优先事项及策略。她强调，每一位谈判者都有利益和优先事项，而且每一位谈判者都有策略。利益是构成谈判者立场基础的需要或原因，优先事项反映各种利益或立场的相对重要性。谈判策略是为达到谈判目标而选定的一组综合的行为手段。

珍妮·M. 布雷特分析了公平标准和信息对于谈判的影响。她声言，公平标准是披着公平外衣的决策规则。规则可以是先例，也可以是合同或法律，还可以是社会地位（如年龄或经验）或社会意识形态（如公平、

[①] 这部分阐述参见珍妮·M. 布雷特《全球谈判》第2—9页，中国人民大学出版社2005年版。

平等或需要）。在不同文化中，意识形态的差异有可能使人难以达成公平标准的共识。作为谈判影响力的基础，BATNA（指谈判协议的最佳替代方案——引者）与公平标准（特别是基于社会地位的标准）的相对重要性在不同文化中各不相同。

另外，信息是谈判的沟通媒介。有关 BATNA、地位和其他公平标准的信息影响分配性协议，有关利益和优先事项的信息影响整合性协议。当谈判者不理解另一方传达的信息时，整合性潜力就几乎总是只能留在谈判桌上，有时谈判甚至陷入僵局。

特别是，了解一个政府的意识形态同样能够帮助国际谈判者了解它的利益和谈判的攻克点。必须看到，代表政府的谈判者，要让它忽视意识形态并达成与之占主导地位的意识形态相悖的协议是不可能的。同时，在国际性的谈判中，了解政府任一层面上的机构是明智的。你要寻求的信息是能帮助你发现与谈判的项目有关的政府利益，并实施这个项目。还有，要让政府机构改变看法，需要让政府明白这种改变并不影响它的利益。

（二）国际经贸谈判基本战略

约翰·奥德尔《世界经济谈判》一书里亦阐发了国际经贸谈判的相关战术和策略。[①]

约·奥德尔分析了世界经济谈判中的价值诉求做法。在他看来，一个严格的价值诉求者一定要坚持在协议中把己方的收益建立在另一方付出相对于现状而言的代价基础上，至少是己方不受任何损失。这种战略往往不会考虑对手参与谈判的福祉诉求，这也是价值诉求的重要标志，即使表面上并没有表现出这种态度。价值诉求者坚持认为，己方绝不会做出任何让步，并坚持自己的立场，绝不改变。明确地提出威胁，就是一种强烈的诉求战术。

他认为，强硬谈判立场的最大风险在于，刺激对手的行为，由对手操纵谈判并提出反威胁，往往还会使对手认为，己方对达成协议的态度并不严肃。这样一来，就可能造成谈判的终结或遭到对手拒绝，或至少是无法揭示收益的可能性，而这种可能性原本是可以通过不同的战略加以阐明的。

---

① 这部分阐述参见约翰·奥德尔《世界经济谈判》第 30—39、155—162 页，世界知识出版社 2003 年版。

他进一步指出，以弱对强的谈判中，强硬的进攻诉求是很少见的，但在各个国家中，防御诉求是很常见的。在辨别谈判行为是否属于"诉求"时，并不假设这种诉求必能获得成功，也不是假设这种诉求能够避免做出让步，或最大可能地获得收益。在实际中，谈判双方都提出诉求的谈判，往往是以不平等的分歧而结束的。在诉求战略中，往往也包括战术退却即同意接受低于对方早些时候提出的要求的让步，或者，在先前做出让步的基础上，进一步做出妥协。

约·奥德尔阐述了纯粹的整合或价值创造战略。这种战略涉及很多行动，特别是实现根本上并不冲突的目标的行动。通过谈判，可以把许多谈判方聚合在一起，而这些谈判方的许多目标并不冲突。在这个纷繁的世界里，即使是纯粹利己主义的谈判代表，也往往会采用整合战术。一是为了摸清局势；二是找到其他谈判方的偏好（在面对一个新的问题时，或许是为了明确谈判各方的偏好）；三是寻找诉求战略之外的其他方法。

他强调，在整合战略中，并不包括向对手发出威胁，并向对手提出如果做出让步，就不会实施这一威胁，或者是采用某种抵押品，让对手用让步作为交换条件。采取这样的行动，并不能使对手的状况比己方发出威胁前或采取敌对姿态前更好，而接下来提出交换"让步"，则是战略中设计的一个步骤，它会让对手的状况更糟。立足防御的分配战术，本身就包括在压力下做出的让步。当谈判陷入僵局，会有更糟的事情发生在己方之时，防御诉求者可能会理性地做出决定，接受一项包含无回报让步的协议。此外，纯粹的价值创造战略的主要风险，就是国家 B 的谈判代表将利用国家 A 谈判代表的坦诚来达到自己的目的。

约·奥德尔讨论了所谓的混合战略。具体地说，为了表明运用混合战略来进行谈判的决定，国家 A 的谈判代表将向自己的政府做出承诺，要寻找一种有利于谈判各方的协议，同时，也不排除己方做出让步的可能。他会邀请国家 B 的谈判代表，去表达与其公开地位对立的真实关注和选择，同时，他将避免使用最强硬的诉求战术。不过，他也会拖延做出让步，并努力使共同收益的分配利于己方。他会保护己方的建议，拒绝他方的诉求。或许，他会提出一项实现双方收益的公平原则或准则，不过，这种原则或准则的目的，也是为了把利益引向己方。

他认为，切断某个问题同谈判的联系，或将其抽离出来，也是分配或价值创造战略的一种战术。如果把这个问题（进口附加关税）抽离出来，就能得到完全不同的分配后果。如果针对谈判的问题，A、B两方不存在任何协议区域，必将导致谈判陷入僵局，不过，每个谈判者都乐于接受一种在其他问题上互惠性的共同让步。这样一来，通过抽离产生分歧的问题，或把它转移到其他论坛中，就可使双方在其他问题上创造共同价值。他得出的结论是，在许多情况下，比起纯粹的分配战略，混合战略往往收益更多或损失更少，即使谈判双方都认为各自的主要目标是相互冲突的。

约·奥德尔进一步论述了相关战略的某些内容。他指出，整合战术实现收益的途径有两种。第一种是通过发现和利用相似之处——解决方案利于谈判双方的共同威胁或问题，或是部分地被未知目标所重叠的问题。另一种是找到能够用以达致互惠收益的差异所在。最为直接的方法是，找到两个或更多的问题，这些问题标明了谈判各方面偏好顺序的差异，然后，双方就这些问题做出让步。

他提出，为了发现、弥补双方之间的分歧并发现双方的共同目标，一种基本战术是：重新定义双方的问题。由谈判双方设想一个全新的概念，重新定义双方共同的困难，重新表述双方各自的需求，或是对双方未知的偏好做出更为恰当的安排，然后，在这些基础上进行谈判。

他注意到，有人提出价值创造的一种战术新思想。他们建立了一种"推论"的顺序：首先，达成一个总体准则，用以指导谈判的过程，换言之，就是先依照总体准则达成协议，之后再考虑细节。这样的一些准则，往往是通过不同的问题综合而成的。不过，遵循这一顺序也有一种风险：如果谈判各方对彼此不相一致的原则做出了强烈的承诺，那么，在原则层面上进行的讨论，就会突出谈判各方的目标冲突，刺激各方国内的"主战派"，甚至会使谈判各方的政治关系恶化。

他强调，国际谈判者之间总是存在着真实的利益冲突，作为国际谈判者，也始终具有隐藏、操纵或利用信息的动机。所以，国际谈判者不会、至少是不会长时期地完全放弃价值诉求的战略。

不难看出，珍妮·M.布雷特区分分配性谈判与整合性谈判的做法，给予了国际经济协调运作以深刻的启示。特别是，国际谈判可以创造新的价值与资源的重要思路，揭示着国际经济协调所蕴含的重大的积极功能。而其关于利益、优秀事项与策略之间关系的分析，亦有益于理顺国际经济协调的相关作为。约翰·奥德尔关于国际谈判各种战略的深入阐述，如在诉求战略中，往往也包括战术退却；在整合战略中，并不包括向对手发出威胁；立足防御的分配战术，本身就包括在压力下作出的让步；比起纯粹的分配战略，混合战略往往收益更多或损失更少；为了弥补谈判双方之间的分歧并发现共同目标，一种基本战术是由谈判双方设想一个全新的概念等，无疑都为国际经济协调的具体运作提供着可资借鉴的决策思路。

三　国际经贸谈判的运作思路

上述学者还进一步阐述了国际经贸谈判与有些因素的紧密关系以及相关运作思路。

（一）国际经贸谈判与市场因素

约翰·奥德尔在《世界经济谈判》一书里还特别强调说明，任何经贸谈判往往与一定的市场因素相关，因而需要研究如何把市场因素纳入经贸谈判战略。为此，他阐述了10个相关的观点。[①]

（1）在经济谈判中，市场条件有助于决定谈判各方的组成。

（2）当两个国家处于市场的同一位置时，它们的政府更易于在其战略中运用整合性战术，而当两个国家处于对立位置时，其政府则倾向采用更具分配性的战术。

（3）面对一项预期的政府协议，谈判者眼中的市场选择越好，他决定参与该协议谈判的可能性就越小，而如果他参加了这一谈判，他的拒绝点也就越高，其诉求行为将更为强硬；反之亦然。

（4）当国际市场发生变化时，政府谈判代表的可能性前沿将会前移或后退，进而扩大或限制价值创造战术的可能性收益。

（5）当国际市场的变化不同程度影响了同一国家不同公民的时候，各种利益集团动员起来，国内政治会改变政府的谈判目标和战略。

（6）如果市场期望一个特定的收益，如果一个政府的谈判立场偏离了均衡道路，就会立即遭到市场的惩罚，所以，一个理性的政府将会暂缓达成建立一个具有价值的经济协议。

（7）如果谈判者确信提出政策将导致市场条件的更大变化，如果在

---

① 这部分阐述参见约翰·奥德尔《世界经济谈判》第52—76页，世界知识出版社2003年版。

这些条件下，其政府将更可能选择更为极端的 E，那么，谈判者或许不会提出自己所偏好的 M，即使它会得到其他国家的同意。

（8）内生市场产生了一种附加的诉求战术，即破坏另一谈判方的市场选择，使其无法寻求减少让步的可能。

（9）在内生的市场中，企业与谈判者之间的战略互动，也能创造或解除官方协议的可能性，使谈判的前沿前进或后退。

（10）不同的市场时滞对官方谈判过程具有许多重要启示。最为明显的是，时滞越长，在短期内，市场就更像是一股内生的力量，这股力量会改变谈判者的战术运用。尤其是使用混合—整合战略，时滞越长，就意味着更多的失败可能。时滞越长，就可能达成更多的针对不确定性的协议条款。

（二）国际经贸谈判与文化因素

珍妮·M. 布雷特《全球谈判》一书探究了文化因素给予国际经贸谈判的若干影响。[①]

在她看来，人们在谈判的时候，他们的行为是有策略的，而且他们的策略可能以文化为基础。这意味着，某种文化的谈判者更有可能用某种行为表示某一策略，而另一文化的谈判者则更有可能用另一种行为来表示同一策略。不仅不同文化间有着策略行为的差异，而且在同一文化中也有差异，不同文化间还有重叠。结果，一种文化中某些成员的谈判方式可能不同于其所属文化的文化原型，而更像另一个文化的文化原型。

她指出，来自不同文化的人们对谈判中直接语言对峙也有不同的偏好。有些人适应于面对面进行交易谈判，却不适应于在争端中或集体会议中面对面地对峙。全球谈判者必须了解如何直接和间接对峙。

她强调，谈判者的个人利益、他方利益和集体利益的相对重要性因文化不同而不同。某些文化谈判者对个人利益的关心程度高得多；某些文化谈判者在对他人利益的关注程度与对个人利益的关注程度一样高；某些文化的谈判者在制定优先事项和确定是否接受提议或继续谈判时把集体利益考虑进去。跨国谈判者必须对以下两种文化差异反应敏锐，即谈判者目标与激励上的文化差异和谈判者利益上的文化差异。

---

① 这部分阐述参见珍妮·M. 布雷特《全球谈判》第 6—16 页，中国人民大学出版社 2005 年版。

珍妮·M. 布雷特进一步总结说，总之，谈判者用来实施某一策略的行为是有文化差异的。因此，全球谈判者必须意识到几个要点：

一是研究只是刚刚开始概括不同文化的特征性谈判策略。在不同文化间除了所讨论的激励、影响、信息和对峙策略以外，可能还有其他重要的策略差异。

二是个别文化成员采取的行动可能并不类似于文化原型，特别是在特殊情况下。基于个人主义—集体主义、平等主义—等级主义、低背景—高背景沟通的文化分类法也许不能刻画所要应对的谈判者特点。

三是谈判者策略不是永远不变的，谈判者应经常调整自己的策略以适应双方的策略。

珍妮·M. 布雷特还认为，但是过多地了解对方的文化并假定对方会根据文化原型采取行动，那是有风险的。杰出的跨文化谈判者谈判的进程缓慢，在谈判的过程中测试哪种策略对对方有效。他们愿意调整自己使用的谈判策略，以达到自己的目标而不是妥协自己的目标。成为杰出的跨文化谈判者意味着理解谈判策略在不同文化中应用时的细微差别。

（三）国际经贸谈判的运作思路

约翰·奥德尔《世界经济谈判》一书还给出了如何进行国际经贸谈判的具体指南，它实际上是一些用以国际经济协调及其谈判的运作思路。[①]

1. 对形势做出判断

谈判之前要对以下问题做出最初的判断。这些问题包括：自己最高政治或经济谈判目标与偏好是什么；谈判对手是谁；谈判中避免或纳入哪些问题；可能性前沿在哪里；自己的最佳协议选择是什么；是否存在和能否建立积极的协议区域；各方会采用什么战略等。

2. 避免某些谈判

对经济谈判来说，一种通行选择是：把问题留给市场解决。在解决某个既定的经济问题时，等待市场调节究竟是不是最有效的方法？不过，当政府面临政治和效率目标时，一味地拖延，往往会导致谈判的失败，甚至把情况搞得更糟。

---

① 这部分阐述参见约翰·奥德尔《世界经济谈判》第 52—76 页，世界知识出版社 2003 年版。

3. 选择符合形势的战略

谈判者应通过预测对手最可能做出的反应，对每一个战略选择的前景进行分析。如果其他谈判方怀疑本方扩展共同福祉的努力，并可能利用这一战略，谈判者就要小心了。如果其他谈判方对本方的探索表现出开放的态度，谈判方就应谨慎使用严格的分配战略，否则，就会失去许多有价值的收益。在有关投资和贸易制度的任何国际谈判中，都有跨国投资者的利益。

4. 定制分配战略

为了诉求价值，谈判者应破坏对手的协议选择或改善自身的最佳协议选择，或把两种方法结合起来。诉求性战略（包括防御性战略在内）的主要风险在于，无从发现对方的收益——只能通过共同价值创造来实现的收益。原因很简单：在谈判之初，这些机会是难以窥见的。最强硬的战术往往招致反威胁和更大规模的冲突。在某些形势下，即使谈判各方的目标大部分是相互对立的，如果把整合战术融入混合战略中，收益也会超过严格的诉求战略。严格的诉求战略的另一种后果是：会让其他谈判方相信，己方将在未来采用整合战略。如果一方希望其他谈判方使用整合战略，就应当考虑采取一定的措施，做出积极回应的姿态，以增强对方的信任。

5. 定制混合—整合战略

通过谈判创造共同价值的两种方法，分别出自相似性和差异性。第一种方法，就是探索相似的目标和共同的问题，只要在这些目标和问题上达成解决方案，就是获得了收益。第二种方法是，探索各方在不同问题的偏好顺序上的差别，同时，探索交换让步的可能，通过这种让步，让谈判各方的感觉好起来。在战术上，可以从现有的议程条款中找到用以交换的让步，或是谈判者自己来重新定义谈判涉及的问题。

6. 利用市场的变化

市场一些变化将有利于市场一方的价值诉求者，市场另一方的谈判者要为之付出代价。在其他方面，变化的市场扩大了政府创造价值的机会。

7. 判断偏见的补偿

大多数谈判者的偏见往往使谈判者倾向于分配战术，远离整合战术。派系谈判者倾向于夸大双方目标的不可调和性，而不会发现中立的旁观者所认知的共同收益的机会。由于缺乏补偿偏见的机制，派系谈判者会过高估计己方的最佳协议选择的价值，进而，双方的派系谈判者就会共同错失一个真实、积极的协议区域。派系谈判者往往会使用一种利己的"公平"概念，认为它才是不偏不倚的，同时，在他们看来，另一方冲突行为的实质，就是攫取不公平的收益。

8. 将国内政治纳入谈判的计划

在诉求价值时，进攻诉求者应谨防实施威胁手段的隐患：缺乏来自国内假定受益者的足够支持。在价值诉求战略中，应具备专门用以说服和积聚潜在的国外支持者的战术，倘若可能，应避免可能会帮助对手的战术，或考虑运用某些手段来收买对手，令其放弃原有立场。在面对威胁时，谈判者也应在其他国家的国内政治中寻找各种战术机会。在创造价值之时，使用混合—整合战略的谈判者，应在本国和其他国家的国内政治中，积极搜寻各种风险和机会。由于国内政治的影响，在谈判过程中严格保密。如果国内制度妨害了有效的谈判，就应进行适当的制度变化。如果一方谈判代表在国内有更大的自主权，而其他谈判方的代表则遭遇国际制度更多的掣肘，那么，在双方的较量中，后者更有胜算。

9. 选择或调整一个国际组织

如果正在进行的谈判具备创造共同收益的机会，那么，谈判各方都不应反对预期之中的协定。另外，也应给各国一个说法，用以名正言顺地延缓实施新的保护措施。

10. 学好谈判分析

仅从谈判实践中学习是不够的。仅仅拥有最好的意愿和经济学知识是远远不够的。在世界经济谈判中，只有通过精明的谈判分析，才能成为真正赢家。

显而易见，这些论述中不少内容都具备比较有用的实际价值。作为国际经济协调重要方式的国际谈判，它需要足够重视市场因素中发挥的明显作用。例如，两国所处的市场位置决定着它们谈判战术的选择；通过附加的诉求战术来破坏对方的市场选择，使其无法寻求减少让步的可能；时滞越长，市场在短期内越会改变谈判者的战术运用，越可能达成更多的针对不确定性的协议条款，而使用混合—整合战略则意味着更多的失败可能等。国际谈判还必须高度关注文化因素所引起的潜在而深刻的影响。例如，不同文化间有着策略行为的差异，来自不同文化的人们对谈判中直接语言对峙也有不同的偏好，谈判者的个人利益、他方利益和集体利益的相对重要性因文化不同而相异，跨国谈判者必须对谈判者目标与激励上的文化差异和谈判者利益上的文化差异有着敏锐的反应等。国际谈判更要形成一整套缜密的分析思路和具体策略，特别要透过现象看到实质。例如，通过谈判创造共同价值有着分别出自相似性和差异性的两种方法；大多数谈判者的偏见，往往使他们远离整合战术，而派系谈判者倾向于夸大双方目标的不可调和性；将国内政治纳入国际谈判的计划之中；如果国内制度妨害了有效的谈判，就应进行适当的制度变化等。毋庸赘言，对于实际的国际经济协调活动来讲，上述这些论断都具有明显的警示意义。

第七章　国际经济协调中的制度因素

长期以来，人们往往把国际经济协调运作当作只是一种政策协调，且具体方式主要就是磋商谈判。应该说，这种看法并不全面。事实上，各国在开展国际经济协调过程中，既必须面对国际经济组织和经济伙伴的制度安排，又可能需要调整自身的相关制度，因此，不能不探讨和研究制度因素发挥的重要作用。

一　国际经济活动中的制度因素

如何恰当看待和处置制度因素给予国际经济活动的影响和制约，是一国开展国际协调运作必不可少的重要内容。

各国在开展国际经济活动过程中，面对的制度因素大致可以分为三个方面。一是WTO多边贸易体制和其他一些国际经济组织所构筑的制度环境，它直接制约着各国所有的国际经济运作。二是经济伙伴或贸易对手所特有的经济制度和政策措施，它同样是国际经济交往无法回避的制度背景。三是一国自身的内部制度安排也对其国际经济活动起着相当重要的作用。这里仅对国际制度环境作一些分析。

（一）多边经济体制中的制度安排

先围绕WTO讨论多边经济体制所构筑的制度环境。依据新制度经济学的阐述，制度大致由正式规则、非正式约束和实施机制所组成。① 就 WTO 而言，它的制度环境同样可以从这些方面加以考察。

1. 正式规则

正式规则是指 WTO 在各种多边协议中业已明确制定的具有强制性的诸多规则。基本包括三个层面的内容。

第一，起着指导思路作用的重要原则。它们都来自经济全球化和现代市场经济的客观需要或要求，主要涉及的有：非歧视要求（包括互惠、最惠国待遇和国民待遇）、关税稳定减让、禁止数量限制、公平竞争（包括反倾销和反补贴）、透明度、发展中成员有差别的特殊待遇、贸易制度统一性以及例外条款等。②

第二，经常在经贸实践中被应用的基本规则。例如，反倾销的三大要件、三大补贴类别的不同处置、保障措施中的磋商与补偿、农产品贸易中的自由化措施（如非关税手段关税化、大力削减出口补贴、降低进口关税与国内支持、维持现有的保护水平等）、SPS 协议和 TBT 协议中的诸多重要规则、TRIMs 中的例示清单、海关估价的六条标准、确定原产地的相关标准以及其他非关税壁垒的不少重要规定。此外，还有一些规则同样都是 WTO 规则体系的重要组成部分，却往往被人们所忽略。例如，关于服务贸易领域的一些特别规定，如服务的四种提供方式、最惠国待遇的有条

---

① 关于"制度"的定义，即便在新制度主义者中间亦有着不同的界定。著名新制度经济学家奥利弗·E. 威廉姆森在《治理机制》一书中就概括了相关的 5 种提法。按照威廉姆森的阐述，"制度的这些定义主要在制度环境层次即所谓的博弈规则层次上生效，而制度经济学发挥作用的第二种更为微观的分析层次是治理制度层次"（引自《治理机制》前言第 3 页）。他还进一步指明了制度环境与治理制度间的三个显著差别。即前者主要是限定（亦可被视为约束）后者的环境；它们的分析层次非常不同，后者在个别交易的层次上运作，而前者则更多地与活动的各种不同层次相关；就目的性而言，它们作用的发挥也是不同的。（参见《治理机制》前言第 3—5 页）可以这样认为，威廉姆森的这个论述已被学术界比较普遍地所认可。

本书的制度分析主要就是围绕制度环境而展开的。同时，这里所谓的制度因素则是依据道格拉斯·诺思最著名的经典定义加以阐发的。诺思指出："制度结构是正式规则、非正式约束以及它们的实施特征的结合。这种人类相互作用的结构决定了谁是企业家、谁的选择重要以及这些选择怎样由这个结构的决策规则来强制实施……制度变迁可以源于正式规则、非正式约束或其中之一的实施方式的变化。"（引自《理解经济变迁过程》第 6 页，中国人民大学出版社 2008 年版）

② 国内学者在阐述 WTO 的重要原则时，绝大多数都没有提及贸易制度统一性原则。本书所以十分强调贸易制度统一性，是因为它应该被列为 WTO 的重要原则之一，更在于它对于我国经济运作的重要实际意义。当年，中国加入 WTO 的法律文件一开始就强调贸易制度统一性原则，并多方面指明了我国经济实践的有关违规表现。这足以折射出我国以往实践违反该原则的普遍性和严重性。

件和可豁免、国民待遇的部门承诺制、市场准入的衡量标准等，还有TRIPs中关于七个具体领域的知识产权保护及其基本规定。

第三，一些貌似非常细微而又常被关注的具体规定，例如，反补贴条款和反倾销条款中关于微量、忽略不计和发展中国家产品的衡量标准，保障措施条款中关于紧急关税不适用于发展中国家产品的具体条件，以及非关税措施的不少具体规定等。它们看起来比较具体而细微，但在实际操作中有时会直接涉及相当的贸易额，甚至引发一些贸易纠纷。因之，它们作为制度环境的组成部分，同样应当被人们所正视。

2. 非正式约束

所谓非正式约束，是指长期以来所形成的价值信念、伦理规范和运作习惯等。对于多边贸易体制来讲，它们实际上同时是其组织文化的组成部分，起着潜移默化的深刻影响。①

提及 WTO 广泛流行的价值信念或经济理念，当然首推其成员们大多所信奉的自由贸易精神。这就是说，贸易自由化已经成为 WTO 所有成员的共识和前进目标，即便经济相对落后的发展中国家也不再片面强调保护贸易政策。同时，WTO 所倡导的自由贸易理念还具有自己的显著特征。它包含着对于适度贸易保护的认可，即自由贸易与适度贸易保护可以是互不排斥的。比方说，依据有些重要保护贸易理论所制定的政策措施（如保护幼稚工业），就可以在特定的条件下被允许实施。WTO 所追求的贸易自由化，还必须以国际经贸规范为导向和约束。这些国际经贸规范，体现现代市场经济运作的基本要求，又凸显经济全球化潮流所涌现的新理念与新机制，还关注各国经济发展水平不同所带来的利益相对平衡问题。可见，这种自由贸易理念与美国等发达国家宣扬的"自由市场经济"还是有所不同的。

至于 WTO 体系之中的运作习惯，其决策过程常常采用一些非正式程序的做法，就称得上是一个比较突出的例证。之所以称为决策的非正式程序，是因为它是 WTO 明文规定的"协商一致"和"一个成员一票"决策制度之外的其他做法。其基本特征在于，有关事务不是由全体成员方公开

---

① 由于对于"意识形态"的界定和理解，人们有着颇多的歧异，而本章有限篇幅和论述主旨都不允许对此展开较多的阐述，因此，这里关于非正式约束的界定，采用了其他新制度学者常用的且不背离诺思思想的说法。其实，本章的相关论述还是吸收了诺思关于意识形态的重要思想。

进行讨论，而只是在一部分成员方之间首先展开谈判，且带有相当的封闭性质。召开"绿屋会议"就是其典型产物。这种"绿屋会议"只有接受邀请的成员方才能参加，甚至连受邀名单都被当成了一种机密，而参与其中的主要角色通常为发达国家。值得一提的是，这类非正式程序的重要性得到了 WTO 官方网站的公开认可。①

3. 实施机制

所谓实施机制，是指用于约束各成员方履行诸多规则的一些程序性的强制规定。这自然包括通常所说的 WTO 三大机制（即决策、贸易争端解决和贸易政策审议机制）以及其他一些程序性的义务。② 它们都有自己与众不同的特点。

这里以 WTO 的贸易争端解决机制为例，它就拥有不少 GATT 没有或明显不同的新内容。其一，它已形成了一个独立统一的贸易争端解决体系，而 GATT 时期则并存多种解决程序。其二，它引入了一种"反向协商一致"运作原则，即相互之间的贸易争端无法通过协商方式予以解决，就将成立专家小组进行仲裁，除非解决机构一致否决成立专家小组或者一致同意拒绝执行相关裁决。其三，确立了新的上诉程序。上诉机构只负责司法解释，其上诉报告就是最终裁决，争端解决机构必须执行。其四，强化了执行裁决的监督机制。即如果被裁决违规的一方没有采取改进措施，可以要求其补偿甚至予以报复。其五，对解决过程的每一阶段都有时间限定，这就大大提高了争端解决的实际效率。机制和程序上的这些创新，显著提升了 WTO 贸易争端解决机制的运作效率。应该说，这项机制的有效性已为人们所公认。不过，对于那些明显的恶意违规行为，该机制似乎还缺乏有针对性的惩处手段。

---

① 我国 WTO 研究学者傅星国所撰《WTO 决策机制的法律与实践》一书（上海人民出版社2009 年版），对"绿屋会议"这个 WTO 非正式决策机制作了十分详尽的阐述。该书不仅涉及绿屋会议机制的含义、来龙去脉、实际运作情况、若干特点、相关争论、WTO 对此的规范性指南以及有关改革建议等，而且在此基础上还展开了自己的分析与判断。

② 美国著名学者约翰·H. 杰克逊指出："任何有效的制度可能至少需要两种可运作的程序：一是'规范形成'，或新规则制订的程序，一是适用和实施这些规则的程序。实施与适用的程序需要一个争端解决机制作为其重要组成部分。"（参见《世界贸易体制》第 123 页，复旦大学出版社 2001 年版）强调这种区分，可以引发人们的进一步思考。一方面，他指明它们都归属于相关的实施机制，因而自然成为制度的有机部分。另一方面，他又强调实施与适用的程序需要贸易争端解决机制，而新规则制订的程序却似乎并不需要。可是，正是由于新规则制订的程序没有受到比较有力的约束，所以，多哈回合谈判历经 12 年还陷入停滞不前的困境。

（二）各国贸易政策背后的制度因素

一国与经济伙伴与贸易对手开展国际交往，必须直面对方经贸政策背后的制度因素的实际影响或约束。这样，对方贸易政策长期具有的独特之处便成为其制度安排的重要体现。通常而言，一国贸易政策的具体特点主要可以表现在如下几个方面。

其一，如何进行决策。各国决定和实行相关经贸政策的权力机构和实际机制大相径庭，由此造成的影响范围和经济效应亦不尽相同。例如，一国的政府部门并不具备真正的外贸决策权力（如根据美国法律，这种权力就属于美国立法机构），或缺乏足够的决策权力（如美国政府就受到国会院外集团的严重掣肘），或出现多重的决策机构（如政府架构不合理所致），或提出的相关政策带有变化无常或言而无信的嫌疑，那么，其国际经济协调的能力、信用和效果，都会受到贸易对手一定的甚至很大的质疑。

其二，怎样对待国际经贸规范。各国在国际经贸活动中产生分歧或纠纷需要协调解决，主要衡量标杆和交流沟通的基础只能是国际经贸规范。所以，对方国家对待WTO规则的实际态度，是一国开展协调或斡旋首先要搞清楚的事情。例如，美国的贸易政策就一贯具有国内法高于国际法的特征，有时还巧于实用主义地利用WTO规则，有时则借此输出自己的国内法规。

其三，为什么要设置贸易壁垒。毋庸讳言，各国都会在一定条件下设置贸易壁垒，以应对外国商品对本国经济的严重冲击。可是，贸易壁垒的设置却会出自不同的目的、依据甚至规定，从而直接对双方贸易纠纷造成不一样的特征和后果。比方说，欧盟的贸易壁垒常常会在环境保护和劳工待遇两方面大做文章，并大力阻挡相关外国商品的进口。其实，它这样设置贸易壁垒更多地在于坚守其经济伦理，有时候与保护自己的产业并无直接的关系。相反，美国设置的贸易壁垒则通常具有浓烈的贸易保护色彩，直接有益于国内的某些产业部门。

其四，采用何种手段处置贸易纠纷。当外国商品大量进口可能冲击东道国经济时，各国不同的处置手段同样会导致差别甚大的贸易格局和实际后果。这是非常值得出口国高度警觉的。例如，美国专门设置一类只打击重点进口国的产品壁垒，同时不去阻挡其他国家同类产品的进口，既明显保护了某些产品的国内市场，又没有出现国际社会普遍反对的强烈声音，不失为一种比较巧妙的保护手段。

其五，具有哪些特殊贸易策略。某些国家在国际经贸活动中施展的具体策略，同样拥有若干颇具深刻影响力的重要特点。例如，美国利用自己的经济实力或某些霸权，在出现具体贸易纠纷或摩擦的时候，热衷于采用速战速决的策略来解决问题。同样，欧盟在处置与外国的贸易纠纷时，有时候会增加一项以维护欧盟利益为宗旨的机制，从而使得对方陷入一种经济被动，可它们未必符合当今的国际经贸规范。对于这类以强凌弱的处置手法，各国需要通过国际经济协调手段予以应有的遏制。

一国贸易政策在这些方面的表现及其特点往往是其自身制度安排的一个侧面或一种折射。具体地说，它们有的来自国内制度的根本特征，有的取决于其国内制度的相互制约功能，有的同其国内制度的伦理基础紧密相连，有的反映出其国内制度的实用主义特质，有的则是霸权主义倾向其国内制度上的凸显，等等。总之，一国贸易政策的这些表现及其特点，都具有深刻的制度根源。[1] 这就需要人们进而透视制度因素居中发挥的作用。

二 深刻透视国际协调中的制度因素

制度因素与国际经济协调运作之间能够产生什么样的互动作用呢？这里主要援引 WTO 制度环境中的若干例证予以具体阐发。[2]

---

[1] 绝不能因此把政策与制度简单地相提并论。关于这一点，有的西方学者给予了很好的提醒："政策与政治之间的主要区别是制度的'持久性'和制度影响未来政治权力分配的能力。政策更容易逆转，而制度则较为持久。况且，制度决定着各种团体的政治偏好是如何被加总为社会选择的。"（参见达龙·阿塞莫格鲁和詹姆士·A. 罗宾逊：《政治发展的经济分析》第 156 页，上海财经大学出版社 2008 年版）

[2] 李萍所撰的《世界贸易组织的制度演进分析》一书（中国社会科学出版社 2009 年版）是国内较早用新制度经济学剖析 WTO 体制的著作。作为一种学术探索，它对制度演进的一般逻辑和 WTO 的内生变迁与外生变迁，分别作了一些有价值的阐述。这确实可喜可贺。不过，如何紧密地有机地联系 WTO 本身来阐述和挖掘其制度内涵，作者可能还要作更大的学术努力。本书在这方面的阐述尚显表层和单薄，另外有些提法或许还值得斟酌。例如，第二章第一节论述"WTO 的非正式规则"，可仅仅是简要地介绍了市场经济、自由贸易和保护贸易三方面的基本理论；第二节阐述的是"WTO 的正式规则"，可其中第二部分的标题又是"WTO 的制度内涵"，其具体阐发还把非歧视原则、贸易自由化原则和市场准入原则即"最核心、最具概括性的三个原则"看作"GATT/WTO 实现制度作用的具体途径"；第三节的标题为"WTO 的实施机制"，可涉及的只是其贸易争端解决机制。（参见该书第 53—94 页）应该说，在概念的界定、逻辑的一致、内容的完整以及分析具有针对性等方面，整个第二章仍需认真推敲和全面挖掘。第二章对于 WTO 制度内涵的剖析，是全书论述的基础和灵魂。

(一) 制度对国际经贸活动的实际作用

经济制度首先表现为一系列基本的经济、政治、社会和法律规则，它们确立了生产、交换、分配和消费的基础。一般而言，它旨在减少经济运作的交易成本，努力提高其实际绩效。同样，制度因素对于国际经贸活动亦发挥着广泛而深刻的影响。WTO制度的确立和实施，就明显提高世界贸易活动的规模和绩效。它本身规范着成员方的经济行为，可以帮助后者以相对低的交易成本来开展国际贸易活动。反过来，WTO还认可成员方合理利用国际经贸规范以进一步降低交易成本和获取贸易利益。

例如，WTO的制度安排能够比较有效地解决国际经贸活动中反复出现的问题。它的许多协议及其规定，如从关税减让到非关税措施的众多限制，从贸易救济措施的规则细化到纺织品和农产品的贸易自由化，从货物贸易的自由化到服务贸易领域的市场开放，等等，都是逐渐被具体化和系统化的。实际上，它们是随着时间的不断流逝，针对国际贸易实践中先后暴露出来的突出矛盾和普遍现象而逐步得以形成和完善的。这样，按照业已设置的规则来处置反复出现的普遍性事件或问题，无疑可以广泛且大幅地降低其中的交易成本。①

又如，它能够推动成员方为达到有益的共同目标而一起工作。通过各种制度的具体设置，WTO可以较为有效地促使全体成员方为既定的经济目标而共同努力，而这些目标自然有益于全球经济和各国经贸的健康发展。比方说，其根本宗旨所追求的经济贸易目标、走可持续发展之路、关注发展中国家的经济贸易利益以及推动多边贸易体系的有效运行与逐步完善等，都是针砭现实、有益未来的战略性目标。而WTO的诸多规则就建立在这个根本宗旨的基础之上。WTO规定成员方必须履行相关义务，其中最主要就是遵循这个规则体系。可见，这方面的交易成本得到了非常巨大的节约。

再如，其制度安排能够比较成功地约束成员方以避免集体行动的负面影响。② WTO特别凸显了强制性的精神，要求其成员方认真遵循诸多协议

---

① 奥利弗·E. 威廉姆森认为："经济学上所讲的摩擦就是交易成本：交换双方行为是否和谐？会不会经常因误解、冲突而推迟成交、合作破裂并造成其他问题？"（参见奥利弗·E. 威廉姆森《资本主义经济制度》第8页，商务印书馆2002年版）

② 正如兰德尔·L. 卡尔弗特所说的："制度还履行了另外一个一般的功能：它们协调着个体的行动。协调问题是社会、经济和政治交互行为的基础，也是合作的基础。"（引自杰弗瑞·S. 班克斯等编《政治经济学新方向》第253页，上海人民出版社2010年版）

的有关运作，且总的来说成效比较明显。其实际结果是，它较好地遏制了集体行动常见的那些弊端，如个别行为体或投机取巧，或虚与委蛇，或阳奉阴违，或自行其是，以及少数行为体动辄"搭便车"等。这又从另一个方面降低国际贸易活动的交易成本。

还要看到，经济制度对于经济发展的积极功能还显示在减少不确定性上。WTO的制度安排对于减少国际贸易活动的不确定性有着相当显著的作用。WTO的所有协议几乎都把可预见性作为自身许多规则的出发点之一，而透明度原则更是集中反映了减少经济不确定性的强烈要求。GATT第10条规定成员方的政策措施必须用书面形式公之于众，又要及时通知利益攸关方和WTO，还须建立咨询站以满足其他成员方及其厂商把握其政策含义和了解经贸信息的需求。这就大大提高了相关经贸活动的可预见性。

此外，制度的作用通常经由约束与激励两大功能得以有效发挥。制度的约束主要表现为，一个是有时候它禁止人们采取某些行为，另一个是有时候则界定在什么样的条件下人们被允许从事某种活动。其激励作用则在于推动人们更加积极地从事某种活动，亦包括维护其制度本身。显然，WTO的制度安排同样是用这两个基本手段推进着世界贸易活动的健康进行。不过，如果说其有着众多约束是不言而喻的话，那么，WTO的制度激励作用还须略作分析。

一是它把互惠原则作为协调成员方之间经贸利益的主轴。这是指成员方之间依据WTO制度安排开展的贸易交往，总体上必须贯穿一种相互优惠、彼此获益的精神。比方说，非歧视原则被称为WTO一切重要原则和基本规则的基石，它就渗透着互惠的精神，如应当相互给予贸易最惠国待遇等。实施保障措施看来是对进口国的一种"照顾"，意在避免其国民经济体系短时间里受到外国商品过分严重的冲击。可是，WTO又规定实施国必须同利益攸关方进行磋商并加以补偿，这里依然折射出明显的互惠精神。

二是它努力提高成员方推行自由贸易的积极性。全球自由贸易的不断深化，要依靠广大WTO成员们来共同推动。这样，激励它们推进全球自由贸易的自觉性和积极性就至关重要。WTO制度安排的这类激励主要落实在两大方面。一个是通过贸易争端解决机制以及其他一些手段（如贸易政策审议等），力图支持那些打击贸易保护主义的正义举止（如公正处理诉讼案件等)。另一个则是瞄准有害于自由贸易的不公平竞争行为,向进口国合规的反倾销与反补贴措施提供带有直接利益的法规支持。具体地说,进口国依据 WTO 规定征收反倾销税或反补贴税,既维护了本国产品参与公平竞争所获取的贸易权益,又直接增加了进口国政府额外的税收利益。这种事实上的激励功能,却常常易于被人们所忽视。

三是它特别关注发展中国家成员的经济贸易利益。发展中国家占 WTO 成员中大多数,且它们在推进自由贸易的过程中往往付出更大的代价,正是它们应该得到全球强国和富国更多的经济援助。为此,WTO 的激励功能自然需要更显著地倾斜于这些成员身上。综观 WTO 各种协议的具体规定可以发现,数十处专门给予了发展中成员以有差别的特殊待遇。其中,最为突出的则是两个规定,一个是允许发展中成员享有保护幼稚工业的权利,另一个是发达成员向发展中成员的进口工业制成品提供普惠制待遇,它比贸易最惠国待遇明显要优惠,增强了发展中国家工业制成品的国际竞争力。[①]

(二) 制度对国际协调运作的实际作用

从制度的实际功能来看,它治理着各类行为体之间进行合作或竞争的方式,亦为他(它)们提供一个可以合作的结构或一个能影响法律变迁的机制。因此,它自然可以对各国之间的经济协调运作发挥着潜在的积极作用。

1. 为国际协调运作提供法理依据

国际经济协调总是围绕双边或多边的经贸纠纷和摩擦而展开的,这就离不开外部制度环境从国际法理的高度给予各种约束与激励。比方说,WTO 的根本宗旨提出走可持续发展之路,为贸易与环境之间的协调,为各个成员方之间的协调,指明了一个方向。WTO 专门提出"实现全球经济决策的更大一致性",并把其列为自己的基本职能之一,这就进一步为推动 WTO 与国际货币基金组织、世界银行之间的协调运作提供了法理基础和运作动力。特别是,其关于贸易争端解决的一些制度安排,如专家组

[①] 《世界贸易体系经济学》的一个基本结论是:"从西方流行的三种经济学分析方法来看,世界贸易体系是一种国际协调机制的制度安排。它的宗旨并不是实现贸易政策的自由化,而是帮助成员国政府避免在单方面改善贸易条件过程中所出现的'囚徒困境'。"(参见科侬勒·贝格威尔和罗伯特·思泰格尔《世界贸易体系经济学》第 19 页,中国人民大学出版社 2005 年版)应该说,它画龙点睛地指明了 WTO 制度安排的主旨和基本价值。

裁决和上诉机制等，更是直接为贸易摩擦的协调运作提供相当有约束力的法理依据。①

2. 为国际协调运作营造良好氛围

开展国际经济协调运作，离不开相应的良好氛围。首先，开展协调的双方或多方要树立适当的经济理念，即坚信或大致认可这种国际协调运作于人于己都是值得进行的。其次，参与协调运作的各方应该抱有诚意，不能口是心非，不能敷衍了事，不能变化多端。再次，参与各方必须讲究信誉，一旦在协调过程中自己做出了一定的承诺，就应该认真履行、取信于人。最后，对于正在进行的协调运作或业已达成的协议，参与各方的所作所为应该努力营造一种积极促成或认真履行的有益气氛，不再发出和做出不利于它们的声音和行动。对此，WTO制度通过自己的约束性规定和组织文化，发挥着比较正面的作用。

例如，WTO整个体系强调和追求的是"规则领先"的制度安排。这意味着，成员方的政策与行为必须以规则为基础，推进全球自由贸易发展需要以规则为导向，各种贸易争端的是非判断应当以规则为圭臬。同时，所有的规则又是由其成员方通过协商与争论而共同制定出来的。② 这种架构本身就决定了，所有成员方都应该为彼此的协调运作营造出一种长期的良好合作氛围，否则必将一事无成。而失败的结果肯定是绝大多数成员都不愿见到的。正因为这样，尽管WTO内部存在激烈的博弈和严重的冲突，但是，其制度安排却一直是体系内总体上可以保持有益于协调运作氛围的根本渊薮。

3. 为国际协调运作创制具体机制

许多制度的建立需要创制相应的具体机制。以双方或多方开展经济合作为例。开初，参与各方先要认同是否要进行正确的合作行动以及确立适当的奖惩规定；接着，要判断既定的制度安排总体上是否恰当，即能否大

---

① 罗伯特·阿克塞尔罗德认为："大量的个人甚至国家经常表现出协调行为的高度一致用以防范冲突。在一个缺乏中央权威指挥行为时，协调行为照样可以发生，我们把这样的协调行为和冲突解决机制归结为存在规范。"（《合作的复杂性》第48页，上海人民出版社2008年版）

② WTO秘书处就专门提醒人们："如果说WTO的规则将纪律强加于各国的政策之上，那就是指WTO成员间通过谈判达成的结果。成员自己根据谈判议定的程序执行WTO规则，有时执行还包括威胁采取贸易制裁。但这些制裁都是由有关成员国实施的，而不是WTO本身。"（引自WTO秘书处《贸易走向未来》第111页，法律出版社1999年版）或者这是一种夹杂着埋怨情绪的无奈之言，不过，暗示出WTO治理结构存在的症结所在。

致符合实际情势和确保自身的预期利益；然后，要考虑既定的制度如何可行地应用于各种具体情势；有时候，还要斟酌以往何种先例可以适用于当前的具体情势；当具体情势发生变动时，又要关注是否应该及时推动既定制度的变迁；等等。总之，这里每一个环节都出现了博弈双方或多方之间开展再一次协调的现实需要。面对这种重复合作博弈的局面，设置一些适当可行的具体机制加以约束抑或推动，就可以减少一些并不必要且耗时耗力的协商，或者提高有关协商的实际效率。这正是制度可以有益于国际经济协调运作的又一方面。

比方说，WTO就明确规定，当两个成员方之间发生倾销、补贴或保障措施方面的争执时，须采用磋商这种方式进行直接协调。通常把它作为解决彼此纠纷的第一步（如《反倾销协定》第17条和《补贴与反补贴措施协定》第4条），在采取紧急措施的情况下，也须进行事后磋商来加以补救或补偿（如《保障措施协定》第12条）。这就是多边贸易体制设置的一种必须履行的具体机制，从制度上保证了经济协调的有效开展。

4. 为国际协调运作凸显突破环节

各国贸易来往之间出现纠纷或冲突，总有一些易于引爆的聚焦点，亦常常交叉着不少错综难解的矛盾，这些都增加了经济协调的复杂性。适当的制度安排可以专门着眼于那些易于引发摩擦的显性的贸易问题，设计和履行较多的机制和规定，以促成各方围绕它们开展积极的国际协调，进而减缓和平抑由此发生的种种摩擦的频度和烈度。而对于另一些隐性或潜在的贸易导火索，一定的制度设置则能够通过明确的规定和实用的机制，或鲜明地提示参与各方必须高度重视这类重要环节，或直接推动围绕这类突破环节所展开的协调运作。

从前者来看，WTO大力强化贸易争端解决的一套制度安排，从约束与激励两个角度卓有成效地推动了相关的经济协调，从而避免了一些贸易争端可能带来更大的负面影响。就后者而言，WTO把一些贸易协议谈判中间尚未达成共识的重要方面，情愿让其实质内容呈现含混不清甚至实际上空白的状态，却依然把它们列为独立的条款，就是一个明显的例证。例如，《服务贸易总协定》第2条"贸易最惠国待遇"、第9条"商业惯例"和第10条"紧急保障措施"都具有这样的意味。这无疑在告诉人们，WTO成员们应该积极开展协调运作，以尽快建立围绕它们的具有明确且实在内容的规则或规定。

5. 为国际协调运作预示今后方向

不少经济制度的确立，还直接规定着一定领域或范围内经济事务应当遵循的运作步骤。其中有些规定起着提示这类经济事务今后运作方向的作用。WTO 不少基本规则作为制度的组成部分，就比较充分地体现了这种功能。例如，它明确把关税减让、农产品贸易和服务贸易等谈判列为 WTO 每轮贸易谈判必须持续进行的重要议题，这等于在提示这些都是其成员方之间进行有效协调的重大领域。此外，其《与贸易有关的投资措施协定》非常简短，除了强调国民待遇、数量限制和透明度等重要原则之外，还有一个名为"例示清单"的附件，规定了若干种对外国直接投资不可采用的政策措施。显然，这为 WTO 以后进一步扩展该协议以使其具有更加广泛的适用性埋下了伏笔。事实上，现在有些国际性贸易谈判已经围绕这个议题展开了深入的讨论。[①]

（三）国际经济协调对制度的潜在影响

国际经济协调的恰当运行同样可以直接影响经济制度的设置、绩效和变迁。

1. 推进制度的设置与绩效

国际经济协调运作的客观需要，可以使原先并不存在的制度得以设置。而国际经济协调运作的深入开展，还能够进一步提升相关制度的绩效。

如前所述，WTO 贸易争端解决机制在不少方面的改进和完善，直接提高了其相关制度的实际绩效。比方说，所谓的 WTO 第一大案就是该组织刚成立不久直接指向美国的诉讼事件，这在 GATT 时期几乎是难以看到的。而现在从体系内部诉讼美国且原告方获胜的贸易争端实例，更是司空见惯的。其中，2002 年美国实施钢材保障措施被判违规一事，就属一个典型例证。特别是，WTO 还迫使美国撤销了违反国际经贸规范的国内反

[①] 赛义德·尤素福和约瑟夫·斯蒂格利茨指出："国际互动和联系的大大增加需要制订各种各样的规则、标准、公约和议定书。没有这些东西，协调会出现失败，动荡会增多，贸易和资本流动的风险酬金会增大，交易成本会上升。要获得全球化所带来的好处，就必须建立国际机构，实行一致同意和普遍遵守的规则。随着一体化的继续，对调节交易活动规则的需要将超过以往任何时候。这意味着政府必须愿意接受对它们的主权的约束，协调行动，或者以强制机制为后盾（例如世界贸易组织），或者通过非正式奉行的规则（例如巴塞尔银行协议），将允许做的事情限定在一致同意的框架内。"（参见杰拉尔德·迈耶和约瑟夫·斯蒂格利茨主编《发展经济学前沿》第 175—176 页，中国财政经济出版社 2003 年版）

倾销法律，开了美国国内法向国际法规低头的先河。能够如此惩处当今唯一超级大国的贸易保护主义行径，是当年的GATT难以望其项背的，也是WTO贸易争端解决制度具有较高绩效的铁证。不要忘记，这个贸易争端解决机制正是众多国家开展国际经济协调运作的具体产物。可见，积极的国际经济协调运作能够提升相关制度的实际绩效。

2. 推进制度的变迁与创新

随着经济全球化的不断深入以及WTO内部经济力量的此长彼消，明显扩展一些发展中国家的国际协调运作空间。如果说这种趋势在20世纪90年代尚属初露端倪，那么，近年来则一再大显峥嵘。这些国家原本在多边贸易体制内的发言权非常有限，现在已经真正能够实实在在地推动多边贸易组织制度框架的变迁了。从GATT体制转向WTO体制的不少实例就印证了这点。

从根本制度安排来看，20世纪40年代中期所设计的ITO之所以最后无疾而终，很大程度上是因为美国国会的明确反对。按照美国国会议员的主流意见，他们质疑和担忧为ITO所设置的制度框架可能会不符合美国的价值观和国内法。于是它最终只能被GATT这个"临时适用"的国际协议所替代。可是，在四十余年之后，国际经贸格局发生重大变动，许多国家的国际经济协调空间迅猛拓展，从而导致一个根本制度安排与ITO大同小异的WTO体制开始统领世界贸易活动，并深刻影响着全球经济的方方面面。

至于围绕GATT各种制度安排的变迁，在WTO体系更是随处可见。就较大的方面而言，其根本宗旨中强调走可持续发展之路和关注发展中成员的经济贸易利益的基本思路，其所增补的贸易政策审议和全球经济决策的更大一致性的基本职能，把服务贸易和与贸易有关的知识产权保护纳入必须遵循国际经贸规范的行列，以及开始对贸易与投资关系确立一些具体规则等，都在GATT体制里难觅踪迹。制度框架的这些新设置，明显弥补了GATT原先制度安排的重大缺陷或不足，从而在一个重要侧面体现出显著的制度变迁。

从比较具体的制度设置来看，众多非关税手段逐步被限制，三大贸易救济措施规则的变动与细化，以及成员方的义务与责任的规定等，都发生了显著的变迁。在它们中间，WTO对于GATT"祖父条款"的处置，尤其值得专门一议。当初，确立这样一项条款，即在国内法律先于GATT作出有所不同的规定的情况下，有关缔约方可以暂时不履行 GATT 的相应条款。这实际上是在迁就美国那种国内法高于国际法的惯常做法。随着世界贸易规模的不断扩大，通过乌拉圭回合谈判的激烈博弈，WTO 的制度安排不但彻底终结了所谓的"祖父条款"，而且还设置了一个与其针锋相对的明确规定。WTO 协定第 16 条第 4 款和第 5 款分别指出，"每一成员应保证其法律、法规和行政程序与所附各协定对其规定的义务相一致"和"不得对本协定的任何条款提出保留"。不难看出，国际经济协调运作确实推进着多边贸易机构的制度变迁。从某种意义上说，多边贸易体制的有些制度还是其时国际经济协调运作一手安排或促成的。①

三　恰当构建涉及制度的协调思路

（一）围绕制度因素展开国际经济协调

围绕制度因素展开国际经济协调运作，应当成为一国的重要分析思路。之所以这样做，首先，因为国际经济协调的核心内容是制度协调。协调方式中，体制性、机制性和伦理性等协调运作都属于制度协调的范畴之内，而政策性协调亦可能是制度协调的一种外在表现。可见，围绕制度这个核心来进行协调运作可谓名副其实。

其次，这样做还在于制度的重要特征有利于国际经济协调的顺利进行。有学者做过这样的阐发：制度有着持久性和影响未来权力分配的能力两大特征，这使得它作为一种承诺机制具有重大意义。② 这是由于，制度具有持久性，因而由此引出的国际承诺就既具可信性又有可行性，而这种特质恰恰是国际协调运作最为珍贵的东西；制度能够影响未来的权力分

---

① 在《世界贸易体制的政治经济学》作者看来，"在 WTO 支持下的多边贸易谈判可以被认为是制定国际贸易博弈规则的努力。各国聚集一堂，寻求就它们将来进行何种博弈达成共识……也许看待多边贸易谈判的最适当方式是把它们看作是创建制度练习"（参见伯纳德·霍克曼和迈克尔·考斯泰基《世界贸易体制的政治经济学》第 51 页，法律出版社 1999 年版）。按照他们的说法，WTO 的制度安排实际上就是相关缔约方或成员方之间的国际经济协调运作创建出来的。

② 达龙·阿塞莫格鲁等著《政治发展的经济分析》一书指出："持久性和影响未来权力分配的能力使制度作为一种承诺机制具有重大意义。"（引自该书第 156 页，上海财经大学出版社 2008 年版）

配,这意味着由此形成的国际协调成果既具可兑现性又有可持续性。很难想象,如此体现出国际协调精髓的重大要素会被无端轻视。

再次,国内制度因素给予其对外经贸活动及国际协调的重大约束,是这样做的又一个重大原因。国内制度因素的这种约束涉及诸多的领域和方面,可以直接影响本国的对外经贸运作,也是一国进行国际经济协调运作必须重点关注的一大制度背景。反之,倘若国内制度安排与国际制度环境不尽吻合甚或有所悖逆的话,那么,前者同样会受到后者的明显制约,从而自然是一国国际经济协调运作的重点目标之一。这种两重关系便使得国内制度因素顺理成章地成为国际经济协调的一个基本要素。[1]

最后,主动围绕制度因素展开国际经济协调,对于中国意义重大。这是因为:

第一,有利于我国完善市场经济体系。众所周知,国际经济的制度协调必须以国际经贸规范为圭臬。而国际经贸规范同我国建立社会主义市场经济体系这个根本目标,就基本方向和主要要求而言,两者是大致吻合且相互推动的。因此,我国在不断完善社会主义市场经济体系的进程中,十分需要这种国际性制度协调的积极推动。

第二,有利于我国化解众多贸易摩擦。由于计划经济体制各种残余的根深蒂固和实际影响的潜移默化,我国体制、机制乃至理念与习惯等因素仍然是妨碍自己进一步融入国际经济体系的内在障碍,也是易于同发达国家产生贸易纠纷的重大原因。换言之,我国当今的贸易摩擦相对集中于制度因素这个重要根源。可见,开展积极主动的制度协调,等于是在消弭那些易于引发贸易摩擦的"导火索"。

第三,有利于我国推进 WTO 的制度建设。当前,WTO 作为一个多边贸易组织面临着体制失效和贸易谈判停滞不前的困局,这表明其制度创新已迫在眉睫。无论是作为一个负责任的大国,还是作为一个在该体系内获取过巨大利益的 WTO 成员,中国有义务为此尽心竭力。而展开国际性制度协调,正是 WTO 实施制度创新的主要渠道和重大方面。

---

[1] 兰德尔·L. 卡尔弗特指出:"一个更为成功的理论必须厘清三个基本现象,这些现象是我们思考制度问题时的核心:在自利个体之间合作的内生激励的产生与维持;协调的达成,即标准、组织或惯例在一个复杂背景下的形成;以及沟通能够在制度的定义和功能中呈现其自身的方式,沟通也是前两个现象的核心。"(引自杰弗瑞·S. 班克斯等编《政治经济学新方向》第226页,上海人民出版社 2010 年版)

第四，有利于我国争夺当今国际经济博弈制高点。围绕国际经贸活动的激烈博弈，目前集中于发达国家试图撇开 WTO 另搞一套"高水平"的规则体系。于是，出现了 TPP、TIPP 等区域性贸易协议的谈判。这类做法本身无可厚非，却导致了以中国为代表的新兴经济体将被边缘化的直接后果。其实质是，通过这种新的制度安排方式，以美国为首的发达国家试图夺回制定国际规则的主导权，进而巩固自己摇摇欲坠的霸主地位。所以，通过各种国际性的制度协调（包括与发达国家之间的这类协调），努力逼近那些切实可行的"高水平规则"，就可以避免这场激烈国际博弈的制高点轻易地被发达国家占领。

第五，有利于建立公正的国际经济秩序。必须看到，经济全球化目前所形成的国际制度与规则并不完全公平合理，由此构建的国际经济秩序存在着诸多弊端和缺陷。同样，全球化更不应该形成一种经济政策或文化的美国化的偏倚局面。显然，进行积极主动的国际性制度协调，可以借此调整或取消以往一些不尽公正合理的制度安排，不断消除另外一些制度以往被涂抹上的发达国家色彩，这实际上是在为逐步建立新的国际经济秩序铺平道路。显然，这是我国不能丢弃的一个根本性国际经济目标。[1]

（二）开展国际协调运作以推进国内制度改革

一国与多边贸易体制之间进行的协调运作，首当其冲的就是其国内制度安排如何适应和吻合后者的基本规范。一国要真正参与多边贸易体制的实际运行，就必须调整和改革一切与后者不相吻合或直接悖逆的国内制度安排。否则，它在国际经贸事务中只可能左支右绌、步履维艰，甚至沦为落伍者。同时，随着经济全球化的不断深入，多边贸易组织的制度环境势必覆盖或影响越来越多的领域和方面，这就要求其成员们的国内制度安排同样进行相应变革。此外，随着国际经贸形势的发展变化，多边贸易体制的某些制度环境本身也有个演进与变迁的使命，这自然导致其成员们的国内制度安排也需要随之革故鼎新。所以，一国的 WTO 成员身份就意味着它承担着变革自身某些制度安排的义务。

---

[1] 特伦斯·K. 霍普金斯等所撰《转型时代——世界体系的发展轨迹：1945—2025》一书，在论述世界体系的过程中，分别把国家间体系、世界生产、全球劳动力、人类福利、国家的凝聚力和知识结构作为制度变量加以剖析，还描述了它们在 1945—1990 年间的变化情势，进而预测了 21 世纪最初 25 年的发展趋势。（参见该书第二章至第七章，第 15—224 页，高等教育出版社 2002 年版）

我国原先实行的是计划经济体制，长期流行的理念、体制、方式、机制及经济运作手段等都与国际经贸规范大相径庭。这些植根于制度差异的众多不同，使我国国内制度改革更加凸显出紧迫性和复杂性。这样，如何既坚定又有效地改革国内制度安排，更加需要我国予以周全缜密的考虑和实践。

鉴于此，国际经济协调运作应该成为我国推动国内制度变革的强大动力。而且，它还具有一个比较显著的特征，即与由国内自行发起的制度变革举措相比，其遭遇的实际阻力相对较小。这是由于，这种制度变革的压力来自国际经济组织，且是众多成员们共同需要承担的义务，因而显得好像比较名正言顺或难以抗拒。这自然明显减少着国内的反对声音或得到了更多的国内支持。加之，与它们伴随而来的是本国可以相应获取的众多经济权利（如优惠贸易待遇等），这会进一步增强不少经济力量和社会民众的认可态度或支持力度。可以这样说，一国在冲破层层阻力以推进改革开放的历程中，这种借重国际协调运作以推动国内制度改革的思路，多少有着一些"四两拨千斤"的特质。①

那么，一国如何运用这种国际协调来推进国内制度改革呢？

首先，必须重视与国际经贸规范基本协调。② 国际经贸规范既是一国融入国际经济体系的必由之路，又是经济全球化和现代市场经济客观要求的集中体现，还是我国经济体制改革的一种参考性标杆。因此，必须通过国际协调的诸多手段，来推动国内经济制度甚至其他方面一些制度与国际经贸规范逐步接轨。例如，按照我国加入世界贸易组织文件里被强调或指

---

① 2001年我国加入WTO之后，我国首席谈判代表龙永图先生在接受不同新闻传媒的采访时多次强调，我国加入世界贸易组织的最大意义在于极大地推动着我国改革开放的不断深化。这个论断十分正确，并且透露出中国政府意在通过加入世界贸易组织的协调运作以推动国内制度变革的深层考虑。

② 丹尼·罗德里克指出："贸易改革常常导致引进外国制度。有时这是一种有意识的政策行动，其目的是在经济和社会制度上与贸易伙伴'相协调'。比如要成为世界贸易组织成员，就必须采纳某些制度原则：贸易和产业政策上的非歧视性，贸易法规公布中的透明度，与世界贸易组织相一致的专利和版权保护制度等。"（引自伯纳德·侯克曼等编《发展、贸易问题与世界贸易组织手册》第6页，中国对外翻译出版公司2003年版）他进一步直接指出："世界贸易组织成员资格意味着实行制度改革，这些改革不仅具有强制性，而且是某个特定类别的改革。"（参见该书第7页）必须看到，他这里的多个提法及其背后的含义，如"引进外国制度"、"在经济和社会制度上与贸易伙伴相协调"、"世界贸易组织成员资格意味着制度改革"、"这些改革不仅具有强制性，而且是某个特定类别的改革"等，都极具思考价值。

明的那些条款或要求，以及根据 WTO 贸易政策审议过程中被其他国家集中提出或高度质疑的那些问题，来展开国内相关制度安排的变革，就是这类协调运作的主攻方向。①

其次，注意与市场的协调。这就是说，一国应当依照现代市场经济的基本要求来开展国际经济协调运作，而不是随心所欲地另搞一套。它要根据市场经济的实际状况适时地合理地提出自己的经贸诉求，使之具有得以实现的必要性和可能性。它要理性地恰当地处置贸易对方具有市场合理性的相关诉求，使之显示出自己协调立场的正当性和可取性。它要联系市场经济的实际状况来推进某些国内制度的改革，使之体现出重视市场过程中各种经济力量与社会阶层的正当诉求。必须看到，在国际经济协调运作中，市场因素是一个比较易于被忽略的问题，其实这种分析有时候能够对此发挥独特的积极作用。②

再次，关注与贸易伙伴开展制度方面的协调。国际经济协调绝不是单纯的政策协调和经贸谈判，在很多方面势必会涉及制度的演进与变革。事实上，不少政策变动和经贸谈判本身就是围绕各自的制度安排而展开的。这意味着，当某类问题比较集中地成为产生贸易纠纷与摩擦的导火索时，多少暗示着某一方或双方的有关制度安排存在可能需要改进或变动的必要

---

① 2006 年 12 月之后，我国进入了加入世界贸易组织"后过渡期"，意味着我国此后必须全面履行 WTO 的各项规则。这是我国真正融入国际经济体系的重大标志。中国加入世界贸易组织文件里的不少条款及其有关规定表面上针对的是那些明显违反 WTO 规则的现象或问题，实质上其中不少针砭的正是我国经济体制的弊端、缺陷和严重不足。我国这些方面的改革与创新实乃任重道远。

② 例如，《美国衰落的神话》一书（中国经济出版社 1994 年版）在比较制度、机构和市场等因素给予国际协调的影响时，特别强调了市场因素的一些独特作用，提出了一些富于启迪的观点。其一，"霸权理论和博弈理论方法则寻求最大的直接合作或协调。这些理论和方法都没有阐明被加强到最大限度的或被协调的客体的内容。一般地说，这种研究都认为'多些合作要比少些为好'，但同时又承认，'这并不意味着所有促进国际合作的努力都会产生出好的结果'"。其二，"在制度和结构比较开放、反应比较灵活并具有较好的成本效率时，制度和国际机构中的直接商谈可能是比较有用的途径。而当制度和机构不能有效运转时，在推定单方面的行动可能促进公共利益时（即出现利益和谐一致时），则市场和通过市场竞争的间接商谈可能是比较有用的途径。令人惊奇的是，国际政治经济中的制度方法，几乎都忽视了市场过程"。其三，"在今天，机构比较官僚化，而且还争权夺利，因此相互依赖的市场就为灵活的相互作用和间接的影响提供了另一个大舞台……经济参数是由市场上的竞争过程来确立的，而不是由谈判桌上的主要行为者决定的"。其四，"像制度和机构一样，市场也是不断由社会力量来形成的……至于商谈（博弈理论）和非商谈（市场）两种情景中相互作用的内容，最终既不是结构（实力）问题，也不是过程（相互依赖）问题，而是国内政治与社会利益的问题"。（均引自该书第 97—99 页）

性。这种改进或变动，既可能涉及正式规则，或许仅仅涉及实施机制，有时甚至是较为麻烦的非正式约束（如习惯等）。应当看到，除非牵涉到根本原则或重大问题，这类具体的个别的制度协调实属正常之举。所以，把国际经贸活动中的制度协调做法简单视为自己软弱迁就的做法，是一种实质上缺乏国际协调意识的具体表现。

最后，善于平衡各种经济力量的利益协调。建立一整套稳定而有效的制度安排，是一国经济发展得以持续进步的根本保证。而一国制度安排要做到稳定和有效，则务必以合理配置经济资源、确保各种经济力量的利益平衡为要旨。实现这种利益平衡，就必须改革那些导致利益分配不尽合理的原有制度，调整那些为支持那种原有制度而设置的一系列配套制度，建立那些因暂时无法废止原有不合理制度而弥补利益受损者的适度补偿制度。当然，这个指导思路同样应当落实于国际经济协调运作之中。这样，在增设意在推进对外开放的制度安排时，要避免实行一些仅仅有利于个别行业获取丰厚利益的做法；在试图接受贸易对手的某些重要诉求时，要尽量防止由此导致利益明显偏斜某些国内行业或经济力量的做法；在万一不得不如此运行时，则要增设其他具体制度以弥补由此而受损的其他行业或经济力量。再换个角度来看，发达国家对我国出口产品设立的贸易壁垒，有时候也可能具有一种客观的提示效应。例如，它们对中国产品的反补贴措施尽管总体上站不住脚，可是，有时其提出的所谓给予个别行业或国有企业的违规补贴的说法，却多少具有一定的警示作用。

（三）推动国际协调运作以变革 WTO 制度

当前，WTO 面临相当严重的挑战，制度变革与创新迫在眉睫。如何有效推动这项改革就成为 WTO 成员们尤其是大国们的紧迫使命。[1] 而运用国际经济协调手段来履行这项使命就有着广阔的空间。其中，充分关注和恰当展开与大多数国家尤其是发达国家的协调运作，便是这种协调的重点内容。

以美国为代表的发达国家当前对 WTO 抱有一种微妙的摇摆态度。一

---

[1] 《世界贸易组织的制度再设计》一书主编黛布拉·斯蒂格指出："WTO 缺少其他国际组织与生俱来的许多管理架构与规则制定程序……在许多方面，它是国际组织中'最不成熟的'。其中，国际贸易体系的一致性要求 WTO 形成更为正式的治理结构，与其他国际组织达到同样标准，让它更好地发挥作用、更具效率，对其成员方（包括发展中国家）、利益攸关方以及公众更富于问责性。"（引自该书第 8—9 页，上海人民出版社 2011 年版）

方面，它们仍旧需要这个多边贸易组织为标杆的国际经贸规范来维持现行国际经济秩序，因为完全废弃现行国际规范而重起炉灶的可能性几乎等于零，这意味着，没有这些游戏规则的世界将是无法收拾的乱局。另一方面，又对当今多边贸易组织的不少制度设置及其实际运行深感不满，认为它们严重损害了自己的战略布局和实际利益。GATT 设立的"祖父条款"被 WTO 取消，GATT 一切依靠磋商解决问题的做法被 WTO 部分地用每个成员一票且由多数裁定的投票机制所代替，都是这类比较典型的例子。

与其他国际经济组织的制度安排相比，美国在 WTO 内部失却了近似垄断性质的话语权。比方说，世界银行行长宝座从来就是美国的"专利"，而 IMF 有一条 85% 的多数决定重大方案的规则，实际上也是为了确保美国的否决权（因为它拥有其中接近 20% 的投票权）。可是在 WTO 内部，美国尽管还是有着比其他国家更大的话语权，却早已与"一言九鼎"的实际地位渐行渐远。特别是，随着经济力量的此长彼消，有些发展中成员（如印度、巴西等）在多哈回合的某些贸易谈判（如农产品贸易谈判）中居然同超级大国针锋相对、寸步不让。更难以忍受的是，竟然还发生了 WTO 迫使自己撤销含有违规条款的国内反倾销法案，不仅让其颜面尽扫，而且还直接冲破了美国历来把国内法高于国际法的一贯做法。

美国在多边贸易谈判中与其他成员展开周旋的同时，还把大量精力倾注于各类双边贸易协议之中。而近年来更是另辟蹊径，热衷于推行诸如 TPP、TIPP 和《多边服务贸易协议》一类准多边协议的谈判。不能不承认，这类准多边协议的可能出现既具有相当的合法性，又直接冲击着 WTO 的制度安排甚至统领地位。简言之，美国现在对待 WTO 的冷淡态度及其衍生的一系列做法，正是 WTO 濒临危局的关键，而其症结就在于美国及其他发达国家对于 WTO 的制度安排存有严重不满。

没有美国的支持和推动，连多边贸易组织正常运转都会面临困难，更不要讲什么 WTO 的制度变革了。多边贸易组织的制度安排，完全需要众多国家一起协商和推动才能够建立起来和持续下去。倘若一个具有最大影响力的国家冷眼旁观甚至使绊阻拦，那么，这种制度变革可能真正进行并取得成功吗？历经 13 年而至今停滞不前的多哈回合贸易谈判，已为此作了一个绝好的诠释。同样，历史是一面镜子。追溯往昔，美国曾经对多边贸易协议屡屡表现出犹豫徘徊甚至排斥否定的态度，就再一次向人们敲响了警钟。①

  与美国等发达国家进行协调运作以改革 WTO 的制度安排，必须坚持两个基本思路。一个是客观面对美国关于 WTO 制度安排的基本看法，积极容纳它的合理主张。这就是说，如果它所提出的主张具有相当的或一定的合理成分，我国则应该尽可能地加以协调，有时可以给予明确的支持或积极的配合。另一个是不能接受其试图维护制度霸权的企图。换言之，对于美国那些明显带有霸权色彩的主张和要求，我国应当予以明确反对，或者至少需要与其划清明晰界限。② 显然，这两条思路本身就明确提示人们，这种协调运作有望获取具体成果，同时又充满坎坷和曲折。

---

  ① 关于美国在这方面的具体表现，约翰·奥德尔和巴里·艾肯格林两位美国学者作了比较具体深入的阐述。参见安妮·O. 克鲁格编《作为国际组织的 WTO》第六章（第 252—285 页，上海人民出版社 2002 年版）。

  ② 谈谭所著《国际贸易组织（ITO）的失败：国家与市场》一书，在分析当年 ITO 未能正式建立的原因时，有这样一段重要的分析："其中关键原因是英国在宪章谈判中极力抵制美国主导战后国际贸易制度的努力，宪章中因而包含了大量的例外条款和政府控制贸易的内容，偏离了美国的自由市场和非歧视自由化贸易原则。《国际贸易组织宪章》没有通过美国的'贸易政治'的检验，美国国会没有批准它。没有美国的参与，其他国家也纷纷放弃了。美国试图主导战后贸易制度霸权的努力没有成功。不过，国际贸易组织的失败没有终止国际贸易领域的协调与合作。"（参见该书第 2 页，上海社会科学院出版社 2010 年版）在这里，作者提出了"贸易制度霸权"问题，并用以诠释 ITO 的失败和 GATT 的形成，给人以较深刻的启示。可惜全书对这个提法的具体阐发不够明晰和充分。

第八章　国际经济协调中的政治因素

在推动一国国际经贸活动过程中，"政治因素"始终是一个无法回避而又歧见众多的敏感话题。如何正确剖析和恰当处置这类政治因素，成了有效开展国际经济协调运作的关键。

一　国际经济活动中的政治因素

国际经济环境中的所谓政治因素，在我国通常是一个被使用得过于笼统含混的提法。严格地讲，作为用于学术探讨和宏观决策的一个重要术语和提法，"政治因素"一词实际上常常被应用得并不确切和科学。在笔者看来，"政治因素"提法的使用，至少包含九种不同的具体含义。[①]

（一）第一种含义：出于国际政治战略所采取的思路和政策

这是指有时候发达国家的基本决策思路及其具体政策完全是出于其整体国际政治战略的需要。在更根本的战略目标面前，一国对外经贸政策本身所追求的目标自然只能退居第二位。因此，在一定的情况下，它们或许未必获取显眼的经济利益，或许未必符合经济运作的相关原则，却是需要坚守不移的。例如，美国在"国家安全"这个冠冕堂皇的理由之下，禁止向中国出口的商品类别清单居然有上千页之多，就是出于这种政治战略的需要。[②]

[①] 对于"政治因素"九种含义的阐述，只是基于实际运作视角的一种分析，并未涉及纯理论思辨方面的深入探究。

[②] 十多年来，美国出现了一种对中国实施"对冲"战略的政治主张。它一方面强调要把中国完全融入美国主导的国际体系，另一方面又包含着军事上围堵中国的遏制政策。（参见陶明《美国对华贸易保护》第112—113页，格致出版社2010年版）这种战略的遏制性措施同那类所谓遏制派的主张一样，都应归类于国际政治战略的范畴。

（二）第二种含义：夹杂偏狭意识形态而确定的思路和政策

在偏狭和浓烈的意识形态支配或裹挟下，一国形成的决策思路及相关政策常常会脱离经济运作原则的要求和实际经贸利益的需要。换言之，在这种情势下，经济利益并不是首要考虑的问题。这类做法被人们视为一种政治因素。例如，1989年起，美国国会在讨论继续延长中国的贸易最惠国待遇时，多次提出并通过了所谓的有条件延长的法案，而这些条件涉及的都是所谓的人权、移民等内容，显示出他们强烈的意识形态偏好。为此，美国国会还先后同两届美国政府展开了比较激烈的博弈。①

（三）第三种含义：追求执掌政权利益而推行的权宜性作为

一国政府为了追求执政党自身的实际政治利益，或者在野党为了利于自己更迭政权，有时需要面对现实政治的客观需要，不得不推行一些未必出自其内心的权宜性做法。其典型表现为，每每接近关键性或重要的政治选举关头，为了尽可能多地拉选票，不惜制造各种选举议题和关注热点，或者为了摆脱各种不利于自身的政治麻烦、经济困难与特殊问题，竭力寻觅替罪羊以转移视线。由此，往往会引申出不少无事生非、小题大做、借题发挥一类的政策措施或荒唐说辞。其特点在于它们具有显著的实用主义性质，而并非根本政治利益所致。所以，一旦这种需求暂时减退，则它的相关做法亦相应地明显收敛，一旦这类需求再次上升或紧迫时，则它又会故伎重演甚或变本加厉。②

（四）第四种含义：为了维护集团利益而展开的政坛博弈

不少发达国家的政治体制都保持着三权分立的基本架构。其中，立法

---

① 参见王勇《最惠国待遇的回合》一书（中央编译出版社1998年版）第153—306页。

② 且举一个比较典型的实例。对于是否无条件给予中国以最惠国待遇的问题，美国前总统比尔·克林顿先后有过迥然相异的态度。20世纪90年代前期，克林顿在角逐下一轮总统宝座的辩论中，猛烈攻击时任总统老布什始终坚持无条件延长中国最惠国待遇的贸易政策，明确支持国会所提出的方案，即给予中国以贸易最惠国待遇必须附加人权等条件。可是，在他正式就任美国总统之后，其实际态度却意味深长。起初他采取拖延战术，对此事迟迟不发声音，更无任何动作。等到该政策执行期限即将结束，他实在无可逃遁之际，便不得不宣布继续无条件延长一年。而一年后则居然公开宣称：看来在这个问题上附加人权等条件是不恰当的。于是，他批准继续沿袭自己曾经极力反对过的前任政策。I. M. 戴勒斯所撰的《美国贸易政治》一书讲到了此事的前半段，却没有提及克林顿的最后决定及其说法。（参见该书第207页，中国市场出版社2006年版）诚然，克林顿总统能够排除种种干扰而坚持明智的政策，是一种识时务顾大局的积极态度，值得人们肯定和赞赏。不过，它毕竟淋漓尽致地显示了那种选举语言是何等的实用主义，因而，由此生成的所谓政治因素不可避免地具有某些权宜性质。

部门对于行政架构的诸多掣肘，导致这类国家的贸易政策深受国内特殊利益集团的羁绊或影响。只要这些利益集团出于自身基本经济利益的需要而大肆开展政坛博弈，那么，一国政府所制定和实行的贸易政策就可能被迫进行修改或调整。这类政治操作实质上是在维护经济利益。这方面最具代表性的非美国莫属。例如，围绕纺织品贸易的进口配额问题，从肯尼迪到克林顿等美国历届总统尽管对该行业的保护贸易诉求都进行过某些抵制，可出于种种现实的考虑，毕竟还是直接做出了这样那样的实际让步。

一国政府修改或调整自己的政策措施以维护某些经济集团的既得利益，在多数情况下未必是心甘情愿的。况且，某些利益集团进行的政治操作，其基本目的就是意在推行一种维护和扩展自身经济利益的贸易政策，而并非是真正的政治需要。显然，把这类为了经济利益而进行政治操纵的视为纯粹的政治因素，恐怕是张冠李戴了。[1]

（五）第五种含义：基于商务外交战略而采取的必要措施

这些年来有些国家已经较为成功地实施着自己的商务外交战略。所谓的商务外交战略，就是将本国的国际商务与自身的外交运作及策略加以有机结合，就是立足于国家战略和外交高度来筹划与处置国际商务问题。其核心在于有效解决与贸易、投资和政府规制有关的政策问题。[2] 显然，出自商务外交战略而制定与实施的政策措施，纯粹是为了落实自己的整体国际经济战略和获取重要的经贸利益，只不过它们被置于更高的战略层次予以布局与运作。这样，它们一方面与国家政治战略似乎联系紧密，有时甚至还不易明确区分；另一方面又必然凸显出战略性和前瞻性的特质，并往往显得与众不同且卓有成效。于是，不明就里的人们有时就易于误认为它们是出自政治考虑的具体产物。

（六）第六种含义：以政治之名行经济之实的谈判手段

在激烈的国际经济博弈中间，如何增加自己讨价还价的有利筹码以获取最终胜利，始终是博弈各方煞费苦心的头等大事。移花接木、借题发挥便是其中一个常见的重要手段。于是，故意假借政治因素压力名义来搪塞

---

[1] 美国学者迈克尔·希斯考克斯的《国际贸易与政治冲突》一书的基本结论是，"以影响政策制定为目标的不同政治联盟的形式主要是由经济环境的一个基本特点——该经济体中生产要素在行业间自由流动的程度——所决定的"（参见该书第7页，中国人民大学出版社2005年版）。它实际上直接指明了，美国国会院外集团的政治操作就是源自其基本的经济利益。

[2] 参见张丽娟著《美国商务外交策略》（经济科学出版社2005年版）第12页。

或压服贸易对手，以达到获取实际经济利益目的。比方说，一国政府有时故意凸显国会议员所散布的贸易保护主义喧嚣，由此来逼迫外国政府就范或让步，以实现自己的贸易谈判目标。其实，它在大肆渲染这种立法的可能性以大大强化向贸易对手施压的同时，却未必会真正支持这类可能带来失控局面和严重后果的做法，相反还可能有意无意地设置这样那样的实施障碍。显然，将其视为一种真正的政治因素，实际上是一种判断失当。①

（七）第七种含义：贸易政策特性所形成的独特做法

在设置贸易壁垒时，有些国家采取了一些比较巧妙的特殊做法。其实，它们完全是在实施贸易保护主义，可是从表面看来，却会给人一种似乎充满政治色彩的印象。比方说，美国在设置某种具体贸易壁垒时常常会采用一个有用的策略，即将矛头重点仅仅指向少数主要竞争对手。② 当年日本作为其最大贸易顺差国时曾受到它的重点"关照"，现在其最大打击对象自然是中国。这样做，既有效削弱了其主要对手在相关商品上的国际竞争能力，又没有直接开罪其他大多数国家，以避免国际社会的强烈反对。可见，究其实质，它们与真正的政治因素毫无干系。不过，在受害国看来，这类专门用于对付自己的贸易措施，自然带有值得琢磨的特别含义，于是，有些人从中分析出政治意味也就在所难免了。

美国贸易政策还有一些特性则是最近这些年来才逐渐成形的。例如，克林顿政府在其贸易政策中推行所谓的"多轨政策"理念，就是一个比较突出的例子。③ 按照这种贸易政策理念，美国对特定产业将以单边主义政策为主；对某些特定国家则更多采取大棒政策予以打击；对贸易纠纷则采取速战速决的策略，即明确规定双方进行贸易谈判的最后期限，一过期限就予以严厉的处罚措施等。可以说，后来的布什政府和奥巴马政府都承袭了其基本做法。确实，其对特定产业和国家的选择，同样易于被当事人误认为出于政治原因，

---

① 例如，前些年为了逼迫中国提高人民币兑美元的汇率，有些美国国会议员发出了刺耳的喧嚣，如强烈要求给中国戴上"汇率操纵国"帽子，提出对所有中国进口产品加征27%、5%关税的法案，叫嚷向WTO提出中国违规的诉讼等。美国政府尽管充分利用了这些喧嚣以强化对中国政府的压力，但是，它事实上绝不会让这类导致局面失控的严重措施付诸实施。

② 例如，英国学者布瑞恩·麦克唐纳的《世界贸易体制》一书，在具体阐述了发达国家限制进口纺织品的各种数据之后，就得出结论说："美国同欧盟的限制产品的种类并不完全可比。欧盟主要目的在于限制进口产品数量，美国则主要是针对某些国家而限制其所有出口纺织产品。"（引自该书第152页，上海人民出版社2002年版）

③ 参见张建新《权力与经济增长》（上海人民出版社2006年版）第96—112页。

其实它们只是美国政府维护本国经济利益的一种贸易策略。

（八）第八种含义：出自经济伦理构筑的政策思路

不能忽略的是，有些国家的贸易政策受到了其经济伦理的明显渗透甚至严重影响。因此，它们对外国进口商品所设置的贸易壁垒，或者依据自己的经济伦理来诠释 WTO 规则，或者按照自己的经济伦理来制定衡量标准，或者因循自己的经济伦理来分析他国行为与动机。这样，自然无形之中会加剧与那些经济伦理不尽相同的国家之间的贸易纠纷，引发后者的不满与反感。可是，凡是基于一国居主导地位的经济伦理而引申的政策运作，大都在本国拥有深厚的社会基础和广泛的民意支持。比方说，西方发达国家的贸易政策特别注重国际贸易中的生态环境保护和劳动者待遇（经济领域的人权问题），便是最为典型的例证。所以，有些人往往把这类因素当作纯粹的政治因素加以剖析和抨击，多少有失偏颇了。①

（九）第九种含义：用于实际拖延需要的模糊提法

一国政府出于特定需要，也可能暂时将某些并非政治因素现象称之为与"政治"有关。例如，在处置错综复杂的国际经济事务过程中，当对手采取了出乎意料的手段而自己还来不及做出及时反应时，或当无法判明或确定对手做法实际意图时，或当还没有找到有效的应对思路及措施时，一国政府姑且用"对方出于政治原因"的说法予以应对，不失为一种有用的应对策略。其言下之意是，对方出于政治原因来处置这类经贸事务，自己当然可以暂时不予接招了。在这种情况下，所谓政治因素的提法实质上只是一种用于拖延需要的模糊战术。不过，它通常带有时间比较短暂的特点，一旦应对策略得以确定，这种含糊的表述便不复采用。这是因为，一国政府提出这种笼统说辞，时常会被人们予以不同层次甚或错位的解读和应用，从而导致国际事务的分析和处置出现方向有误、无的放矢或者难以交集的各种偏差。

综上所述，确切地剖析这类"政治因素"的内涵，搞清其出自不同

---

① 其实，只要深入了解西欧发达国家在生态环境保护与劳工待遇方面的做法，即如何给自己设置了很高的门槛要求，那么，针对其政策对外国产品提出这类要求的现象，人们就不太会再简单地归咎于"政治因素"了。

情况的种种实际含义，是正确开展这项研究和应对不可或缺的第一步。①

二 深刻透视国际协调中的政治因素

所谓的政治因素既然存在着有所差异的各种含义，那么，它们就会在国际经贸活动中占据不同的位置和发挥不同的作用，同样需要人们运用不同的手段去应对它们不同的影响。

（一）分清"政治因素"的不同类型

倘若就其产生原因和实际性质两方面加以探究的话，通常所谓的政治因素大致可以分为四个不同类型。

第一类是名副其实的政治因素。一般而言，上述第一种和第二种含义的具体表现，就必须归属这个行列。它们都直接来自政治原因，自然应该归类于真正的政治范畴。此外，它还可以包括其他一些带有明显政治色彩或表现为政治操作的因素，如第三种和第四种含义的具体表现。不过，严格地讲，后两种表现并不宜被视为纯粹的政治因素。这是因为，在它们当中，有的具有明显的权宜性质，并不会产生长期的政治效应，如美国选举之年对于中国的某些攻击及象征性措施；有的看似激烈的政治操作，其意图却是为了维护基本经济利益，如美国国会议员维护某些集团既得利益的种种表现等。可见，与第一种和第二种表现相比，它们只能算作不那么纯

---

① 事实上，有些西方学者口中的"政治"一词，同样明显具有多重含义。例如，一部在美国颇有影响的国际政治经济学著作在阐述了关税和非关税壁垒之后，明确提出了这样的结论："政府在什么程度上使用这些政策手段是高度政治性的。"可是，它在同一段并不长的文字阐述中做了如下具体发挥。第一，紧接着上述这句话，它继续说："决策者们不是像中立的国民经济的管理者们那样行动，它们选择反映它们国家和地方利益的贸易政策。"这就是说，其所谓的高度政治性，是指"反映它们国家和地方利益的贸易政策"。第二，它又在提到有关补贴的具体例子后，明确指出："然而，这样的政策超出了纯粹的政治利益本身。它们也是社会福利政策，是通过补贴分配来维持选民生活水平以及维持政治上可接受的就业水平的手段。"这样，这里所谓的政治又同经济紧密相连了。（参见弗·皮尔逊等《国际政治经济学：全球体系中的冲突与合作》第217页，北京大学出版社2006年版）

粹的政治因素。①

第二类实质上完全是出自经济利益的决定因素。当一国政府基于自身商务外交战略考虑而采取的种种必要措施，或一国政府采取的一种以政治之名行经济之实的协调策略和贸易谈判手段，或一国政府根据自身贸易政策特性而需要实行某些政策措施（如贸易壁垒的矛头指向重点出口国）等，这类做法表面上可能给人以一种带有政治色彩的印象，实质上完全是基于经济原因的所作所为。

即便是现在大家十分关注的所谓遏制问题，其实也需要作进一步的具体分析。一个正在衰落的超级大国与一个正在崛起的新兴大国展开经济博弈，前者担忧自己的经济优势和霸权地位会逐渐丧失，千方百计要拖住后者的经济增长步伐，这丝毫不值得奇怪。显然，超级大国为此而施行的这类"遏制"行为，根本上还是带着浓重的经济利益考虑。因此，对于那些尚属经济领域之内的"遏制"行为，尽管有些做法十分蛮横霸道，有些做法卑劣险恶，有些做法还可能带来非经济方面的后果，人们却依然不宜轻易视之为纯粹的政治因素。这意味着，在应对这类"遏制"行为时，国际经济协调运作仍旧可以拥有广阔的空间和充分的余地。只有当它进一步恶化为全面的政治干涉和军事冲突的地步，事情的性质才可能发生重大甚至根本的变化。

第三类则是基于文化背景所形成的影响因素。例如，一国政府基于特殊经济伦理所构筑的理念和价值判断，而引申出一些相关的政策措施。如有些国家对人权的特别关注，便决定了它们对劳动者权利（经济领域的人权表现）的特殊敏感，并进而体现在其贸易政策之中。可以讲，这种做法确实与政治本身并无任何直接的关联，实际上是西方文化及其经济伦理的一种宣示。轻率地把这类情况视之为政治因素，很可能会失却一些成功协调的机会与成果。

第四类只能算作是权宜性策略手段。笼统地指责对方的国际经济运作

---

① 原外经贸部长石广生认为，我国"复关"和"入世"谈判遇到过三次政治干扰。第一次是1989春夏之季的政治风波，以美国为首的发达国家中断了与中国的"复关"谈判。第二次是1998年6月至1999年4月，因为美国国内政治的原因，两次计划签署"入世"协议都最终落空。第三次是1999年5月美国轰炸中国驻南斯拉夫大使馆之后，中国政府决定中止中美双边谈判。（参见《21世纪经济报道》著《入世十年解密》第48—50页，二十一世纪出版社2012年版）实质上，"第二次政治干扰"就是美国国内一些利益集团为了自身经济利益而进行政治操作造成的。

出自政治目的，可以有着多种不同的原因。比方说，有时候是一种实质属于拖延战术的手段，有时候是一种尚未判定事件性质的含混说辞，有时候甚至是一种基于高度戒备心理的过度反应。其实，这样归类为政治原因的说法，或许是一种有用的策略手法，客观上却模糊着对方政策运作的真实面目。可见，倘若对此随声呼应或深信不疑的话，则未免有些失之偏颇了。

上述四个种类中间，只有第一类才是货真价实的政治因素，而其他三类被泛指的政治因素实质上并不能够归类于政治范畴。同时，严格地说，第一种和第二种含义的因素才是纯粹出于政治考虑的影响因子，至于第三种和第四种含义的因素则根本不能同日而语。

（二）正确认识"政治因素"的不同作用

人们可以从两个方面正确把握各种"政治因素"的实际作用。一方面，它们各自起着有所差别的作用；另一方面，有时又共同起着多重的合力作用。所以说，它们各自起着有差别的作用，是因为不同类型的"政治因素"不仅存在性质差异，而且还有着波及范围、影响程度和实际后果的明显差别。

从波及范围看，出于权宜之计的政治喧嚣，为了保护既得利益集团的政治操作，用于拖延战术的"政治"借口等，都不会涉及较大的影响范围。在大多数情况下，倒是实质上基于经贸利益所引发的纠纷，会带来范围相对宽广的贸易影响。如基于商务外交战略而采取的贸易手段、来自贸易政策特性而实施的针对性措施等，就属于这类因素。至于从经济伦理出发而引起的贸易纠纷，是一个纠结会持续存在的长期问题，其波及的范围则可大可小。

从影响程度看，单纯由政治原因所导致的经贸冲突一旦爆发，其影响具有巨大和深刻的性质。不过，出现这类冲突的概率明显较低。出于经济原因的贸易纠纷，即便一时似乎来势凶猛，其最终的影响究竟仅仅局限于一定的层次，毕竟它们被有效协调的可能性要大得多。至于经济伦理所引发的贸易纠纷，其影响则要更加深刻和广泛一些，但一般不会过于激烈。

从实际后果看，单纯政治原因所带来的激烈冲突，会具有长期性和严重破坏性，因为彼此并不能轻易地妥协和解决。由经济原因导致的贸易纠纷，则往往有着就事论事的特点，即便有些一时也出现不小的经济冲击，最终的实际后果多少可以控制在一定的范围之内。而经济伦理引发的纠纷则兼有上述两者的特性，即一般是可控的，又可能会长期存在。

同时，各种"政治因素"之所以可以共同起着多重的作用，是因为它们之间又可能存在有机联系甚或一定的共同点，因而有时能够在一个事件里或一个问题上发挥多方面影响。

例如，有些并非真正的"政治因素"便明显表现出这点。第八种和第九种含义的"政治因素"尽管来自文化背景或策略考虑，不过，前者的伦理视野已经渗透到实际的经济思维方式之中，或转化为具体的经济衡量尺度与标准，而后者的策略运作依旧是为了一国的基本经济利益。就此而言，它们在各自发挥自己独特作用的同时，亦可从广义角度视之为起着类似于针对经济利益的相近影响。即便是第四种含义的"政治因素"，其实同样可以视其为具有经济特质的一面。这是由于，特殊利益集团的划分本身就依据于经济学分析，而它们的形成和发展也始终围绕着基本经济利益的获取和维护。可见，人们需要善于辨识它们的实际作用。

（三）恰当处置"政治因素"的不同运作

正确辨识和恰当分析这些"政治因素"的各自性质和实际作用，进而予以有区别地妥善处置，便成为一国正确国际经济运作的关键。[①]

一国开展国际经济运作，当面对双方来自经济原因或者非经济原因的贸易纠纷时，其运作的思路、内容和具体策略都会有所差异，有时甚至可能大相径庭。如果双方仅仅因为经济利益发生矛盾和冲突，那么，开展必要的国际经济协调运作就相对比较单一，即主要是围绕经贸利益的分割问题展开博弈，最终解决纠纷的难度也相对小些。换言之，倘若有必要的

---

① 由10位外国学者合作撰写的学术著作（乌·贝克·哈贝马斯等《全球化与政治》，中央编译出版社2000年版）可能有益于人们对上述分析的基本认可。该书专门讨论了全球化与政治的关系，其中有些论述对于理解国际经济协调与政治的关系不无启迪意义。例如，有人指出："只要人们把'政治'与具有集体约束力的决定等同起来，就会在国际组织中看到具有重大影响力的'政治'，因为跨国组织在超越民主舆论和监督的情况下制定具有跨国约束力的决定。"（参见该书第37页）有人认为："各个国家都必须在对内政策上鲜明地被纳入一个负有世界义务的国家共同体的有约束力的合作过程。因此关键问题在于，能否在共生于广阔地域的各政治实体的市民社会和政治舆论中，形成世界性的强制互助的意识。"（参见该书第82—83页）有人强调："经济政策今天必须要有全球的尺度，只单枪匹马地推行国家政策，那是注定要失败的。两者必须携手并进：完成国家任务和实现国际协调。"（参见该书第161页）有人分析："各国针对某种密切的行为联系采取的不协调的国家政策，可能会因这些政策彼此抵消而失效……由于民族国家的政策的这种无效性，所以产生了使其相互协调和相互配合的要求。"（参见该书第167页）

话，自己甚至可以适当多牺牲一些具体经济利益以求主要协调目标的实现。反之，如果这种贸易纠纷与非经济原因纠结在一起，那么，相关的协调内容就没有那么单纯简单。其缘由在于，它已经超越了一般经济范畴而显得相对复杂，解决的难度必然相应增加。显然，此时只是在利益分割上多做一些让步已不足以完全熨平这类纷争了。

同样，对待涉及非经济因素的贸易纠纷，一国的协调运作依然需要区别处置。与涉及真正政治因素的贸易纠纷相比，因伦理因素带来的纠纷就比较易于协调。这类伦理因素的实际影响主要体现在一国贸易政策尤其是进口贸易壁垒之中，而进口贸易壁垒的设置毕竟要以 WTO 规则为依据。这意味着，伦理因素导致的贸易冲突还多少囿于相对较小的范围和空间，任何一方都无法随心所欲。加之，彼此可以展开经济伦理的某些交流与沟通，进而缩小这方面的认识差距和贸易障碍。可见，它同真正政治因素所波及的局面不可同日而语。

即便真正政治因素所涉的贸易纠纷其实各自也有着性质上的差别。在前列的第一种至第四种含义的"政治因素"中间，前两者旨在坚持一国根本的政治利益，而后两者只是为了满足或维护某些集团的经济利益或少数人的政治私利。这样，在产生的实际影响和需要采取的运作手段上，它们便具有相当不同的表现。在一定意义上讲，后两者仍然不是出于纯粹的政治原因或拥有一些虚假的政治成分，有时候甚至完全是为了做表面的政治文章，因而其解决的方式实际上相对要灵活得多。①

总之，动辄用所谓的政治原因来看待、分析和处置一国对外经贸事务，会忽视它们出自不同的目的与需要，也背离绝大多数的国际经济现实，还损害着本国的不少经贸利益和更好的国际形象，因而是不足取的。

---

① 经济制裁手段是这方面极好的例证。《反思经济制裁》一书深入分析了对他国发起经济制裁的多重目的。它指出：经济制裁有时候可能是为了向世界表明一种决心，如表示愤慨、惩罚、制止今后犯罪和改变受制裁国的现行政策；有时候其首要目的是象征性地或以其他方式平息本国国内支持者对于"有所行动"的渴望，而不是改变外国实践；有时候其目的不是改变现状，而是制止他国未来实施违法行为或仿效其他国家被禁止的实践；更为复杂的是，制裁发起国通常追求不止一个目标，并且这些目标还随着时间推移而不断地进化更新。（参见加·克·霍夫鲍尔等《反思经济制裁》第 184 页，上海人民出版社 2011 年版）可以看出，经济制裁这个经济手段实际上充满了政治色彩。

三　恰当构建涉及政治的协调思路

鉴于上述的基本阐述，一个旨在坚持国际经济协调运作的国家在直面"政治因素"影响时，至少应该确立如下分析思路。

（一）始终对准国际协调的基本目标

如何透视所谓政治因素背后的实际影响，而能够不被虚假的表象所迷惑，是一国有效进行国际协调的重要条件。所以，必须深入剖析有些"政治因素"的具体内涵，并紧紧抓住其发挥的真正功能。比方说，第八种和第九种含义的"政治因素"尽管来自文化背景或策略考虑，不过，前者的伦理视野已经渗透到人们实际的经济思维方式之中，或转化为具体的经济衡量尺度与标准，而后者的策略运作依旧是为了一国的基本经济利益。此外，特殊利益集团的划分本身就依据着经济学分析，而它们的形成和发展也始终围绕着经济利益这个轴心。显然，具有这些含义的"政治因素"同样可从广义角度被视为具有经济特质。这样一来，无论从它的多数含义来看，还是从国际经济协调的实际情况来看，通常所谓的"政治因素"，实质上并不都是真正的或纯粹的政治因素，相反，多数倒可以被看作为来自或归结为出自经济考虑的因素了。可见，把大多数实质上的经济因素当作政治因素来看待，并由此做出许多似是而非的判断和思路，恰恰是阻挠我国正确开展国际经济协调运作的最大思想误区。

在开展国际经济协调运作时，无论搏击什么样的惊涛骇浪，都必须坚守一条根本原则，即始终对准自身的基本追求目标，最终把自己的航船驶向胜利的彼岸。对此，不能左右摇摆，不能犹豫畏缩，更不能南辕北辙。在具体处置激烈的贸易摩擦时，既要有足够的政治透视力，又要避免动辄拿政治因素说事和采取偏颇的思路。可以这样说，动辄归结为"政治因素"来分析国际经贸现象和国际经济协调运作问题，或者过于僵化地固守传统的"政治挂帅"的思维定式，或者犯有随意混淆政治与经济之间边界的方法偏差，或者过度渲染有些"政治因素"的负面作用，都会模糊或转移自身的基本经济目标，从而是一国推行国际经济协调战略的思路偏差和重要障碍，起着潜在而深刻的反面作用。

(二) 恰当利用"政治因素"的多重功能

通常所谓的政治因素有着多重含义并发挥不同的作用,而人们需要理性对待实际国际经贸活动中一个比较常见的现象,即某种"政治因素"同时起着多重的作用。于是,正确梳理这类"政治因素"的多重作用,努力确立恰当的协调立场与策略,就自然提上议事日程。具体地说,一个实际的"政治因素"可以同时蕴含多种意义而交错地发挥着多种作用,这样,一国政府在积极开展国际经济活动的过程中,既要始终盯紧自身的主要目标,又要善于使得自己政策措施尽可能地一石多鸟。据此,我国开展国际经济协调运作,需要充分而巧妙地利用政治因素的多重功能。

例如,20世纪80年代初,美国为了鼓励中国继续改革开放以符合其国家利益,经由临时性政府协议给了中国贸易最惠国待遇。显然,这项政策带有浓重的政治色彩,可谓是一种不折不扣的"政治因素",不过,它同时也有利于美国的贸易增长和福利提升,起着一石二鸟的功能。反之,中国政府明明知道美国这种"示好"的实际意味,却欣然接受这项"包藏祸心"的礼物。其基本原因就在于,这项最惠国待遇的实施,一方面,为我国的改革开放争取到一个比较平和的外部环境。另一方面,又给我国外贸发展提供了一个十分难得的契机,因为拿不到美国给予的这项待遇,就意味着我国大多数产品难以出口到这个世界第一进口大国。

不过,它具有临时的性质,需要每年进行审议再决定是否延长实施。于是,美国国会某些人由此试图在每年审议向中国延长这个重要待遇时以求一逞。[①] 我国政府相当清醒地认识到,这个仅仅对进口产品征收优惠关税税率的普遍性待遇,却是推动我国外贸发展的重要契机,因为它使得我国产品跨入国际市场的门槛不再像以往那样高不可攀,为大规模出口扫除了一个高关税壁垒。显然,设法每年延长美国给予的这种贸易待遇,应该成为我国大力追求的重要目标,需要进行长期不懈的国际协调努力。

于是,当美国对华贸易逆差明显上升时,我国就派遣过政府采购代表

[①] 例如,20世纪90年代前半期美国国会一些议员每年都企图不再无条件地延长中国的贸易最惠国待遇,总会找出这样那样的"理由"。对于这种做法的实际目的,美国学者凯文·肯尼迪在其《关贸总协定——世界贸易组织体制下的多边义务》一文中有过这样的评论:"和所有美国的贸易伙伴一样,最惠国贸易地位是美中经济关系的基石。中国的最惠国地位每年都被作为武器,以取消为由向中国施压,要求中国在某些领域做出改善的保证,包括所谓人权、核武器技术的销售、向伊朗运输导弹、放弃对台湾的武力威胁、知识产权的执行和西藏恢复公民自由。"(引自回沪明等主编《世界贸易组织及其争端解决经验》第21页,中国方正出版社2002年版)

团去美国大量发放生产订单；当美国指明我国劳改产品出口的违规现象时，我国就相应地对国内有关违规官员公开给予处罚；当知识产权保护问题成为两国贸易摩擦的导火索时，我国就对严重违规的音像公司断然采取处罚措施。凡此种种旨在协调的做法始终围绕一个聚焦点，即尽力保住这个最惠国待遇。追溯我国加入 WTO 之前的 20 年，虽则其间始终面对美国国会某些人的喧嚣和反对，甚至经历过阵阵急风暴雨，我国政府却一直在排除各种干扰和非议，从来没有中止过这方面的协调运作，从而成功地使得美国不断延长着这个对我国外贸增长甚为关键的最惠国待遇。毫不夸张地讲，没有当初最大限度地利用美国给予最惠国待遇的契机，就根本不可能出现如今的中国经济的崛起。从这个意义上讲，围绕最惠国待遇与美国开展的积极的协调活动，正是恰当对待"政治因素"多重作用的一个典型例证。[①]

（三）不宜夸大"政治因素"的负面作用

有些"政治因素"对一国对外经贸活动当然会起着一定的负面影响。但是，如何客观冷静地分析和对待它们，如何摆正它们与国际协调之间的关系，就显得十分重要。渲染和夸大有些"政治因素"所产生的负面影响，是一国经济协调必须防止的一种有害倾向。比方说，即便是目前一个国际热点即所谓的遏制中国问题，其实也需要作具体分析。一个正在衰落的超级大国担忧自己的经济优势和霸权地位会逐渐丧失，于是为此而对新兴经济大国施行种种"遏制"行为，显然带有浓重的经济利益考虑。因此，对于那些尚属经济领域之内的"遏制"行为，人们依然不宜轻易视之为政治因素。这意味着，在保持高度警觉性以应对这类"遏制"行为时，国际经济协调运作仍旧大有作为。

还要看到，那些带有权宜性质或基于经济利益的政治操作，实际上还有着非政治性的另一面，即一个并非立足于长久的政治效应，另一个则干

[①] 事实上，即便在中国即将加入 WTO 之前，围绕是否给予中国以永久性最惠国待遇，美国国内同样充满了激烈的争斗。根据《贸易战离中国有多远》一书的说法，"2000 年上半年美国国会就对华永久性最惠国待遇（PNTR）议案的表决，是这种争执白热化的集中体现。拥有 100 多个会员工会、在全国 50 个州 435 个选区分布着几百个压力集团的劳联—产联花费了 200 万美元做广告，恶意诋毁中国。与此相反，经贸集团对给予中国 PNTR 表示支持，纽约人寿保险公司董事长特恩贝格也不示弱，他本人会见了 100 名以上的议员，为给予中国 PNTR 游说。据说经贸集团为这次表决花费的金钱总数在 5000 万美元以上。"（引自该书第 325 页，经济日报出版社 2002 年版）

脆是为了经济利益。所以，尽管某些国家会因此而涌现出一些激烈过分的言论，甚至还可能出台一些象征性的对抗措施，然而，被涉及的当事国却完全可以神闲气定、不加理睬。只要对方没有创造出新的理论论据和法理依据，没有提出新的骇人听闻的说法或"事实"，没有采取新的重大举措以造成严重后果，那么，被攻击的当事国大可不必兴师动众、剑拔弩张，至多有些维护自身原则的例行性反应即可。讲到底，它们在较大程度上都是政治作"秀"，除了起着制造舆论和操弄民粹的恶劣影响之外，岂有它哉？

强调不宜夸大"政治因素"的负面影响，还包含着这样一个思想，即必须防止国际经济协调的正确决策和有效运作被这种夸大其负面影响的倾向所冲击和颠覆。为了避免这种危险的出现，有必要确立国际经济协调运作的基本边界。这就是说，只要两国之间没有发生大规模的战争或军事冲突，只要两国之间依然需要维持正常的经济交往，那么，不管提出千条理万条理，都不能动摇或退缩自己的基本立场，即坚定不移地进行必要的国际经济协调。这在较长的时期里都可能对我国有着强烈的警示意义。

（四）深入把握"政治因素"的能动作用

政治因素给予经济的能动作用同样不能忽略，它有时对经济活动会产生直接影响。[①] 尤其是当从权力、行业集团、地域利得或国家利益等视角来解读"政治"一词时，它这种作用可能更为突出。

---

① 关于经济与政治相互作用，国际政治经济学和新制度经济学都给予了特别关注和具体论述。例如，著名国际政治经济学者罗伯特·吉尔平就明确得出了这样的结论："问题的核心是经济和政治是相互密切地结合在一起的，因此很难把经济和政治分隔开来，以致经济可以按照新古典主义经济学的原则运行。"在他看来，"要分析国际财富和经济活动的分配、世界经济对国家利益的影响、国际机制的效率等重大的问题，单靠经济学这个工具是做不到精确和充分的……政治疆界现在确实，并将继续使各国经济和经济政策有所不同；政治上的考虑也大大影响着各国的经济活动，使得彼此存在差异。国家以及其他强大的行动者利用自己的权力来影响经济活动，争取最大限度地增加本国的经济利益和政治利益。"（分别引自罗伯特·吉尔平《全球国际政治经济学》第172页和第88页，上海人民出版社2006年版）在这里，他已经提及政治因素给予经济的若干直接影响。

又如，著名新制度经济学家道格拉斯·A.诺思也说："一般来说，现行的政治规则决定经济规则，尽管这种因果关系也是双向的。换句话说，产权以及由此产生的个人契约是由政治决策过程界定并实施的，而经济利益结构也会对政治结构产生影响。"（引自道格拉斯·A.诺思《制度、制度变迁与经济绩效》第66页，上海人民出版社2012年版）他直接点明了政治因素对于经济的能动作用。

这集中表现在几个基本方面。首先,任何经济活动总是在各种政治力量(如执政当局、特殊利益集团等)设置的运作框架和具体规则之内实际运行,有些更受到了法律层面的各种制约,而法律自然亦体现了主要政治力量的意志。其次,由于在经济社会里存在着彼此冲突的利益,人们常常还会自觉或不自觉地卷入相关的政治冲突,以维护或获取自身的经济利益。再次,出于实际政治的需要,有些经济活动的方向、方式乃至具体运作都必须进行相应的变动甚至有所取舍。最后,国际经济舞台上的博弈与协调,尽管其中所履行的规则或机制确实是为了解决经济问题,可是它们的具体设立与执行有时却受到了政治因素的严重影响甚至直接支配,而并非是严格地出于经济理由。[①] 例如,WTO这个多边贸易体制的实际运作,就可以充分印证最后这方面提及的政治影响。

从WTO规则或机制的选择来看,把哪些议题列入谈判协议,把哪些议题排除在谈判之外,这些选择在很大程度上受强国利益的影响甚或支配。竞争政策、劳工待遇一类议题一度列入多哈回合谈判议案,就是这类政治力量推动的结果。更有甚者,有的协议的谈判与形成并不是实际贸易活动的紧迫需要,而主要是出于政治原因的考虑。[②] 此外,有些规则的列入本身,就包含着一定的政治考虑。最惠国待遇作为WTO最重要的规则

[①] 关于重视政治因素能动作用的主要理由,西方学者作过比较充分的阐述。例如,美国著名学者肯尼斯·华尔兹在总结前人的思想后指出:"任何经济都是在政治力量设计和维持的秩序内运行的。不考虑政治规则以及普遍存在的经济上的不平等,就无法理解某一经济,或是对其运作做出解释。这一论断不仅适用于国际经济,也适用于国内经济。"(参见《国际政治理论》第150—151页,上海人民出版社2008年版)

又如,美国著名经济学家詹姆斯·布坎南认为:"从某种基础意义上讲,整个的社会相互作用的全部过程,包括经济,是当然具有'政治性的',因为所有的行为都被包围着它的法律所制约,而法律本身又必须在政治行为中找到最终起源,或至少受到基本的强制力量的支持。"(引自《原则政治,而非利益政治》第9页,社会科学文献出版社2008年版)

再如,新制度经济学者埃维纳·格雷夫指出:"政治和社会总进程导致了社会经济制度与政治制度的适应性……热那亚的政治组织确保了相应的经济制度的运行,后者导致了财富的分配,而财富分配最终改变了最初的政治组织。"(引自约翰·N.德勒巴克等编《新制度经济学前沿》第99页,经济科学出版社2003年版)

[②] 伯纳德·霍克曼和迈克尔·考斯泰基指出:"当为了政治原因需要一个协议但却没有可行的实质性交易时,一个包含了很大模糊区域的象征性的协议可能对参加方仍有价值。这部分解释了为什么某些谈成的协议很难理解(如农产品协议),或允许重新实施保护,或含有'橡胶'承诺(例如对发展中国家的特惠和差别待遇条款)。"(引自《世界贸易体系的政治经济学》第77页,法律出版社1999年版)

之一，就具有这种色彩。①

从 WTO 规则或机制的确定来看，有时候一些规则的最终制定并不是 WTO 所有成员共同磋商的结果，而只是少数具有强大发言权的成员们之间的妥协产物。这样，决策随意、规则草率的现象便屡屡出现。而有些规则或机制的实际设置表明，它们被设立的目的就直接与政治考虑有着紧密的联系。比方说，贸易救济手段之一的保障措施就是如此。②

从 WTO 规则或机制的执行来看，尽管它们的基本目的在于解决经济问题，可是许多规则的具体执行实际来自政治因素或与之紧密相关。比方说，WTO 一些有益于发展中国家而不利于发达国家的协议内容（如农产品贸易自由化等），就迟迟未能得到真正兑现。相反，尽管 WTO 主张关税优先原则，即在实行适度贸易保护措施时应优先考虑采取关税措施而不是非关税壁垒。可是，有时候成员方政府却更乐意采用非关税壁垒，因为这类因透明度低而更加不易被观察的贸易壁垒，就具有相当的政治优势。具体地说，那些由于实施这类保护政策而利益受损的民众，更少地会将他们的损失与这些措施联系起来。在这种情形下，主张和支持这类非关税壁垒的政治家既不需为由贸易保护所产生的损失承担责任，又能够享受到推行这类贸易保护所带来的政治利益（如在竞选活动中得到更多的捐款和选票等）。然而，WTO 的禁止数量限制这个重要原则却由此而未被有效实施。③

从 WTO 规则或机制的修订来看，倘若一个特定的利益集团期望对

---

① 著名 WTO 研究学者约翰·M. 杰克逊就认为，WTO 的最惠国条款至少有两个理论基础，一个是经济的，另一个是政治的。他是这样解释自己所谓的"最惠国政策的政治理论"的："没有最惠国，各国政府可能会试图确定特殊的歧视性国际集团类别。这些特殊的集团分类可能会引起憎恨、误解和争端，因为被'忽视的'国家会对这种排斥还以颜色。因此，最惠国既有助于减少各国之间的对峙，又可抑制政府求助于短期的、暂时的政策，防止给这个饱受冲突的世界'雪上加霜'。"（参见《世界贸易体制》第 178—179 页，复旦大学出版社 2001 年版）

② 例如，伯纳德·霍克曼和迈克尔·考斯泰基在分析 WTO 的保障机制时指出："政治现实，特别在处于从高度扭曲的贸易体制向更为自由的政策立场转变过程中的国家，往往决定了要有一种机制的存在，以允许在来自进口产品的竞争过于激烈而使得结构调整超出社会承受能力的情况下再度实行临时保护。事实上，这种保障机制很可能是使深远的自由化在政治上能够通得过的前提条件。"（参见《世界贸易体制的政治经济学》第 192 页，法律出版社 1999 年版）应该说，保障条款执行的具体案例确实印证了这个论断，如美国 2002 年对进口钢材加征 8%—30% 紧急关税的保障措施，便说明了这点。

③ 参见雷蒙德·里兹曼和约翰·D. 威尔逊《政治与贸易政策》（载杰弗瑞·S. 班克斯等编《政治经济学新方向》第 122 页，上海人民出版社 2010 年版）。

WTO 规则施加影响或有所修订的话，那么，它们只能通过其所属的成员方政府才有可能得以实现。而重要规则或机制真正得以修订的话，又一定是 WTO 内部各种力量较量的结果，即为各种所谓"政治联盟"进行博弈的产物。换言之，这些运作仍然离不开政治因素的作用。[①]

  这些都提示人们，当"政治因素"确实在对国际经济活动产生实际影响的时候，一国必须针对那些"政治因素"在起作用的具体环节，进行有的放矢而又多管齐下的国际协调运作。否则，侈谈"政治因素"的能动作用，与那种夸大其负面影响的不当倾向一样，非但对国际经济协调毫无裨益，反而还可能混淆自己的明晰思路，甚至带来不必要的负面后果。

[①] A. 纳里卡指出："WTO 的规则制定从根本上来说是一个政治斗争的过程。"（引自《权力、政治与 WTO》第 206 页，外语教学与研究出版社 2007 年版）

第九章　国际经济协调中的利益集团因素

利益集团在各国经济博弈中发挥着特殊功能，从某种意义上讲，可以被认为是政治因素的特殊变种。

一　国际经济环境中的利益集团因素

在国际经济环境当中，利益集团发挥着一种特殊且重要的作用。要深刻认识它的这种作用，首先还得对它的若干特点、重要约束因素和主要运作方式有一个大致了解。

（一）利益集团的含义与特点

利益集团是指一切为了追求特定利益而进行一定有组织活动的团体，这种特定利益可以是商贸利益，或者是职业利益，甚至是非物质性利益等。[①] 这是一个比较宽泛的说法。有些西方学者则给出了有所差别的定义，并从不同角度展开了深入的分析。

本书采用了一种狭义的界定来进行阐述分析。这是因为，本书主要立

[①] 西方学者往往把利益集团与压力集团及事业集团做了有所差异的界定。例如，《变化中的对外政策政治》一书就对此进行了清晰的阐发。它强调："必须区分两组不同的概念：利益集团和压力集团不同，利益集团和事业集团不同。顾名思义，压力集团就是要向政府政策施加压力的团体。许多利益集团都想影响政策，所以也算压力集团，但是有些利益集团的目标只是为了让公民围绕共同利益而行动起来——体育运动联盟是个很好的例子——所以它们只在少数情况下成为压力集团。事业集团的目标是改变世界，但它们追求的利益并不是成员——不论是码头工人还是运动员——的自身利益；它们的基础是共同的价值观，以及获得某种与成员自身利益无关的特定利益的愿望。发达国家中致力于帮助发展中国家的团体就属于事业集团。由此可见，事业集团、利益集团和压力集团相互区别但同时也相互重叠。"（引自克里斯托弗·希尔《变化中的对外政策政治》第309页，上海人民出版社2007年版）概言之，按照这样的界定，本书提及的"利益集团"，是指那些追求自身利益而力图影响政府政策的团体，并不包括所谓的事业团体，亦不宜简单地与压力集团相提并论。

足于国际经济协调的视角来探讨利益集团因素的相关影响，因而不可避免地要围绕经济利益这个轴心予以论证。因此，具体地说，这里所谓的利益集团仅仅指的是，一国所有为了追求自身经济利益而进行一定有组织活动的团体和经济力量。[①] 基于此，可以这样认为：在发达国家中间，有组织的利益集团首先就是指有些重要的行业工会；在多数发展中国家里，利益集团则同其支柱产业密切相关；而在一些转轨经济体系里，它们又同巨型国有企业联系在一起。

在开展国际经济活动及其协调运作过程中间，利益集团因素的一些特点和表现值得深入探究和认真应对。

1. 利益集团所处地位不同

在不同的国家里，利益集团在实际活动范围和政策影响程度所占据的位置大相径庭。一般而言，在发达国家或所谓的民主政体里，利益集团通常有着比较广阔的活动空间，与政府之间围绕贸易政策的博弈亦十分公开和频繁。其国会就是利益集团可以长袖善舞、各显神通的"公共场所"。特别在一些霸权国家里，利益集团的力量则尤其强大和活跃，甚至政府屈服于某些特殊压力集团的现象亦屡屡出现。[②] 相反，在那些独裁色彩比较浓烈或民主程度尚须显著改进的国家里，利益集团则有着两极化的表现，要么直接在执政部门培育或收买代理人，从而攫取着极其巨大的社会财富，要么与政府的经济博弈还处于一种不对称状态，显得缺乏足够的底气

[①] 关于"利益集团"的定义，西方学者之间亦有着不同的理解和阐述。有的将其广义地视为相似的社会或人口特征、相似的信念、利益、政策偏好的部分选民集合，有的用以表示参与政治活动的成员关系组织，而吉·M. 格罗斯曼和埃·赫尔普曼则进一步把其定义为参与有组织活动的任何团体。因此，他们指出："特殊利益集团代表非常不同的个人和利益集合。一些（但不是全部）团体的组织基础是经济利益。大多数优秀的集团代表着商业利益……多数团体也代表着职业利益……非物质利益也能找到自己的政治代表。希望代表具有相同意识形态或社会问题的观点的个人，或希望政府的政策能反映自己观点的个人组成团体……部分团体同时表达经济与非经济的政策目标。"（引自《特殊利益政治学》第 2 页，上海财经大学出版社 2009 年版）总之，依据这些定义似乎都不能简单地得出利益集团基于经济利益的基本结论。但是，本书讨论的仅仅是利益集团因素与国际经济协调之间的关系，况且，大多数利益集团的组织基础毕竟与经济利益密切相关。因之，一般而言，把这里涉及的利益集团视为基于经济利益而力图影响政府政策的团体，在理论上和实践中都是能够成立的。

[②] 罗伯特·基欧汉认为："由于所有的霸权国都没有面临必要的外部约束，它们比小国更易于屈从内部特殊利益集团的压力，所以它们特别容易产生僵化的倾向，而这种倾向就是导致经济衰落的一个重要根源。"（引自罗伯特·基欧汉《霸权之后：世界政治经济中的合作与纷争》第 173 页，上海人民出版社 2012 年版）

和力量，从而对贸易政策的影响力尚属势单力薄。

2. 利益集团追求的目标不同

经济集团的基本或重大利益会反映在差别甚大的追求目标当中。各个经济集团的形成和发展，有着各自特殊的实际背景和基本愿望，并始终都是围绕自己一定的利益目标而展开的。① 例如，它们有的代表着重大的商贸利益，有的代表着一定的职业利益，有的代表着非经济的利益诉求，还有的代表着相同的社会观点，等等。不过，其中大多数的组织基础当是围绕经济利益来展开的。这意味着，就利益集团所追求的实际目标而言，有些同一国经济的健康发展称得上相辅相成，有些则尚属可以被接受或容忍的经济运作，还有一些则完全起着阻碍和危害一国经济发展的负面影响。可见，从利益集团的具体追求目标便可判断，其相关博弈活动究竟是有利于抑或有害于一国经济的健康发展。

3. 利益集团具有的能量不同

是指其成员们为自己集团利益服务的自觉性和推动力大不一样。比方说，自由贸易政策是绝大多数人得益的公共物品，但是，这种利益是不确定的，要在未来才能体现，因而不易捉摸。这就使得得益者们大多数不太会为自由贸易政策挺身而出。同时，有些相互作用的因素也会阻挡自由贸易受益者们去积极行动，如获取有关可靠信息需要花费高额的成本，比较容易出现"搭便车"的现象，和人均受损的利益额相对较小等。相反，自由贸易的受损者所面临的后果则直接得多。所以，相关得益者对自由贸易政策的支持热情远不及受损者的反对力度。这正是保护贸易政策往往易于得手的基本原因。②

又比方说，一个松散的大集团与一个精干的较小的集团相比较，后者的成员们往往对维护集团利益倾注了更大的热情和动力。在一个较小的集团里，集团利益的维护和增加在成员身上有着更为明晰和实在的体现，而且成员们热衷于"搭便车"的现象较为少见。讲到底，这是因为较小集

---

① 美国著名学者莱斯特·瑟罗在《二十一世纪的角逐》一书中，按照有所不同的追求目标，把几个主要发达国家的公司划分为不同的类型。用他的说法就是，美国公司将比较靠近谋取最大利润的一端，而日本公司则比较靠近建设大企业的一端；欧洲大陆国家的公司，如德国公司，也靠近建设大企业一端，不过不如日本那样靠近端点，而英国公司则在谋取最大利润的一端，也许比美国公司更靠近端点。(参见该书第104页，社会科学文献出版社1992年版)

② 这方面论述可参见本书第四章第三节第一部分。

团拥有更多积极或消极的选择性激励的来源。如对不承担集体行动费用的那些人进行责罚甚至放逐,给那些为集体利益而牺牲个人利益者以特别的尊敬或荣誉,任何一方的行动都必须考虑对其他方的利益和行动进程产生可被观察到的影响等。

4. 利益集团发挥的作用不同

利益集团由于一国体制、自身实力、运作策略等原因,导致其所发挥的实际作用各不相同。例如,在发达国家或者所谓的民主政体里,利益集团有可能利用选举制度的简单多数原则,通过控制议会来阻止那些不利于自己的贸易政策的实施。这就是说,只要掌握不多的选票,便可在立法机构和政府中拥有更多的代表。另外,在各种利益集团都无法占据主导地位的情况下,相互利用的做法对贸易政策的最终确定同样具有很大的影响。这表现在,当一些拥有共同经济倾向的利益集团联合起来,用互相支持的做法来参与贸易政策的表决时,该国的贸易政策或做法就容易朝这些集团能够得利的方向倾斜。相反,在一些政治选举制度不完善的国家里,这类做法自然就难以奏效。同样,经济实力有限或者运作策略不当的集团,与实力雄厚或者策略恰当的相比较,能够发挥的作用通常就会明显要小。

此外,在同样条件下,如或在类似国家里,或拥有类似的经济实力,或采取类似的运作策略,利益集团所开展的集体行动也会差异甚大。在这里,有否选择性激励及其激励程度强弱,是决定其作用的关键性因素。倘若一个经济集团没有选择性的激励机制,那么,其集团行动就会随着自身规模的扩大而日渐消失,因此大集团相对于小集团更不可能达成实现共同利益的行动。一般而言,可以获得选择性激励的那些集团比不能够获得的那些集团更可能达成集体行动,而小集团将比大集团更可能开展集体行动。①

(二) 利益集团的约束因素与运作方式

应该看到,各种利益集团的实际运作总会受到一些客观因素的重要制约,也有着一些常见的具体方式。

1. 重要约束因素

国内利益集团在其各种经济博弈当中,明显受到一定的约束。它们主

---

① 这方面论述可以参见本书第四章第四节的具体论述。在该部分,本书概述了著名经济学家曼瑟尔·奥尔森关于集体行动和利益集团的重要理论阐述,包括小集团的分析。

要有：

第一，国家权力结构。各国政治权力结构的不同，给利益集团带来了各不相同的挥洒空间。相比较而言，美国这种代议制的政体，使得利益集团与政府的政策博弈如鱼得水。反之，那类独裁政权或民主程度颇低的政体，则利益集团的施展天地多数就相当艰难或较为有限。即便有时能够影响政府的经济政策与行为，其实际运作的方式与途径亦明显不同，且一般比较隐蔽内敛。另外，同样是所谓的民主政体，欧洲各国利益集团能够采用的手段仍然相对要狭小一些。

第二，对外贸易状况。一国对外贸易的实际状况，是政府与利益集团进行对外经济博弈的现实背景，也是哪一方占据更大主动权的决定条件之一。长期以来，巨额的贸易逆差使得美国政府在国内的经济博弈中处于相对被动的局面。这是因为，贸易逆差的长期存在似乎表明美国政府的政策与对外经济谈判出了重大问题，如美国对外国政府的态度不够强硬等，从而导致美国生产商深受其害。而有些政客的大肆渲染和围攻，更常常把政府逼入难有较大回旋余地的境地。在这种情势下，美国政府多少需要做出一些妥协和让步，才能换取美国国会对其基本政策的认可。

第三，利益集团实力。在一个凭借实力获取话语权与支配权的世界里，最大的博弈资本还是自身的实力。这里所谓的博弈实力首先是指其经济实力及其影响力。显然，一个拥有雄厚经济力量的利益集团通常会有更大的经济话语权。它还指的是拥有足够的政治能量，即一些规模与实力未必顶尖的经济集团，却可能掌握或善于调动相当的政治与人脉资源，从而可以较多地影响一国的经济政策。总之，一个利益集团必须具备这类基本条件，才有资格与政府展开一定的经济博弈。①

第四，其他的约束因素。这是指制度、法律、政治伦理等方面的严格规定同样会制约利益集团的所作所为，使之不能轻举妄动。例如，比较透明的政治制度、严惩贪污受贿的法律手段，约束政治经济游说的相关规则，立法者和决策者拥有为社会服务的良好职业道德，其他一些利益有所差异且组织良好的经济集团所形成的经济牵制等，诸如此类的因素都是利益集

---

① 美国学者达龙·阿塞莫格鲁等所撰《政治发展的经济分析》一书就一针见血地指明："政治权力是一个团体在面对其他团体抵制的情况下获得其喜爱的政策的力量……一个团体拥有的政治权力越大，越可能从政府政策和行动中受益。"（引自该书第21页，上海财经大学出版社2008年版）

团行为受到明显制约的重要因素。

2. 主要运作方式

利益集团使用的具体运作方式通常有以下类型：

一是游说。游说者的活动具体包括会见政策同情者、帮助策划立法战略、协助立法者构思法律草案、拜见持观望态度的立法者并尽量获取他们支持、破坏立法者之间的相互立法交易等。一句话，通过这类合法的政治游说，向立法者和决策者指陈相关法案和政策的利弊得失，进而推进他们的正式形成和有效履行，以导致本集团获取显著的经济利益。

二是提供信息。投票者渴望获取信息，而利益集团可以尽量形成同情自身政策主张的公众观点，从而明显增加自身支持者。它们向立法者提供信息，试图通过信息传递影响立法者的政策主张，从而使得实施的经济政策更加符合本集团的利益。它们也投入资源教育自己集团的成员，其作用在于改变普通成员对国会议题的认识，并为它们提供政策给予自己影响程度的信息，从而显著增强本集团的经济博弈能量。

三是制造舆论。要维护自己的既得利益和获取更多的新增利益，诸多利益集团自然需要掌握众多的利器和工具，其中舆论宣传和专业评论就发挥着比较特别的作用。换言之，它们就必须利用一些传媒和专家学者充当它们的"喉舌"，而以民意或专业评论的名义出现的看法与主张，往往更易于被较多的人们所接受。显然，这就明显增加了利益集团与政府开展博弈的有用筹码。另外，围绕抗议活动的媒体报道以及利益集团的辩论活动，也都具有这方面的浓烈色彩。

四是提供资金援助。为候选者和政党提供经济资源，包括竞选活动捐款。这种资金援助的目的十分明确，就是让能够代表或大致反映本集团利益的政治力量上台掌权。这样，它们制定和实施的法案或政策，或者能够使得本集团获取更多的经济利益，或者可以最大限度地减少自身的经济损失。即便自己支持的政治人物未能如愿以偿，它们中大多数仍然可以经常为本集团充当"传声筒"。诚然，这一切都会在冠冕堂皇的理由下悄然进行，并不会表现得那么赤裸裸。

五是组织抗议活动。当某项经济决策措施明显损害一个经济集团的重大利益时，它还可以公开组织合法的抗议活动。这类抗议活动至少具有一石三鸟的作用，即：敲打和教育政策制定者，不要轻易实施某些不利于该集团的政策措施；凝聚和教育利益集团的一般成员，使得它们更具战斗力地为本集团利益服务；发动和教育社会上的一般公众，吸引它们更加关注和投入那些有利于本集团的抗议活动，进而对政府形成强大的社会攻势。

（三）利益集团对一国经济发展的实际影响

在边界不变的稳定社会中，随着时间的推移，将会出现较多甚至大量的集体行动组织或集团。这些利益集团的出现及其活动，尽管对于一国经济发展具有着力推动的积极一面，但更多还是可能带来了负面的影响。这里主要对后者作些分析。

首先，利益集团会降低社会经济效率或总收入。不断有效增加社会物质财富，是一国长期健康发展的重要基础。在一个社会中进行集体行动的组织或集团，如果它们只代表非常少的一部分人的利益，那么，将很少或不会为了社会利益去做出巨大的牺牲。相反，它们会通过获取社会产品的更大份额来服务于自身集团成员的利益。事实上，即使经济分配改变所带来的社会成本超过了再分配的数量很多倍，这样做对该集团也是有利的。所以，这样的利益集团在获取社会产品的更大份额时，不会考虑强加这种再分配可能给全社会造成的任何数量的损失。这自然损害着整个社会的经济效率和总收入水平。

其次，利益集团会加剧收入分配中的严重冲突。在一个国家或单独关税区范围内，倘若广大民众能够分享众多的共同利益，则可以将他们聚合在一起，使得整个社会比较稳定和谐。反之，一个社会贫富鸿沟巨大，必定矛盾重重、危机四伏。显然，社会分配是一个意义重大的经济与政治问题。可是，当特殊利益集团显得非常重要，而分配问题又非常有意义的时候，政治生活中的分歧就会加剧。利益集团一旦拥有得以成功的实力和机会，它们就会采取排他性的筹划和做法，尽力减少和排挤新成员的进入，并且会尽力限制分散成员的实际收入。这样做的原因就在于，如果获胜集团越小的话，分配给每个集团成员的收益就会越多。所以，发达国家中以分利为导向的院外集团和卡特尔一样，必然是排他性的经济集团。

再次，利益集团会减缓整个社会进行技术创新的能力。技术创新是一个社会迅速发展的重大推动力。为了适应新技术的使用或生产条件的变化，一国需要将经济资源从一种活动或产业配置转换到另一种活动或产业中。这意味着，这种配置速度的降低或放缓，必然会使得该国的经济增长变慢。然而，比较大的技术创新通常会改变某些经济集团的相对实力和既得利益，因为这会冲击后者在一定行业、部门、地方中占据的垄断地位或重要位置，甚至可能会使得特殊利益集团无法照旧生存下去。于是，这些利益集团对待这类创新和变化将非常谨慎，有时更会予以抵制和反对。如果由此造成新技术采用的延缓和进入障碍的增多，那么，经济增长的下降将会非常显著，其社会产量下降会比特殊利益集团所得到的高出很多倍，特别在长期中就将更加严重。

最后，利益集团会增加社会治理的复杂性。利益集团的增多明显增添了政府职能、具体管理乃至社会惯例等诸多方面的复杂性。这类社会治理的难度提升，不仅大大提高了一国健康发展的风险程度，弄不好还会改变社会演进的方向。比方说，利益集团力图影响本国贸易政策，就是这种复杂性中不可低估的一个重要方面。

还要看到，在要素所有权高度集中的部门，它能够相对容易地克服"搭便车"问题并且形成压力集团。这是因为，专用要素的不同所有者，由于在保护它们所处部门中存在共同利益，可能会为政治行动而选择加入利益集团。既然它们的目标就是保护部门专用要素收入，因此，人们需要考虑这种组织在形成贸易政策中的作用。比方说，当特殊利益集团期望政策制定者相互谈判，而不是采用非合作的方式制定政策时，它们的运作方式（如捐献等）也会采用相对应的设计和操作。所以，在利益集团的强大攻势下，一国政府有时会按照向特殊利益集团屈服的方式来制定贸易政策，并且在国际领域的贸易谈判中会以同样的方式做出反应。可以说，这种现象在一定程度上指明了发达国家贸易政策的特点。

二　深刻透视国际协调中的利益集团因素

在国际经济活动中，利益集团扮演的角色和发挥的作用，主要应该从它们的贸易政策反应、影响贸易政策的具体途径及其对国际经济协调运作的实际功能等方面加以考察。

（一）利益集团的贸易政策反应

既得利益集团在各国的经济发展中始终是一个挥之不去的影响因素。同样，在国际贸易活动中间，一国经济集团为了维护自身的既得利益，也时常明显影响本国贸易政策的制定和实施。这意味着，一国开展国际经济活动需要巧妙化解各种干扰，以坚持自己的贸易政策方向。于是，深切了解利益集团的贸易政策反应就十分必要。

关于贸易政策的基本取向：必须清醒地认识到，自由贸易的利益受损者易于形成一定的集团，往往发出的反对声音相当强烈和集中，而自由贸易的多数得益者则由于种种原因，并没有庞大的力量公开维护这种有益于全社会的政策走向。换言之，向往保护贸易政策的利益集团，更会为此发出尽可能大的声音。这两种相差甚远的态度，常常在客观上会营造出一种有利于推动保护贸易政策的舆论氛围。所以，当一国与他国之间面临和加剧进口贸易的纠纷与冲突时，在某些利益集团的推动和鼓噪下，国内往往易于出现偏激的舆论氛围和政策诉求，给执政者造成一定甚至很大的政治压力。基于此，决策者对于这类两者相差甚远的经济反应，必须保持清醒的头脑，进而才能制定和实施比较公正和恰当的贸易政策。

关于国际经济活动的具体运作：既得利益集团在这方面的实际影响大致表现为，针对外国进口同类商品千方百计地寻找各种借口，要求设置更多更严的关税壁垒和非关税壁垒，反对政府部门采取更加开放自由的进口贸易措施；围绕自己商品所遭遇的外国贸易壁垒，常常对本国政府施加种种压力，企图迫使其在其他领域或方面采取反制措施或者做出一定让步，以缓解乃至消除自己商品面临的出口困境。所以，这类实用主义的做法往往有害于一国贸易政策的稳定性和有效性，亦容易引发更多的贸易摩擦与冲突，更会导致一国经济协调运作陷入被动与困难之中。

关于国际经贸规范的遵循态度：从总体上看，具有贸易保护倾向的利益集团对国际经贸规范持有一种比较消极或抵制的态度，有的甚至采取激烈反对的立场。前者在发展中国家较为常见，而后者则以美国的纺织业和钢铁业为典型。与激烈的反对者不同，那种消极抵制的态度并不强烈反对或否定国际经贸规范整体和多边贸易组织，而主要在对待一些直接涉及自身利益的贸易规则上，或公开抗拒，或视而不见，或肆意曲解，或设置实施障碍等。至于其他那些赞同自由贸易的利益集团，固然会认可和拥护国际经贸规范体系，不过，对于其中一些出于协调和平衡需要而确立的贸易规则，仍然会缺乏应有的热情和主动性，有时还会有所懈怠或不作为。其原因十分简单，因为这类国际规则并不利于自身获取更多的利益。

关于国内政策措施的相关处置：在可能情况下，国内利益集团总是影响和掣肘政府相关的国内政策措施，试图从中获取更多的补贴、减免税、获利机会和其他优惠待遇。当它们对本国政府施加巨大压力时，或者渲染自己产业面临严重困难，或者强调自己产业所具的扶植性质，或者片面援引他国的相关做法。其实际结果则是，常常由此迫使本国政府的相关举措有意无意地违背了自由贸易精神和现代市场经济的基本要求。

（二）利益集团影响政策的途径①

在发达国家中间，立法机构即国会通常是利益集团展开各种博弈的一大平台，它们与政府之间经济博弈的聚焦点则是贸易政策。这里且以美国国会及其议员的若干表现为例，具体了解利益集团如何对一国贸易政策及其国际协调运作施加重大影响。

1. 掌控最高外贸权力以压制政府决策

利益集团在同政府部门的激烈博弈中，首先设法利用立法机构的权威性掌控主要决策权力，从而可以高屋建瓴地压制住政府关于对外贸易政策的方向和运作力度。

例如，美国《宪法》第一条就把"监管对外贸易"的权力赋予了国会，还授权国会制定和征收关税。相反，它却没有授予美国总统处理任何具体贸易事务的权力。因此，美国国会拥有对外贸易的最高权力（除非它自己愿意下放），而政府的政策在任何方面都不能凌驾于这个立法机构之上。

2. 利用批准权逼迫政府做出妥协

利益集团还常常利用政府迫切希望国会批准某些重要法案的心理，以此为诱饵和筹码，逼迫政府在自己需要的其他方面实行妥协，进而满足自身的利益需求。

例如，为了防止多边贸易谈判成果在国会不被批准，美国政府和贸易谈判代表还得花费巨大心智对付存有异议的产业联手反对。于是，它们对于其中一些较具实力者的经济要求，常常不得不表现出特别关照。围绕纺织品贸易的进口配额问题，从肯尼迪到克林顿等历届总统尽管对该行业的保护贸易诉求都进行过抵制，可出于种种现实的考虑，毕竟还是直接做出了实际让步。

3. 改革自身体制以带动贸易政策变化

有时候，利益集团还通过改革国会某些体制，再用此作为一种重要示

---

① 本章第二节第二部分的阐述分别参考了如下著作的局部阐述。它们是 I. M. 戴斯勒《美国贸易政治》，中国市场出版社 2006 年版；赫伯特·斯坦《美国总统经济史》，吉林人民出版社 2011 年版；吉恩·M. 格罗斯曼等《特殊利益政治学》，上海财经大学出版社 2009 年版等。

范，使得政府部门不得不亦步亦趋，从而可以实现维护自己集团既有利益的目的。

例如，20世纪70年代美国国会的部分体制变革虽然本身同对外贸易毫无关系，可是，它的连带效应却深刻影响政府贸易政策的制定与实施。这特别表现在，国会旨在展现自己决策公开化、民主化的举措，却带来了一个意外的后果，即一方面，特殊利益集团获得了一个宣传自己政策主张的重要平台，如通过一些议员发表不负责任的错误言论、提出一些保护色彩浓重的极端提案等；另一方面，有些议员出自政治利益考虑（如害怕减少选票或政治合作者等），也明显减弱了贸易自由化的声音。这样，在具体产品贸易问题上，政府越来越多地遭受来自特殊利益集团的压力。

4. 瞄准本国经济软肋钳制政府行为

时时瞄准本国的经济软肋，寻觅各种可以大加指责的理由，从而钳制政府政策的有效实施，进而保护自己集团的既有利益，也是它们常用的手段。

例如，巨额的贸易逆差使得美国贸易谈判代表们在国内的经济博弈中常常处于被动的守势，因为贸易逆差本来就表明市场好像对美国以往的谈判成果做出了否定性的反应，即美国对外国政府的态度不够强硬，从而导致美国生产商深受其害。而有些政客的大肆渲染和围攻，更易于把政府逼入难有较大回旋余地的境地。在这种情势下，政府就不得不在有些方面对这些利益集团做出让步。

5. 假借产业发展威逼政府让步

利益集团与本国政府进行博弈还表现在祭出自身产业濒临崩溃或毁灭的法宝，或者对此大肆渲染，或者蓄意采取某些消极行为，或者故意造成某些实际后果，以向政府施加压力。其目的就在于迫使政府的贸易政策向有利于它们的方向转变。

例如，美国纺织行业和钢铁行业历来就是如此。在过去半个多世纪里，美国纺织行业就是如此这般同政府进行着长期的激烈争斗，竟然迫使美国政府先后不得不采取一些并不情愿的保护贸易措施，以对它们做出一定的妥协。

6. 打出命系危急的政治经济大旗

有时候，利益集团针对一些外国商品大量进口现象，祭出"维护国家安全"和"保障国内就业"的大旗。这样分别点出政治上和经济上最为敏感的命脉,来为维护自己的集团利益摇旗呐喊,固然是大家心知肚明的下三烂手段,却又使得人们不敢随便提出异议和加以反对。应该看到,利益集团的这些手段在美国被应用得最为淋漓尽致。①

(三) 利益集团给予国际经济协调的影响②

与其他一些影响因素相比,利益集团因素给予国际经济协调运作的负面影响有时似乎相当明确且强烈。从众多具体案例来看,事实上只有人数占较小比例部分的利益集团在推行着保护贸易主义,进而直接阻碍着国际经济协调运作的顺利进行。但是,由于其态度坚决、能量颇大、抱团抵抗等特征,它们所产生的实际能量却是非常突出的。于是,这类利益集团便对国际经济协调运作产生着不容低估的消极效应。

例如,它们往往推动设置比较坚固的进口贸易壁垒,并且不肯轻易让步。2005年美国履行WTO关于全球取消纺织品与服装贸易的进口配额的规定之后,不少议员指责美国政府停止实施进口配额,致使中国纺织品对美销量大增。然后,它们又试图收回美国政府开展自由贸易谈判的授权,进而高筑进口贸易壁垒。纺织品贸易自由化是WTO的一项既定成果,在某些利益集团的挑动下,美国国会却表现得如此气急败坏,实属全世界罕见的一道风景线。

又如,它们往往不惜恶化双边经贸关系,并且热衷于剑走偏锋。对华贸易逆差在2004年达到1620亿美元之后,美国有67位参议员(即占参议院的2/3多数)投票赞成一项非常极端的议案,即要求向来自中国的进口产品征收27.5%的临时附加税。倘若该议案得以实施,其结果必然是,不仅中美之间的经贸关系随即濒临崩溃,而且全球经济将遭受相当沉重的打击。

再如,它们往往试图挑战那些不利于自己的国际经贸规范,并且手段五花八门。出于保护自己国内市场及其具体份额的需要,它们有时候大肆

---

① 王孝松所撰《美国对华贸易政策的决策机制和形成因素》一书指出:"通过对重要贸易议案的投票结果进行经验分析可以看出,利益集团给议员提供的捐资十分显著地影响议员的投票结果,而议员的个人因素几乎不能发生任何作用,议员的投票行为并不反映其所持的社会理想和政治抱负……同时,公众会基于所属行业的不同而对议案持有不同的态度,他们所在选区的议员会在一定程度上考虑来自行业内部的声音。"(参见该书第148页,北京大学出版社2012年版)应该说,它从一个侧面指明了利益集团影响美国贸易政策的重要途径。

② 这部分阐述所涉及的简明例证均援引自 I. M. 戴斯勒《美国贸易政治》,中国市场出版社2006年版。

渲染和推行本国那些与国际经贸规范不相吻合的法律规章，有时候巧妙利用国际经贸规范中的漏洞和缺陷，有时候随意曲解既定的国际经贸规则，有时候更是有意无意地违背既定的国际经贸规范，等等。总之，这类千方百计地冲击、颠覆和否定国际经贸规范的恶劣做法，直接危及正常的全球经贸秩序。

反过来看，那些被视为自由贸易受益者的其他利益集团以及广大消费者，其维护自由贸易做法和推进国际经济协调的能量，相对有限得多，与其获取的贸易利益不甚相配。用一位美国经济学者的话来说："公众对扩大贸易的支持不冷不热。"尽管如此，透过这些自由贸易受益者的实际作为，人们依然可以看到利益集团因素对此发挥的积极作用。

其一，一些利益集团可以成为一国推行自由贸易政策和融入国际经济体制的重要社会基础。实施和坚持自由贸易政策，是当今世界进行国际经济协调运作所追求的政策方向和经济目标。有些利益集团，如出口生产商、进出口贸易商以及与外资联系紧密等团体，尽管一般不像具有保护贸易倾向的利益集团那样态度鲜明和抱团坚决，却依然是政府推行自由贸易政策的重大支持力量。它们不仅通过日常的实际以表明自己的政策态度，而且还是能够在关键时刻挺身而出，直接响应和配合政府相关的经济呼唤或号召。

其二，一些利益集团可以成为一国遵循和利用国际经贸规范的重要经济力量。国际经贸规范是当今世界开展国际经济协调的法理基础和行为圭臬。倘若一个国家在遵循国际经贸规范上态度懈怠、问题多多，那么，它一定无法获取其他国家的信任或认可，从而难以实现有效和成功的国际经济协调。由于国际经贸规范凸显着国际贸易自由化的基本倾向，加之国际经贸活动需要确立共同的游戏规则，因此，一国的上述利益集团尽管有时也发出这样那样的不同声音，却总体上会拥护和支持本国政府顺应和利用国际经贸规范的所作所为。

其三，一些利益集团可以成为一国解决国际经贸纠纷的重要支持阶层。处置国际经贸纠纷经常是一国需要国际经济协调的重大缘由，而确立什么样的基本思路予以解决就至关重要。诚然，一国总是力图在这类贸易纠纷中获取尽可能多的利益尽可能减少损失。但是，与具有保护贸易倾向的集团相比，其他一些利益集团无论对于全面遵循国际经贸规范，还是认真对待贸易对手的经济诉求，或者客观分析贸易纠纷的缘由和症结，都表现出一种比较理智和灵活的姿态。这显然给本国政府解决这类贸易纠纷提供着更大的运作空间。

其四，一些利益集团可以成为一国维护世界经贸稳定运营的助动力。这表现在一国有些利益集团，如大型出口商、进口批发商、对外投资巨大的跨国公司等，有时候还能够发挥一种特殊作用，来缓解甚至抚平两国之间的激烈贸易冲突。具体地说，它们通过营造舆论氛围、进行教育劝说或者施展一定压力等手段，能够促使本国政府做出必要的让步，以推动贸易纠纷得到比较圆满的解决。这种做法之所以可以获得成功，是因为它们帮助政府或者认清了原先并不清楚的双方利益重心，或者认清了选择一项贸易政策的国内实际力量对比，或者认清了做出必要让步的战略可取性或策略必要性，等等。①

三 恰当构建涉及利益集团的协调思路

一国恰当处置其与利益集团之间的相互关系，需要遵循一些理论思路。

（一）认真倾听利益集团的各种诉求

一个社会存在各种利益集团，是一种不可避免的社会现象，也是经济社会长期运营的必然结果。除了一些出自非经济目的而形成的集团之外，即就它们的大多数而言，利益集团的存在具有两重性的经济功能：一方面，它们本身完全可能是一国社会经济发展的一种推动力或润滑剂，其存在有着毋庸置疑的正当性和必要性。另一方面，它们的某些不当甚或片面的诉求也可能成为一国对外开放和经济增长的实际障碍。倘若这类负面的诉求被经常提出或执意坚持，并成为某些利益集团与本国政府进行经济博弈的重要突破口，那么，利益集团的这些作为甚至可能演变为一国经济发

---

① 余万里所著《美国贸易决策机制》一书在分析"美国贸易政治中的利益集团"时，分别阐述了具有较大影响力的农业利益集团、代表劳工利益的劳联—产联以及代表工商业利益的美国商会、美国全国制造商协会和美国商业圆桌会议。其中涉及它们关于对华贸易最惠国待遇、中美经贸关系、中美贸易政策和人民币汇率等方面立场的阐述，可以帮助人们进一步了解美国的主要利益集团。（参见该书第 221—290 页，时事出版社 2013 年版）其实，这些阐述同样有助于理解本书这里的论述内容。

展的重大羁绊。所以，如何正确面对和处置利益集团的各种诉求，便成为测试一国政府领导艺术的试金石之一。①

面对各种利益集团的具体诉求，政府和广大民众都应以理智公正的态度正确处置。这种正确的态度涉及两个方面。

一方面，应该努力满足利益集团合理可行的经济诉求。必须看到，利益集团的各种诉求具有不同层次的内容。有的是保障自身生存与发展的基本条件，有的是维护自身基本经济利益（它们通常是社会成员应该享有的待遇）的必要条件，有的是追求本行业在各种契机中的额外利益，有的则是固守本行业早已获取的垄断利润或高额利润。显然，前两种诉求是合情合理的，政府应该努力创造各种条件加以实现。而第三种诉求也不宜一概反对，如果它们有益于甚至不损害整个社会经济的长期发展，则同样可以在一定的条件下予以满足。只有最后一类经济诉求，尽管有时还打着这样那样的时尚旗号，却是必须坚决抵御和反对的。

另一方面，不能无原则迁就利益集团的不当要求。一国政府在直面利益集团的种种呼吁和诉求时，必须坚守那些不容侵犯的基本原则。它们至少包括：不能损害国家和民族的整体利益；不能违反业已确立的基本战略和方针；不能违反国际经贸的基本规范；不能违背政府业已做出的国际承诺。换言之，一切来自利益集团的触及这些红线的诉求，统统不予接受甚或考虑。如果这方面发生动摇或退让，势必造成极为严重的后果。

利益集团的有些经济诉求常常是在相当"充足"理由支撑下提出来的。比方说，"保护新兴工业"、"确保国家安全"、"维护经济稳定"乃至"旨在变革创新"等，都是常见的时髦说法。孤立地看，这些口号乃至思路本身的正确性都是无可非议的，似乎任何人都没有加以反对的道理。问题在于，其背后的实质内容究竟意在为何。

至于我国究竟如何实际运作，其实不妨设立一些简明的具体衡量标准，便可确切判定这类说法的是非曲直。比方说，它们是否有利于社会主义市场经济体系的实施和进一步完善；是否有利于中央政府总体经济规划

---

① 在雷蒙德·里兹曼和约翰·D. 威尔逊看来，关于贸易协定和关税谈判的政治经济学方法相当有前景。在分析美国与欧洲围绕农产品补贴的争端时，他们强调："在这个例子中，国内政治看起来极度重要。"在讲到北美自由贸易区谈判协定遭到美国国内利益集团的强烈反对时，他们又指出："这意味着理解关税谈判和贸易协定要求对国内政治状况具有明确的认知。"（参见杰弗瑞·S. 班克斯等编《政治经济学新方向》第130页，上海人民出版社2010年版）

的有效实施；是否有利于我国收入分配贫富差距的切实缩小；是否有利于我国遵循和利用国际经贸规范；等等。毫无疑问，只要拿这样的"照妖镜"一照射，各种经济诉求的真伪利弊，立时就可显示出其庐山真面目。

（二）高度重视敏感领域的利益博弈

利益集团的不当诉求及其与政府之间的激烈博弈，特别会出现在一些敏感的经济领域。所谓敏感的经济领域是指一些行业、部门和重大运行项目，它们或者是被WTO规则约束的，或者是对国内经济大局有着重大或显著影响的，或者是政府予以重点关注或扶植的，或者是国内易于引发较大经济争议的。

敏感领域的这类经济博弈大多是围绕利益的分割而展开的，有时候还具有寻租行为的典型特征。就我国这些年来的实际状况而言，其具体表现主要有：或者要求出台或强化带有显著优惠成分的产业扶植政策；或者干扰和抵制某些业已出台的改革开放政策；或者利用各种名义讨要一些所谓的特殊政策；或者积极反对或消极抵制一些拟议中的改革开放举措；或者试图影响和改变中央政府涉及战略性的总体思路和经济布局；等等。更有甚者，这种激烈的博弈就局部范围或具体个例来讲，实际上已经深陷令人切齿痛恨的贪腐泥淖之中，还有些简直已经到了匪夷所思的程度。这就直接考验着我国政府履行经济职能的权威性和公正性。

就经济层面而言，围绕这类敏感领域的利益博弈，需要确立一些重要思路。

关于产业扶植政策。对于一些新兴的产业（如高科技产业、环保产业等），政府施以援手加以扶植推动，这本身并无什么不当之处。但是，按照国际经贸规范的要求，一国产业扶植政策的实施，不能演化为贸易工具，即导致该产业由此获取额外的贸易利益；不能变相违反国际经贸规范，即实际上形成了该产业所获取的违规贸易补贴；不能导致垄断与过度行政干预，即帮助该产业占领反市场的垄断地位，或加剧政府部门不当的非市场干预；更不能随意有差别地实施，即违反WTO的贸易制度统一性规定，在同一关境实行不同的政策。

关于服务贸易领域开放。本来，我国服务贸易部门的对外开放并不落后于其他WTO成员，现在这方面的开放步伐略为缓慢一些好像无损大碍。但是，无论从我国寻找进一步对外开放的突破口来看，还是就TPP、TTIP和《多边服务贸易协定》谈判"高水平国际规则"的发展趋势而言，我国都必须在"服务贸易现代化"这个方向上开辟新道路。在这种情势下，如果为了自己的局部利益，而试图继续推行抬高市场准入门槛一类做法以抗衡服务贸易行业的更大开放，则实在是不识大体且逆流而动的愚蠢之举。

关于大型国有企业政策。由于种种原因，我国政府在特殊政策名义下，给予它们的待遇过于优渥和偏斜。这种政策走向的长期存在且一度愈演愈烈，自然同它们作为最有经济实力的利益集团密切相关。近年来，面对国际社会持久且强烈的质疑，我国大型国有企业政策已经到了亟待反省和变革的地步了。

我国有些利益集团在这些领域的具体诉求和经济目标，大大逾越了如此清晰的运作边界和规则底线，而政府有关部门有时候却又做出了十分不妥的退让与妥协。这正是问题的症结所在。要有效整治我国这个明显的经济弊端，还需要多管齐下，尤其离不开坚强的决心和持久的努力。

（三）努力拥有应对利益集团的技巧

必须承认，围绕一国贸易政策的选择与实施，我国政府与国内利益集团之间同样存在着激烈的博弈，尽管它并不那么公开和显眼。这种经济博弈当然不是你死我活的斗争。利益集团毕竟同其参与的行业发展需要同舟共济，也离不开政府的呵护和关照，因而是一国国民经济体系稳定运行的重要部分。但是，它们之间的博弈有时却可能涉及经济发展的方向转变或重大利益的取舍，因而是政府不可随意迁就和退让的。这样，善于实施巧妙的应对策略，有时旗帜鲜明地反对，有时满腔热情地支持扶植，有时若明若暗地提醒暗示，有时迂回曲折地缓步前进，有时借力使力地反制约束，便是一国政府领导艺术的重要体现。

强调这条协调思路同时包含着另一层基本意思，即在国际经济协调运作的过程当中，应当充分关注和激发其他相关国家某些利益集团为我服务的积极性。具体而言，那些大量投资于我国的跨国公司，那些从事大量中国商品买卖的外国进口商，那些拿着大量中国生产订单的外国出口商，那些与中国产业具有上下游关系的外国大公司，那些与中国经济具有潜在发展前景的外国跨国公司，都同中国经济发展有着密切的利益瓜葛，可谓"一荣俱荣，一损俱损"。这种与我国利益关系紧密甚至高度一致的外国利益集团，无疑是我国打破外国贸易壁垒和经济遏制的一副好牌。其关键在于，我国如何依据国际协调的实际需要加以恰当的推动。①

同时，强调这条协调思路甚至可以发挥另一个设想，即如何积极借助国际经济组织的各种机制与手段，强化一国政府与国内利益集团开展博弈的工具，增添一国政府与对方政府联手应对外国利益集团的挑战。换言之，WTO的制度安排与机制设置，不仅可能提供着用于应对利益集团的利器，而且还可能有着人们尚未意识到的积极功能。②

此外，还不能排除国际经贸活动中会出现一种现象，即一国政府在某个议题上与国内某些利益集团所展开的经济博弈，有时居然需要借助于谈判另一方的政府予以呼应而占据上风。这主要表现为，对方对于该议题做出了一定的或较大的让步，致使自己能够缓解国内利益集团的强大压力，有时还能够让自己在国内经济博弈中占据有利的位置。一般而言，无论是对方政府有意识地做出一些经济让步以缓解自己的国内压力，还是自己提出的诉求有意无意地配合对方政府的国内博弈需要，这类做法都会给业已开展的国际经济协调运作带来更多的机会和更大的好处。只不过这样做需要具备一些必要的前提条件，如对方政府确有协调的诚意与决心、能够获取对方在其他方面的明显让步、有利于整个协调格局的顺利运营等。总的来看，善于从这个环节打开对方的缺口，往往会收到事半功倍的效果。③

（四）密切关注经济集团之间的利益平衡

一国政府与国内利益集团之间的关系，除了博弈交锋的一面，还有合作配合的另一面，道理很简单，因为彼此有着共同利益。这种共同利益，

---

① A. 纳利卡在其《权力、政治与WTO》一书中指出："政治在本质上是冲突性的。大多数政策选择会产生分配性的冲突，一项政策对一个团体有利，而另一项政策则对不同的人有好处。每一项政策选择都会创造赢家和输家。"（参见该书第20页，外语教学与研究出版社2007年版）

② 有的国内学者从一国政府与利益集团博弈的角度，阐明了WTO的一种特有功能。他说："政府需要武装起来，抵抗狭隘利益集团的压力，而WTO制度就提供了这种帮助。WTO覆盖的领域非常广泛。在贸易谈判中，如果有压力集团游说政府，要求给予特别保护，政府可以宣称需要签订一个范围广泛的协议以使所有行业都受益，从而抵制这种保护主义的压力。事实上，政府常常就是这样做的。"（引自杨国华《WTO的理念》第14页，厦门大学出版社2012年版）

③ 著名学者G. M. 格罗斯曼和E. 赫尔普曼在《利益集团与贸易政策》一书（中国人民大学出版社2005年版）中深刻地指出："在强调两层策略性相互行为的框架中分析贸易政策的形成是恰当的。一方面，在国际领域内，政府之间相互面对设计贸易政策。另一方面，每个政府又不得不处理其国内政治体制。这种两层相互关系产生了国内和国际政治之间的同时相互依赖。"（参见该书第218页）

既包括整体的国家利益，亦具有其他一致的经济利益。这样，且不论整个社会和谐稳定的客观需要，即便从相互合作配合的角度来看，政府同样应该密切关注各个经济集团之间的利益关注与平衡问题，以避免许多不必要的国内经济冲突与彼此利益损失。

首先，要高度重视不同集团之间利益的适当平衡。各种利益集团是一国诸多经济力量的重要代表，尽管它们的实力和诉求各不相同，但是彼此间利益的适当平衡却是一国经济平稳发展和顺利进行国际协调的重大条件。政府必须高度关注这个问题，并且特别要致力于两方面的有效运作。一个是如何设法适当补偿那些自由贸易的受损者。由于各种因素（包括一些客观原因）所致，有些行业或经济力量在短时期里难以应对正在变革中的贸易政策，无法抗御大量外国商品或资本的严重冲击。在这种情势下，政府给予一些合规的帮助和救济以避免过大的经济波动（当然不是贸易保护主义手段），既是稳定本国经济正常运营的实际需要，更在有效缓解国际经济协调运作的国内压力。在深入推进自由贸易政策的过程当中，一国政府不用积极的态度去关注和处置一些竞争力不强行业的棘手问题，只会使得自己的相关国际协调面临更多的国内压力。另一个是如何解决进口壁垒带来的新的收入差距问题。一国设置一些合规的进口壁垒或许是无可非议的，可是，它们仍旧存在着明显的经济弊端，如扩大了收入差距，有时还产生新的贸易摩擦等。进口壁垒的成本是由广大消费者和多数生产商所承担的，可是，得益者则是少数特定的行业和部门。反过来，倘若有的国家对这类进口壁垒采取反制措施，受冲击的则是其他一些原先并非得益的出口行业和部门。毫无疑问，忽略这类环节的利益适当平衡，既会削弱一国贸易政策的国内支持度，又会增加其国际经济协调运作的国内困难。

其次，要认真营造利益平衡的社会氛围。政府应当引导本国民众以一种正确健康的价值观念去对待一切社会经济现象，包括不同经济集团之间的利益平衡。比方说，在经济活动中间，划地为王、倚强凌弱、独占好处、强取豪夺以及近水楼台先得月等行径，都是不正当竞争的典型表现，理应受到全社会的蔑视和谴责。另外，还要经常宣扬一种理念，即在国际经济活动中间没有免费的午餐，享受的权利与承担的义务总是对应的，因而无视这个基本准则而提出的经济诉求，自然是一种缺乏国际视野的作为。所有这些都是制约利益集团在某些时候或某些方面提出不当诉求的精神武器。

还不能不看到，利益集团为了自身重大利益的需要，总会千方百计动员或制造有利于自己集团的社会舆论与专业评论。① 这就产生了一个如何提醒广大民众理智对待的问题。所以，针对一些似是而非却影响颇大的政策传言和舆论导向，政府部门应当及时而正确地指明相关的经济事实，阐明既定经济政策的具体内容和适用范围，表明政府的相关立场和真实用意。总之，需要发出一种以正视听的权威声音。当然，这里不会涉及对于具体学术观点和评论声音的态度。其目的在于，政府部门发挥一种提示和引导的作用，帮助全社会民众搞明白某项政策的真谛和经济效应，从而避免出现整体的不恰当判断和反应。

主张一国政府在营造社会氛围方面有所动作，绝非鼓励政府实行错位或越位的行政干预，而是旨在通过这类做法减缓和平息利益集团因素的负面经济影响，以及有关贸易政策及其协调运作所面对的国内压力。显然，这是一种正当的合规的经济政策运作，是一个负责任的政府的职责所在。一定要看到，传布、澄清或营造正确的经济理念、政策内容和舆论氛围，同样是一国政府减少政策实施成本的组成部分。② 此外，要警惕政府行为的利益偏倚。政府所制定和履行的贸易政策直接牵涉各个经济集团的利益所得，因而围绕这类政策展开的经济博弈相当激烈和复杂。于是，政府行为本身是否存在利益偏倚的意图或后果这样的问题，自然也会被尖锐地凸显出来。大致来说，政府本身的决策与行为导致不当的利益偏倚，基本来自三方面的原因。

一是政府部门缺乏明确思路造成的。任何一项具体经济政策的出台，总会对不同的经济集团产生获利不均甚或利弊相异的经济效应。这是十分正常的现象。其关键在于，有关政府部门对此有否清晰周全的决策思路，

---

① 我国这些年来一些刊物和学者实际在充当着某些利益集团的代言人。人们对他（它）们的唯一要求只能是，恪守自己的职业道德和行业底线。即新闻报道必须客观公正，专业分析必须言之有据。但是，那些悖逆这条"铁律"的传媒和学者将受到强烈的非议和谴责，同样是天经地义的事情。

② 著名美国经济学者阿德纳什·K. 迪克西特阐述道："经济学家是经济政策制定过程的观察者。当他们研究该过程的运行以及改变政策规则的后果，并公布他们的研究结果时，他们也就成了这个过程的参与者。他们对不同的政策法案或规则的经济后果的计算或预测是这一过程的一个组成部分，但我们不应指望它成为一个具有支配性或决定性的因素。"（引自《经济政策的制定》第109页，中国人民大学出版社2004年版）

能够设计和推行相得益彰的系列政策措施，以力求不同经济力量之间的基本利益相对平衡。倘若政府部门的决策思路不够明晰周到，对其实施后果亦不甚了了，则这些政策措施客观上就可能产生利益偏斜问题，即明显有利于某些集团而不利于其他集团，从而爆发原先没有预料到的矛盾和冲突。

二是政府部门思路失误所致。这是指，政府部门出台一项经济政策的初衷是好的，其基本指导思想亦无可非议，可是，由于具体决策思路某个环节的疏漏或差错，却导致其政策效应的最终后果大相径庭。这种思路疏漏或差错来自于，或者未能理解产业政策的正确含义或运作边界，或者明显忽略现代市场经济所需的基本条件，或者没有全面把握国际经贸规范的重要内容，或者缺乏洞察贸易对手政策变动的前瞻眼光，或者严重低估有些政策措施所具的负面效应及其放大作用，等等。总的看来，其实际后果与第一种情况大同小异。

三是政府部门出现利益集团代理人。在存在多种利益主体的经济格局下，利益集团的激烈博弈总是围绕经济权力的掌控或影响力而展开的。这样，当一国有着较多经济集团在同政府展开活跃的博弈，以试图利用政府政策为自己服务的时候，随之而来的一个严峻挑战便是，它们力图进一步在政府官员中间寻觅或培育自己的代理人。一旦有的政府官员甘愿充当某些利益集团的代理人，且数目不仅仅是尚不成气候的一两个人，那么，一个新权贵阶层就赫然形成且贻害无穷。这个新权贵阶层是市场经济条件下不受制约的权力与贪婪资本相勾结的产物，是一个疯狂盘剥民脂民膏和极度败坏社会风气的毒瘤，自然被广大民众所深恶痛绝。毋庸赘言，它们不惜追求和维护某些资本集团硕大无朋的经济利益，同上述客观上导致利益偏斜的现象相比，完全是天壤之别。试想，受到新权贵阶层的干扰和破坏，那些可能触动某些资本集团重大利益的国际经济协调运作，还能够比较顺利地开展和深化吗？

总而言之，一国国际经济协调要得到国内各种经济力量的支持和配合，必须创造必要条件，即努力关注和有效调节它们之间的利益关系。这个本属国内收入再分配的问题，同样是一国对外经贸政策及其运行必须予以关心和研究的重要题目，亦是探究利益集团因素的相关影响时不可忽略的一个重要方面。

第十章 国际经济协调中的文化因素

与其他影响因素相比，文化因素是一个比较独特的类型。[①] 它的含义相当广泛，又常常以一种难以觉察的方式在发挥自己的作用。而且，它很少为纯粹的经济理论所关注。这里围绕其对国际经济活动及其协调运作的各方面影响，做些具体的剖析。

一 国际经济环境中的文化因素

要深入探究文化因素在国际经济环境中的地位与作用，首先必须搞清楚文化因素的含义及其经济功能。

（一）文化的含义

关于"文化"的定义可谓众说纷纭、各持己见，似乎没有一个确切

[①] 第七和本章分别讨论制度因素和文化因素对国际经济协调的影响，这就需要准确把握制度与文化的区别。有些经济学家的相关论述是含混不清的。关于这个问题，杰弗里·M.霍奇逊专门强调了两者有着三个关键性区别。第一，文化是一个群体或社区整体之中盛行的特征，而制度可以是横跨多个文化群体的规则系统。第二，文化在本质上是共享习惯的复合体，而制度是规则的系统，它以共享习惯为基础。第三，制度具有法律编撰、心理表征和离散的自我参照的维度，而在文化中这些并不是必需的。（参见杰弗里·M.霍奇逊《经济学是如何忘记历史的：社会科学中的历史特性问题》第337页，中国人民大学出版社2008年版）

的权威说法。① 概言之，它是由众多因子组成的、以共同价值观为基础的一整套知识、观念、态度、习惯等。

从广义来看，文化因素包含着不少具体因子，它们都以各自的形式和特点在发挥着潜在的作用。例如：基本价值判断，它是指整个社会占据主流地位的关于许多基本问题的观念、看法和评价等；组织文化，它是指所有组织有意倡导或自然形成的行事作风和习惯等②；惯例，它是指不同文化的群体所自愿遵守和因袭的一些具有一定历史的习惯做法或不成文规则③；等等。这些文化因子反映或折射着该社会广大人士对于人生价值、公平、正义与诚信等理念的共同认可。显然，在不同的历史条件、地域环境和人文背景下，各自形成的文化特质大相径庭。

（二）文化因素对于国内经济发展的重要功能

文化因素给予各国经济的实际影响既深刻又潜在，从而形成了各具特点的经济架构。具体地说，一国文化对于其国内经济发展的具体功能表现在：

---

① 例如，诺贝尔经济奖得主道格拉斯·C. 诺思认为："文化则可被界定为'由教育与模仿而代代相传，并能影响行为的那些知识、价值及其他因素'。文化提供一个以语言为基础的概念框架，来对由感官传递至大脑的信息进行编码和演绎。"（引自《制度、制度变迁与经济绩效》第 51 页，上海人民出版社 2012 年版）

又如，著名的博弈论研究者罗伯特·阿克塞尔罗德在其代表作里关注"文化的分布"问题。他则做了这样的阐释："尽管信仰、态度和行为已经覆盖到一个宽泛的范围，但是依旧有很多东西可以扩展到人际间的相互影响，诸如语言、艺术、科技标准和社会习俗等。关于人们彼此影响的因素最重要的原术语是'文化'，所以本文中'文化'一词将被用来表示个人态度遭受社会影响。在一个社会中如果只有单一的文化，则意味着没有文化，它的内涵是要被强调的。另外，文化元素的意义和重要性不是被指定的。相反，我们要研究的问题是在一个给定的特征下，人们如何彼此影响和为什么这种影响不会导致人变得完全同质。"（引自《合作的复杂性》第 159 页，上海人民出版社 2008 年版）

再如，大卫·J. 海克逊等英国学者又是这样对"文化"下定义的："它指的是某一社会共同的价值观，即这一社会所有成员在艺术、建筑、服饰、饮食、交往方式、职业道德等方面的共同态度。"（引自大卫·J. 海克逊等《全球管理透视》第 13 页，西南财经大学出版社 2003 年版）

② 关于 WTO 组织文化，可以参见托马斯·科蒂尔《一种 WTO 决策制定的双层次分析法》，载《世界贸易组织的制度再设计》第 43—66 页，上海人民出版社 2011 年版。

③ 在阐述了不少社会生活中的惯例之后，英国学者罗伯特·萨格登强调："大量社会组织依赖像我已经描述的那些惯例。这些是从未被有意识地设计的规则，遵守这些规则符合每个人的利益。正是因为这些规则不是被设计出来的，正是因为遵守它们符合我们的利益，我们很容易就忽视了这类规则的重要性。"（引自罗伯特·萨格登《权利、合作与福利的经济学》第 82 页，上海财经大学出版社 2008 年版）

1. 构筑自己的经济哲学

一国的经济活动总是在一定的经济哲学支配之下进行的。经济哲学是人们指导自身经济行为的思辨准则和基本尺度，一国占据主导地位的经济哲学则在理念上和基本经济行为上，直接规范和影响着该社会的经济秩序和运作框架。这样，文化因素就决定着不同民族之间和许多国家之间经济哲学的差异性，从而使得它们的经济运作拥有一些独具特色的东西。

盎格鲁—撒克逊民族（以英格兰为代表）极端推崇个人主义，它大致上属于经济强势且极具竞争力的民族。它们不仅极端地在商言商，而且企业并购计划也完全出自财务指针上的考虑。拉丁社会（以法国和意大利为代表）极具浓郁的个人色彩，特别是个人权威至关重要，而人际关系也亲疏有别。德国经济始终强劲不衰，而且每一次挫败都使它越挫越勇。德国人开展经济运作时事先规划和重视秩序。在社会经济活动中间，德国人比较注重公平，日本人比较重视权力，而美国人则最乐于为将来的互动行为建立规则和标准。

2. 确立自己的价值观念

价值观念在经济活动中的重大作用，主要体现为人们所确立的具体经济目标和所遵循的行为规范，或者判断一项经济运作的是非曲直，都是以其为基础甚或圭臬的。有违一国主流价值观念的经济目标或行为，在该国往往会寸步难行或者无法立足。所以，文化因素导致的价值观念有所不同，势必影响到各国民众的经济理念、追求目标和具体运作方式。

在具有平等主义文化的国家里，人们的价值观念较少注重地位和权威意识，他们可能更愿意打破地位的界限来提出要求，而这种界限让来自等级主义文化的人们会因为失败、报复或者让当事人丢面子而产生恐惧。在等级主义文化里，挑战现状这种行为往往受到阻碍，而在平等主义文化中则受到保护或鼓励。直接对抗也破坏了集体主义文化的一种价值观——和谐。面子指的是一个人在别人面前表现出来的自我形象。对来自个人主义和平等主义社会的人来说，面子不是很重要，但对来自集体主义和等级主义社会的人来说，面子却非常重要。

3. 拥有自己的管理特色

一种管理方式的行之有效，必须具备非常重要的基本条件，即它能够积极顺应这个社会根深蒂固的思维形式、行为方式和习俗惯例，进而循序渐进地加以引导、改进和变革，以求取切实的经济效率。脱离这个基本条件，自己精心设计创立的管理方式根本就无法成功，而借鉴引进的外国管理方式同样会水土不服。换言之，应当重视文化因素给予一国各种管理方式的潜在而深刻的影响。

英美国家能够比较轻松地面对管理权威及应付不确定事物。主管一般没有高高在上的感觉，更容易授权他人或下放权力。下级也比其他文化的员工更勇于质疑上级的命令及规定。拉丁人拥有明确的权威、原则及惯例的组织形式足以让外界放心，它们似乎成为经济活动得以成功的基本保证。不过，这样的组织容易变得比较官僚化，也易于趋向僵化。该民族比较倾向于尊重权威，集权中央的层级制度因此更为牢不可破。德国人的管理中规中矩，永续经营，更依赖员工的专业技能。德国组织明确规定每个层级的职责以及应该扮演的角色，因此能鼓励基层员工发挥所长。所以，德国经理的管理更可能引用程序以及规章。相反，美国经理则更热衷于建立能够管理未来相互关系的规则，而日本经理更可能依据先例进行经济管理。

4. 形成自己的行事风格

一国在经济活动中带有普遍性的行事风格，直接构成了其经济运作和市场秩序的某些特点，也是决定其经济效率高下的影响因素之一。而一国文化传统给予其民众行事风格之形成的实际影响，常常是既潜在而又比较深刻的。

英美国家比较容易做到就事论事地处置经济事务。在工作上不仅公事公办，而且往往对事不对人。在生活上则可以公私分明，完全不会在两者之间纠缠不清。法国人往往把简单事物复杂化，不太尊重法律规范。意大利人重视亲属关系，讲究个人魅力。日耳曼人不会把管理阶层视为高高在上的领导者，自然也不会顺从地接受他们的指令。在技术及管理方面，他们也比其他文化的员工拥有更多的发言权。而且，德国人习惯于一板一眼地照着时间表办事。拉丁人的管理阶层通常会设法降低不确定性，而不是坦然面对变化多端的经济前景。拉丁社会还倾向于把责任归咎于某一特定人，要寻找替罪羔羊。

5. 凸显经济伦理

经济伦理作为一种针对经济行为的道德规范系列，本来就是文化因素中的一个重要因子。而且，随着时代的不断进步和世界经济的飞速发展，它发挥着越来越明显的实际功能。具体而言，它既是一国制定贸易政策的重要依据，又是其获取贸易政策民意基础的有力工具。因此，这个文化因子在许多国家的经济运作中经常被凸显，折射出文化因素给予经济发展的独特功能。关于经济伦理的重要性及其有关思路，后面再作专门的阐发。①

（三）文化因素对于国际经济活动的实际作用

在一国的国际经济活动中间，文化因素又发挥着什么样的实际作用呢？

文化因素强化一国国际竞争力。一国竞争力有硬实力与软实力之分，而后者的重要性正在日益凸显。从本质而言，一国软实力恰恰依赖一国主流文化的强大推动，甚至可以说就是其文化影响力和创造力的凝聚和结晶。它主要体现在该国民众所具有的素质与能力、全社会所渗透的奋发精神与合作氛围以及整个国家所拥有的知识创新与科技进步力量等方面。文化通过对国民的精神和品质的培育和熏陶，可以强化一国的民族凝聚力和积极的社会精神。文化及其智力产品又是一国经济发展的重大基础。没有足够或合适的文化底蕴，或者缺乏包容开放的文化氛围，一国就难以长期地健康地推进其经济增长。一句话，文化直接成为一国推动或阻碍其经济发展的原动力或绊脚石。讲到底，倘若一国主流文化不能在上述方面发挥足够强大的积极作用，那么，这个国家就难以建立起雄厚的经济实力，更难以立足于世界竞争之林和真正融入当今的国际经济体系。

文化因素减少对外经贸活动的交易成本。它本身所具有的一些基本特征，如传承性、稳定性、独特性等，便于营造一种相对稳定且可持续的市场氛围，并由此构筑出相对应的市场规则与秩序。而恰当有序的市场经济规则及其具体运行，其最大的好处就在于非常有效且大大降低着整个社会的诸多贸易费用。于是，一种合适的文化氛围自然可以多层次地减少交易成本和提升经济效率。同时，一国开展国际经贸活动还需要面对贸易对手的文化特质所带来的经济效应。具体来说，其进行国际市场营销，就不能不了解和适应对方国家的待人接物、风俗习惯及其基本价值观等众多文化因子。在这方面，一国倘若做得较为勤勉尽力的话，则自然获益良多；反

---

① 我国有些学者对于经济伦理重要性的强调与阐发，值得人们予以切实的关注。例如，刘绵松所著《伦理的视角——WTO 中的互利原则研究》一书明确强调：全球贸易伦理是全球伦理的第一主题；构建全球贸易伦理的现实需要最强烈；多边贸易体制比较健全，十分有利于全球贸易伦理的建立等。（参见该书第 1—8 页，湖南教育出版社 2002 年版）

之，则势必麻烦不断。

文化因素有助于国际经贸规范的不断完善。WTO规则的形成与修订实际就是一种多少带有强制性的文化整合，同时又是各种文化激烈交锋与适度兼容的奇特产物。在这个既交锋又融合的过程中间，每种文化的某些部分都受到一定甚或相当的冲击，另一些部分则在适度兼容中有所交融和发展。换言之，在当今的世界上，各种文化一般都既不是处于根本对立或严重冲突的状况，亦不存在或不容许出现谁吞并谁的趋势。那种推行文化霸权或文化侵略的企图，在多边贸易体制里已经越来越难以得逞。从这个意义上讲，WTO一整套规则体系的不断深化和完善需要文化因素的积极配合和支撑。这意味着，倘若忽略和无视文化因素在这方面的积极功能，那么，试图大力深化WTO规则体系的壮举，同样只可能陷入步履维艰的尴尬境地。

可见，文化因素可能给予国际经济活动的正反面影响，提示人们必须密切关注一个问题。这就是，要全面而透彻地分析和把握许多现实的国际经济问题与事件，绝不能忽略文化一类非经济因素的实际影响。否则，所得到的研究成果或具体结论恐怕很难令人信服。[①]

二 深刻透视国际协调中的文化因素

在国际经贸活动的协调运作当中，文化因素的实际作用可以从两个层面加以考察。一个是各国自身的传统文化背景，另一个则是多边贸易体制的制度、组织及其机制所构建的特有文化。它们的影响不宜低估。

（一）文化因素对贸易政策的影响

经济伦理作为文化因素的重要组成部分，在国际经济活动中发挥的实际影响称得上是潜在而深刻。特别是，它可以制约一国国际经济活动或经

[①] 斯坦利·L.恩格曼说："不关注文化价值问题对经济行为的作用方式而直接地处理传统经济问题，有可能把我们引向迷途……可以说，无论文化或价值观念是通过正式的社会结构（如法律），还是非正式的社会结构（如社会共同遵守的行为规范）、价值观、预期、个人的抱负，或其中多个因素的互动来影响我们的经济生活，毫无疑问的是，文化和价值观念的确在起作用。尽管当前经济学前沿的主流分析趋势是手段更复杂，而不是使分析和解释越来越简单，然而，在下认为，经济学应该走上一条对重要问题作出趣味盎然而且有使用价值的研究之路。"（引自约翰·N.德勒巴克等编《新制度经济学前沿》第147—148页，经济科学出版社2003年版）

济行为的价值目标，以及达成这些目标的途径与方式。或者换句话说，它可以制约一国国际经济活动或经济行为能够追求什么样的利益，以及采用什么样的手段来获取这些利益。①

从当今国际经贸活动的实际运行看，经济伦理对于一国贸易政策的影响十分显著。其中，欧盟以及美国的贸易政策的表现尤为典型。

1. 贸易与环境关系

欧盟高度重视生态环境保护问题，起着全球"领头羊"的作用。从欧盟业已出台的有关协议来看，它的做法既独树一帜，又影响深广，因而颇值得高度重视。

欧盟的环境政策明确贯彻着一些重要原则。它们是：预警性原则，即在遇到严重或不可逆转的损害威胁时，即使缺乏充分和科学的确实证据，也可采取措施防止环境恶化；防止及优先整治环境源的原则，即从防止环境破坏发生时入手，治理环境损害应该从源头抓起；污染者付费原则，即环境污染行为或者后果的实施者应当承担污染防止、治理和纠正的费用，使得污染环境成本内部化；一体化要求原则，即环保政策要系统地融合到欧盟其他各项政策之中，在制定经济政策时均应考虑它们对环境的影响，应将有关环保要求整合到这些政策当中。

据此，欧盟的环境政策很有一些特殊且效果明显的做法。第一，把污染者付费的原则从生产过程延伸到最终产品本身。这就使得外国商品进入欧盟的费用提高、难度增大。第二，落实防止与优先整治环境源的原则，率先从产品本身及包装延伸到相关的生产工艺和方法等方面。这是对TBT协议附件一有关规定的一种应用，却使得其产品法规逐渐产生了国际管辖的实际效果，且大大提升了外国商品进入欧盟的难度。第三，预防性原则得到越来越频繁的应用。它导致一种不应有现象的出现，即在没有得到足够科学支撑的情况下，也以损害环境为名对一些商品和行为采取了限制措施。而且，预防性原则的频繁使用还易于引发或激化国际贸易摩擦。第四，用自己的科技优势进一步强化产品的环保要求。显然，这种进入壁垒被高筑的最大受害者自然是广大发展中国家。第五，试图在国际范围内推

---

① 有的西方学者明确认为："对外政策分析还必须面对规范问题……无疑，对外政策许多有趣的问题不是技术上的，而是涉及价值和原则问题。其中之一就是，对外政策在多大程度上可能受制于伦理原因而不损害其他合法目标。"（克里斯托弗·希尔《变化中的对外政策政治》第16页，上海人民出版社2007年版）

行新的经济惩罚手段。例如，欧盟一度打算对民航客机征收"碳关税"，就是其欲在这方面有所突破的第一步。这样，它的技术性壁垒可谓是全世界最难逾越的贸易进入门槛之一。

美国主导制定的《北美自由贸易协定》同样高度重视生态环境问题。其第一章"目标"的内容，在阐述自己的6个目标之后，提及了它同两方面的关系，一个是与《关税与贸易总协定》等其他协定的关系，另一个则是与环境和保护协定的关系。不难看出，环境问题在该协定中占据着何等显赫的位置。事实上，在美国政府的提倡下，这三个成员国已经把环境协定及劳工协定当作北美自由贸易协定的核心。所以，墨西哥的严重环境污染顽症此后得到了遏制和改善。

2. 贸易与劳动者权利关系

欧洲国家历来强调人权问题。在经济领域，这种人权首先集中表现在劳动者的地位与待遇上。于是，贸易与劳工的主题自然是欧洲人追求的一项重要经济政策目标。例如，欧盟在20世纪90年代初推行了第二次社会行动计划，其主要目标就是：加强健康和安全措施；保障工人参加工会的权利，确定工作时间的最高限度和保障工人拥有参与企业决策的权利等。可以说，这是一项比较全面体现劳动者权利的社会政策。[①]

鉴于此，劳工在经济生产活动中的地位与待遇自然同样便成为其贸易政策的重要关注之一。例如，有些欧洲厂商对我国出口企业进行实地考察，居然关注的是劳动者的工资收入、福利待遇和生产条件，在这些方面达到他们认可的标准之后，才会正式发放订单。而欧盟本身对于进口商品还设置了不少以这种经济伦理为背景的蓝色壁垒，有时还借此兜售一些贸易保护主义的私货。这样，必然使得一些来自发展中国家的产品难以逾越。

美、加和墨三国参加的北美自由贸易区亦十分重视劳工问题。据此，在该区域经济一体化组织里，其所设置的劳动合作委员会已经具有超国家

[①] 西欧国家的社会政策比较充分地凸显了它们的经济伦理，而这类政策恰恰对其国际经济交往施加着显著的影响。总体上看，西欧国家社会政策具有如下特征：第一，它们所体现的社会福利水平明显高于美国和日本。第二，它们都在寻求一种社会稳定机制，以确保国民所享受的相关社会福利。第三，它们围绕"公民的基本社会权利"，制定了范围广泛、内容具体的政策规定，如改善生活水平与工作条件、得到医疗和安全与社会保障、接受职业培训等。（参见张荐华《欧洲经济一体化与欧盟的经济社会政策》第189—209页，商务印书馆2001年版）

的明确目标，如以合作方式改善劳动条件、提高生活水平和改革工作纪律等。而且，这类机构确实也实施了一些有益的具体规则，如接受非政府组织提出的申诉，去解决跨境劳工管理中的侵权问题等。

美国还试图把劳工问题纳入 WTO 的规则体系。1999 年西雅图会议之所以失败，没有能够开启 WTO 新一轮贸易谈判，其中的重大原因就在于，当时美国总统克林顿坚持要将贸易与劳动者权利列入贸易谈判议题，而大多数发展中成员则予以了坚决的抵制。这些都表明美国政府对于国际贸易与劳工问题这个主题的深切关注。

对于美国与欧盟而言，把劳工问题列为贸易谈判议题之一乃是势所必然的事情，因此，它们之间的分歧只会出现在具体的利益分割上。不能不看到，欧美这类做法虽然经常也带有强加于人的色彩，可是，充分尊重劳动者的基本地位和权利，毕竟是社会进步的重要体现，有着相当积极和合理的成分。可见，围绕这个主题所形成的贸易规则给予广大发展中国家的压力之大，也是不言而喻的。

3. 贸易与竞争政策关系

建立统一的竞争政策是欧美国家近年来大力宣扬的贸易谈判目标。从欧盟来看，其竞争政策虽则首先用于约束其内部的经济行为，却同时涉及市场准入的某些规定，因而值得密切关注。如防止大企业滥用优势地位，即反对它们不受市场竞争的约束；警惕垄断行业的反市场举措，即它们的商业化服务要引入竞争机制；关注政府给予企业的补贴，即不允许通过政府补贴让其他企业处于竞争劣势。正是依据这些规定，欧盟以垄断行为为由处罚了比尔·盖茨的微软公司，对中国大型国有企业的某些贸易行为向 WTO 提出诉讼等。

美国更是将贸易与竞争政策纳入 WTO 贸易谈判议题的积极推动者。这些年来，美国或直接用自己的国内法衡量和制裁外国进口商品，或直接用自己的国内法解读或扭曲国际法，或直接用国内法影响国际协议的规定，实际上已经试图用自己的竞争政策影响和改变全球的贸易秩序。特别是，它近年高筑反补贴壁垒，设置特保措施机制，大做国营贸易文章，既表明了其应对国际经贸摩擦的锋芒所向，又凸显出它所追求的"统一竞争政策"的显著特征。在与欧盟的相关协议谈判中间，美国会在这方面大显身手。

可以预料的是，这三方面的主题一定会在美国与欧盟之间 TTIP 谈判的最终协议中占据显眼地位,相反,它们在 TPP 谈判中的位置或许相对有限。因之,TTIP 谈判和美国所主导开展的 TPP 谈判一起在构筑着全球更高水平贸易规则的基本框架。但是,TTIP 谈判比 TPP 谈判可能更具前瞻性和深刻性,即尽管其确立的新贸易规则在全球得以实施需要更长的时期,可它们给予发展中国家的经济冲击力更为巨大和深入。

(二) 文化因素对 WTO 运作的影响

作为当今的多边贸易组织,WTO 有着自身的组织文化,这种组织文化是隐藏在任何一个国际组织运行机制背后的无形网络。[①] 同时,每个 WTO 成员都会凭借自己的文化传统去解读和应对 WTO 体制内出现的诸多现象和问题。这两类文化因素都会给 WTO 运作带来一些无形的重要影响。

比方说,美国的实用主义文化传统在多边贸易谈判中间就有比较明显的体现。[②] 当年要建立 ITO 是美国提出的,可是,最后却因为美国国会的反对而胎死腹中。GATT 的建立还是美国推动的,然而,当其一些政策主张无法在这个多边贸易体制内得以实现时,它又转而热衷于双边贸易谈判。WTO 体制取代 GATT 体制之际,把服务贸易和知识产权保护纳入了自己的规则框架,这些都是美国竭力主张和推动的贸易议题,连欧洲有些国家(如法国等)都对此心存疑虑。应该说,其后谈判结果最顺遂美国的心意了。不料,随着 WTO 内部力量对比此长彼消,加上有关条款制约着所有的成员方,使得美国非但已经无法像以往那样颐指气使,而且还面临国内法须得服从 WTO 规则的难堪局面。于是,它继而又将 WTO 多哈回合贸易谈判搁置一旁,再次热衷于双边或准多边贸易谈判。难怪有些人把美国视为一个没有信用的国家。其实,这正是其实用主义文化居中发挥作用的结果。

[①] 正如 A. 纳利卡在其《权力、政治与 WTO》(外语教学与研究出版社 2007 年版)一书中所指出的那样:"任何一个国际组织运行机制背后隐藏的是其组织文化。这种文化会对其成员方采取的谈判和结盟策略产生重要影响。"(引自 A. 纳利卡《权力、政治与 WTO》第 203 页,外语教学与研究出版社 2007 年版)

[②] 程大为在《WTO 体系的矛盾分析》一书中同样指出了文化因素影响美国在 WTO 之内的具体运作。他说:"美国设计的 GATT 多边贸易体系以及它后来在 GATT/WTO 中的表现,都是实用主义的。实用主义是美国的文化传统。多边贸易体系对美国的主要价值在于推动其他国家的进口自由化和市场开放。从历史和现实都可以看到,只要多边贸易体系违背美国的国家利益或国内的政治需要,美国从来都不惜损害多边贸易体系的权威。"(引自该书第 197—198 页,中国人民大学出版社 2009 年版)

相反，就多边贸易体制相关文化而言，它对国际经济协调运作的影响就更加直接且具体。例如，发展中成员在 WTO 体制内的贸易谈判中常常会持一种比较僵硬的态度，在达成妥协方面缺乏足够的灵活性。这种态度实际上就是与 WTO 文化有关的若干因素促成的。一方面，发达国家可以轻而易举地迫使发展中成员对不少问题只能"搭便车"（如"绿屋会议"就带来这样的后果），而且还能够不顾后者的反对而设置一些新议题。另一方面，发展中成员还无暇顾及谈判中的一些技术问题，而谈判的节奏和技能要求使得它们难以采取和坚持积极主动的谈判立场。另外，有时候多边贸易体制的贸易谈判也可能只具有象征性的而非实质性的意义。例如，出于某些所谓政治的考虑，通过一个包含了很大模糊区域的象征性的协议，仍然可能会对参加方拥有某些价值。这些都使得大多数发展中成员无法对某些贸易谈判产生足够的兴趣和热情。可见，诸如此类由 WTO 组织文化导致的现象或背景，有时就是国际经济协调实践难以顺利处置的一个重要因素或问题。[①]

WTO 的组织文化还形成了一个比较奇特的现象，即开展谈判不存在标准程序。传统上，特别会议与谈判小组主席在推动谈判上发挥领导角色。他们根据情况召集全体谈判小组会议或特别会议，以及非正式的小型组会来处理特定议题。因而会议会以几种不同形式分别召开：正式的（时间较短用于成员方发表声明）、非正式的（更为开放且有时具情绪化的讨论）、无限制的（每一个成员都可以进入谈判室）、小组咨询（成员在受到主席邀请情况下参加）；以及告诫式的（在成员方与主席之间进行的秘密会议）。会议主席可以鼓励感兴趣的成员方凭各自的能力组成小组进行会面，以缩小议题中存在的分歧。以小组的形式工作被视作达成能够带来一致意见的妥协的有效方法。在一组关键的行为体就议题达成共识后，参与者的数量将逐步增加到涵盖所有 WTO 成员的水平上。这被称作"同心圆"方法。

---

① 《为世界定规则》一书指出："国际组织并不是以明显的或者毫无疑问的方式对外部刺激（如国家要求变革或者政策震荡）做出反应的黑匣子。随着时间的推移，这些组织发展出强大的官僚文化，从而深刻地塑造了对外部要求或者震荡进行解释的方式，以及组织准备考虑并最终会执行的各种反应。其次，由于这些文化，国际组织的变革几乎总是高度路径依赖的。官僚机构把经验编纂进他们的管制规则以及标准的运作程序。这极大地阻碍了某些类型的变革，并且使得其他类型的变革更加可能。任何变革的企图都必须经过那种规则增长的过滤。"（引自迈克尔·巴尼特等《为世界定规则》第 11—12 页，上海人民出版社 2009 年版）

另外，总干事还可能利用不同场合与各种论坛及形式，在激励关键成员方之间的协商上发挥积极作用，并将此作为寻求妥协方法的一种途径。尤其值得注意的是在小团队中召开会议，这种做法被批评为缺乏将所有成员纳入谈判过程中的透明性和包容性。一些发展中国家抱怨贸易谈判以秘密方式进行，要求更多"全体成员的有效与真正的参与"。为了加入限制参与的会议，发展中国家积极使用的方法之一是通过它们自己之间的非正式联盟进行参与。目前，有若干非正式联盟集团参与多哈回合的谈判，包括二十国集团、三十三国集团、十一国集团、非洲集团、欠发达国家集团、非洲—加勒比海与太平洋国家集团以及东南亚国家联盟集团等。可以看出，WTO 这类组织文化所产生的实际后果之一便是，WTO 与 IMF 等其他国际经济组织的具体运作有一些明显不同的特征。

（三）文化因素对国际经济协调的影响

一般而言，文化因素给予一国国际经济协调运作的影响亦是多方面的。比方说，各国政府由于自身文化传统的直接熏陶，会有着各自的价值观念、追求目标和合作态度。这样，它们有时在国际经济协调的过程中就可能做出有所差别甚至大相径庭的决策、判断与运行。[①] 同时，一国所开展的国际经济协调，又是由双方政府派出的代表们加以具体运作的，解决的主要是双方贸易纠纷及其背后的生成原因。可是，无论是开展国际协调人士的思维习惯和行事风格，还是这类贸易纠纷及其背后的生成原因，恰恰同一国主导的文化传统紧密相连，或者受其潜移默化的影响。这些都意味着，文化因素直接对国际经济协调起着微妙而显著的影响。

1. 进行协调的方向与目标有所不同

有些文化背景的谈判者（如德国等"合作的实用主义者"）关心自己和对方的目标，通过提问题和回答问题来建立相互信任。相反，"独断的个人主义者"（如美国人等）乐意权衡利弊得失，而不会为哪一方更具影响力而分心。来自集体主义文化的谈判者总是认为来自个人主义文化的谈判者要求得太多，而付出则太少。后者总是在谈判中提出过高的要求，如

[①] 正如道格拉斯·诺思正确地指出："来自不同文化背景的人对同样的事情有不同的理解，从而会做出不同的选择。"（《理解经济变迁过程》第 57 页，中国人民大学出版社 2008 年版）因此，在国际经济协调的具体实践中，不同文化背景的人们完全可能对特定的现象或做法会有相异的判断和选择。倘若不能充分认识文化因素居中起着潜在的作用，则彼此会产生大可不必的误解、猜忌甚至对立，从而导致有关协调运作陷入本可避免的僵局。

果你不能对此做出正确的反应，你就不能取得他们的信任。同时，大多数中国香港人倾向于先解决眼前的具体争端，而大多数美国人就公正的、复杂的协议进行谈判时，通常先解决将来在遇到同样问题时如何互动，然后再决定如何处理当前产生的问题。此外，来自等级主义文化的谈判者相对于来自平等主义文化的谈判者，在解决争端和洽谈交易时要花更多时间去讨论权力问题。

2. 开展协调的方式与风格会出现差异

谈判中是否愿意直接对峙，不同文化支配下的做法相去甚远。源自集体主义文化的谈判者比较重视合作。在他们看来，对峙是不尊重与你有关系的人的信号。来自不承认直接共享信息的文化背景的谈判者则不屑于提问。也有人很策略地使用权力和情绪，策略的情绪爆发或者发怒在个人主义文化里比集体主义文化里更常见。在谈判桌上使用情绪在战略上的不利之处在于，许多人会尝试着避免与拥有能够策略使用情绪名声的对手进行谈判。这在交易谈判中比在争端解决中容易做到。

3. 深化协调的筹划与策略会各显神通

各自筹划与策略的重点不一样。有些文化背景的谈判者注重从损失的角度来考虑协议，因此，他们更愿意冒险。相反，另一些文化背景的谈判者则更多地从收益的角度来考虑协议，所以更愿意规避风险。在具体谈判的过程中，有些谈判者（如日本人）运用直接影响力比人们预料的要频繁，而中国香港或德国的谈判者则比预期更多地使用间接影响力。使用间接影响力的方法被认为是想维护关系的策略。

4. 评价协调的成果与前景存在区别

一些关注自身利益的谈判者像是典型的文化利己主义者。他们是实用主义者，追求的是满足他们利益的协议。他们意识到一方要有所得，另一方就必须有所付出，所以并不关心对谈判双方都有利的结果。简言之，他们乐意权衡利弊。相反，一些具有亲社会动机文化背景的人，既关注对方的利益，又考虑自己的利益。亲社会谈判者的合作态度使得另一个谈判者同样采取合作态度，双方相互协作，取得了共同利益。

可见，能够充分认识到文化因素在这些方面的潜在影响，实际上为一国的国际经济协调运作提供着更加广阔的视野和更加具体的思路。可能正是由于认识到文化因素给予国际经济协调及其贸易谈判的无形影响，有的西方学者主张依据各自的文化特征而把谈判者分为不同的类型加以对待。① 所以，如何善于应用文化的正面效应来推动国际经济协调的高效运作，便成为一个值得探究的课题。反之，弄不好文化因素则可能是国际协调顺利进行的一大障碍。

三　恰当构建涉及文化的协调思路

一国开展国际经济协调运作，同样需要遵循一些涉及文化因素的必要思路。

（一）重视文化因素的特殊功能

所谓的特殊功能是专门针对国际经济协调而言的。重视文化因素给予国际经济协调运作的特殊作用，首先必须看到，不同文化背景的人对于同样一件事情或一个问题，会出现大相径庭的判断和反应。即便站在国际经济协调第一线（如经贸谈判）官员们的相关判断都是冷静理性的，可是，他们的判断基础依然离不开心理因素，离不开自己固有的意识形态和价值判断。因此，这种判断自然会受到传统文化的深刻影响。如前所述，这就带来了对利益及其获取途径的判断亦大不相同。

这种重视还包含深入了解对方政府因文化因素所受到的协调限制。例如，价值观念就是文化因素的一个重要方面。了解对方政府的价值观念，能够帮助自己了解它的利益和协调的关注点。同样要注意的是，试图让对方政府代表忽视价值观念，并接受与其意识形态相悖的贸易协议，则几乎是不可能的。有时候要让对方政府机构改变看法，需要让其明白这种改变并不影响它的基本利益，否则这种努力是徒劳无获的。

这种重视又涉及针对文化差异而灵活多变地使用协调策略。这样做，是跨文化的国际协调获取成功的一个重要条件。例如，对方想要得到其想

---

① 美国学者把谈判者分为与文化相连的三种类型或模型。一种是"独断的个人主义者"（如许多以色列人），他树立高目标，一直被促使寻求信息，乐意权衡利弊，而不会为哪一方更具影响力而分心。另一种是"合作的实用主义者"（如许多德国人），他关心自己和对方的目标，通过提问题和回答问题来建立相互信任，并间接处理影响力问题。又一种是"间接策略使用者"（如许多日本人），他也许会依赖对权力的不确定性来激发间接信息搜寻。（参见珍妮·M. 布雷特《全球谈判》第49—50页，中国人民大学出版社2005年版）显然，对于某些国际经济协调运作来说，这个分析思路颇具参考价值。

要的结果，就不得不考虑你的利益。在这种情况下，你就需要作两方面的努力，一是要遵循对方的游戏规则，二是要提出保护自己权益的要求。特别是，当崇尚个人主义文化的谈判者实现他自己的利益后，应当尽量让他也满足你的利益。又如，当谈判对手有着关注合作利益的文化背景时，那么，你就可以一次解决一个问题，而不需要把所有问题联系起来一起讨论，这样反而容易达成整合性协议。同样，当某些做法同对方的文化传统存有某种不相容时，自己的协调策略自然需要进行调整。

这种重视更须关注贸易冲突尖锐时因文化差异可能带来的错误。在贸易争端激化的环境中，因为文化差异而出现的理解错误，沟通错误以及应用错误，尤其易于发生。而另一种较为流行的判断是，集体主义文化的谈判者易于对圈内成员采取合作态度而对圈外成员采取竞争态度。此外，有效的、直接的信息共享需要诚实的回答，而诚实的回答需要信任，这对崇尚个人主义文化的人来说，也可能会出现相对多的障碍。这些都是需要谨慎处置的。

（二）重视经济伦理的独特影响

鉴于经济伦理在贸易政策中的特殊功能，应该认真对待和恰当处置该因素的实际影响。

要研究发达国家的经济伦理。这是因为，流行于发达国家的有些经济伦理不仅渗透在其诸多的贸易政策里面，而且已深深植根于整个社会的广大民众之中。经济伦理作为一国传统文化的组成部分，涉及行为与道德的评价和规范，包含着丰富的内涵和历史的积淀，且五彩缤纷、各具特色。不能很好地了解和理解对方流行的经济伦理，既不能顺当地进行经贸交往，更无法有效地开展经济协调运作。

要进行经济伦理的沟通。强调经济伦理沟通和对话，主要出自两方面考虑。一方面，经济伦理作为传统文化一个部分，源远流长，影响深广，任何人都绝无可能在短时期里扫除它的巨大影响力。换言之，人们只有客观面对它，而绝不能鸵鸟式地无视它。另一方面，不同国家的经济伦理毕竟会有某些共通之处或一定的契合点。只有彼此开展更多的交流与沟通，人们才能发现乃至创造这类共通之处或契合点。从这个意义上讲，各国在文化层面上开展彼此的交流和沟通，实际上同样在为两国经贸的顺利发展铺平道路，亦在为彼此的经济协调运作寻觅更多的契合点。

要积极开展必要的伦理协调。所以需要进行协调，是因为它基于双方的经济伦理有着共同之处或一定的契合点，同时现实状况还体现出这样做的必要性。比方说，人权问题是西欧大陆极为关注的一个主题。我国以往提到人权问题时，总是强调人类的生存权和发展权，这本身无可非议。但是，随着自己经济发展水平和生活水准的不断提高，广大民众对于做人的尊严和其他相关权利有了更多的诉求和向往。在这种情势下，我国面对劳动者权利（这被欧洲人视为经济领域的基本人权问题）所产生的贸易摩擦，自然有必要在经济伦理层面上开展必要的协调运作。通过进一步强化我国民众重视劳动者权利的意识与作为，以及健全相关的体制建设与机制设置，我国就可能与发达国家形成更多的共识和相互的协调。当然，发达国家必须高度正视经济发展阶段不同所带来的明显差距，不宜提出不切实际的苛刻要求。

要正确对待经济伦理引发的纠纷。尤其是，不能轻易把经济伦理引发的贸易纠纷视为"政治原因"所致。不能因为一提起人权，就下意识地判定其具有政治目的。由于我国以往对发达国家经济伦理的具体内容及其影响力知之甚少，加上僵硬或不当的思维定式的某些误导，比较易于从政治角度解读和处置这类贸易纠纷，从而减少或放弃了进行国际协调的一些机会或时机。这是必须引为鉴戒的。还有一种情况则是，一国经济伦理与市场经济是否协调所带来的争议与冲突。例如，亚洲东部地区的一些文化特征如讲究人情关系、追求中庸之道等，就同西方国家的市场文化相异。这两者如何相互沟通、协调和包容，是不可能一蹴而就的，还需展开进一步研究与较长时间的实践。[1]

（三）重视市场文化的潜在作用

尊重和发挥市场机制在经济资源配置中的基础性作用，是每个融入国

---

[1] 瑞典学者托马斯·安德松认为："日本的自身特点是擅长建立契约式人际关系。借此实现某种特定的'均衡'，这可以从其频繁交流信息和更新适用技术的组织机构看出上述特点。从整体上看，东亚国家普遍具有上述特征，尽管各国另有独具的其他特色。"（引自托马斯·安德松《新世界经济贸易关系的协调》第70页，经济管理出版社1998年版）而且，他对这种文化背景似乎采取了一种较为欣赏的态度。他说："东亚成就发人深省之处正是建立增进学习、创造和信赖的人际关系，这些对于经济发展起着至关重要的作用。"（引自《新世界经济贸易关系的协调》第140页，经济管理出版社1998年版）他还引申道："东亚成功之道给世人最大的启迪就是人类资源的重要性……除了传统意义的教育之外，还要注意人际关系。在这方面，文化因素起着重要作用，经营管理绝不能同文化相对抗。在每个社会划分的势力范围内，产业组织的进步以及社会福利的改善有赖于协调人类积极因素的能力。要学会与国人合作共事，后携手跨出国门。"（引自该书第153—154页）

际经济体系国家都认可的一种共识。但是,由于各国传统文化相差甚大,加之人们对于"市场"的解读和运作各不相同,各国围绕市场经济所构筑的文化氛围都有自己的特色和倚重点。这样,它们的市场文化不仅直接影响着各自的市场经济实践,而且对相关的国际经济协调运作产生着微妙的作用。

市场文化要有利于正确经济方向的明确建立。一国的市场文化首先应当凸显自己的基本经济方向和追求目标,推动整个社会明确而坚定地沿着这条正确而可行的道路不断前进。就建立的市场经济体系而言,它强调的是市场机制对于经济资源配置的基础性作用,意在利用这只"看不见的手"来获取尽可能高的经济效率和社会福利。这种市场体系必须坚决反对和摒弃一切人为垄断因素的干扰和破坏,因为人为垄断是市场机制作用得以充分发挥的天敌。所以,一国的市场文化对于那些行政垄断、地区垄断、行业垄断的所作所为,理应竭尽全力地加以围剿和扫荡,使之难有容身之地。倘若一种市场文化不能旗帜鲜明且雷厉风行地如此处置人为垄断现象,那么,这个社会要建立的"市场经济体系"一定存有重大的偏差和缺陷。换言之,这种经济体制绝不可能真正地、全方位地发挥市场机制的基础性作用,反而会在"市场经济"的时髦招牌下,培育一个与广大民众相对立的权贵阶层,并直接加速整个国家的贫富差距和社会动荡。

市场文化要有利于必要运行秩序的正常构筑。一国市场文化要致力于本国市场经济的制度建设,就必须追求透明、公平和一致性的运作秩序。一种健康的市场文化要强调透明度,首先是因为它是市场运作主体进行成本与收益计算的必要条件,而无法进行成本与收益的比较就不存在所谓的市场经济。要强调公正性,首先是因为它是发挥市场机制基础性作用的必要条件,而允许不公平竞争的合法存在等于否定了市场机制所起的重大作用。要强调一致性,首先是因为它是建立和维护一国大市场的必要条件,没有统一的大市场就根本谈不上市场经济制度。所以,能否有利于构筑这类正常有序的市场运行制度,是衡量一国市场文化健康与否的试金石之一。

市场文化要有利于健康经济氛围的全面营造。市场经济制度注重的是一种以契约和信守承诺为基础的运作方式,因而营造与此相匹配的经济氛围,即追求"诚信为先"极为要紧。这就是说,必须提倡和传播一种与欺诈行为势不两立和决战到底的社会氛围。如果说当年的资本原始积累时期确实充满了暴力和欺诈，那只是市场经济初期留下的污浊和劣迹。可是，在现代市场经济的辞典里，"欺诈"一词早被扫地出门，现在已经无法与文明的市场经济运作相伴而行了。所以，一国市场文化一旦丢弃了"诚信为先"、"童叟无欺"一类古训，面对商业欺诈行为采取的是一种姑息迁就的态度，甚至默认或接纳"无商不奸"一类的卑劣信条，那整个社会最终必然会出现欺诈成风、作假遍地的堕落局面。其实际危害则带有双重的性质，即在物质上造成难以计量的经济损失，在精神上则导致一个社会文明程度的实际倒退。更何况，倘若一个国家的所谓市场制度到处充斥着谎言、陷阱和欺诈，而且这类丑恶现象还得不到强有力的围剿和扫荡，那么，长此以往这种经济制度还能够得到广大民众由衷地拥护和支持吗？同样，在彼此经济交往之中，人家还能高度信任其国际承诺的执行力吗？

　　市场文化要有利于经济全球化潮流的推进。在经济全球化背景下，一国市场文化必须以一种开放和包容的姿态对待各种国际经济现象。它应当在总体上大力支持国际贸易自由化的趋势及其政策措施，这种自由化恰恰是市场机制充分发挥作用所必备的国际环境。它应该理智处置国际经贸领域不时出现的纠纷与冲突，这类贸易摩擦涉及各国的经济利益及其对于国际规范和相关协调的态度，既不可能完全避免，又须尽量减少其所造成的损害。它需要正确对待国际经贸规范给予自己的约束，这种国际约束是任何一个开放国家都无法逃脱的外部制度环境，唯有认真遵循和积极利用它们才是上策。显然，一种具有封闭和狭隘性质的市场文化，只会导致一国对外经贸运作经常处于相对被动与不利的境地。

　　总之，一国的市场文化能否体现出上述积极因素，不仅直接决定着该国市场经济运作的成败得失，而且还对其国际经济协调运作产生着明显的推动或阻碍作用。就后者而言，一种残缺的或不当的市场文化所导致的实际后果，如若隐若现的垄断行为、层出不穷的无诚信表现、混乱无序的市场运作等，往往会使得该国处于被动困难的境地，遭遇国际社会各种各样的诉求和指责。退一步说，在做出国际协调的具体承诺时，即便人家可以相信你这个政府的真诚愿望和尽力而为，却依然可能无法相信你这个社会对于相关承诺的执行力。这是因为，如果你这个社会是由一种漠视诚信原则的市场文化所支配的话，那么，那些需要广大民众共同遵循的相关承诺是不可能得到真正兑现的。

因此，围绕自身市场文化与国际经济协调之间的互动关系，一国应该采取双管齐下的做法。一方面，它需要充分利用自身市场文化的正面能量，如支持市场机制的基础性作用、接受国际经贸规范的具体约束等，来推动和夯实自己所涉的国际经济协调运作。另一方面，它可以借助于国际经济协调过程中合理的外部诉求，来剔除或修补自身市场文化中的糟粕或不足，发挥一种逐步加以净化和完善的功能。

我国当前流行的市场文化还夹杂着不少似是而非的内容甚或明显的谬误，它们实质上都是反市场经济的东西。可是，这类消极有害的东西却未必引起国人的高度关注，相反，其中有些还被较为普遍地容忍甚或认可。这意味着，净化和改造我国现今流行的市场文化是一项颇为紧迫、任重而道远的大事，否则，最终实现社会主义市场经济体系这个根本目标仍然可能遥遥无期。① 毋庸置疑，这类问题同样构成了我国开展国际经济协调的重大障碍。

---

① 现在人们时常可以听到抨击中国人"没有思想"、"没有信仰"、"没有精神"的言论。其实，这些言论主要针砭的就是中国当今流行的市场文化。在笔者看来，就这一点而言，人家的批评有着相当的合理成分。不能不看到，建立社会主义市场经济体制无疑是非常正确的经济方向，但是，如果在一种问题多多的市场文化的熏陶和指引之下，如推崇金钱至上、漠视诚信原则、容忍某些垄断行为、无视既定的游戏规则等，则我国经济的奋斗目标和前进方向就可能走上一条有悖初衷的斜路。因此，正视我国当今市场文化的严重缺陷，并积极加以改造和净化，是我国亟待正本清源的大事。事实上，我国当今流行的市场文化，是整个社会贪腐现象十分普遍这个毒瘤得以形成和膨胀的思想基础和文化根源。

第十一章 世界贸易组织体系的国际协调精神

近 70 年以来，国际经贸活动始终是在多边贸易体制之下进行和深化的。因此，各国的经济协调运作自然亦必须置于这个基本框架之内加以展开。作为一个现行的多边贸易组织，WTO 充当着维护全球贸易秩序和推进世界经贸发展的核心角色。面对全球经济的激烈博弈，如何有效实现国际经济协调，便成了 WTO 的主旋律和生命线。[①]

一 基本架构渗透国际经济协调精神

推动全球经济健康协调发展是 WTO 的历史重任，而这又离不开自身强大的协调功能。基于此，它的基本架构自然需要渗透着国际经济协调精神。

（一） WTO 的历史重任

在经济全球化日益深入的现实背景下，实施、维护和深化国际经济协调的基本精神及其机制，已成为各国顺利进行国际贸易活动所不可或缺的重大前提，也是国际经济组织最主要的功能之一。WTO 在 1995 年正式成立，表面看来似乎具有一定的偶然性，实质上正是这种国际经济发展趋势的必然结果。这是因为，GATT 体系"临时适用性"的基本定位，使之难以应对和处置规模越来越巨大和种类越来越繁复的世界贸易活动，尤其不

---

① 刘易斯·保利所撰《金融一体化与全球政治》一书（新华出版社 2001 年版）指出："世界政治秩序经历了一个从完全自主的国家经济的管理极端向完全一体化经济的共同管理的发展过程……而在这两种秩序的中间是一个比较虚弱的组织化秩序，在这一种秩序下，国家相互依赖，具有主权，在避免共同危害或确保未来共同利益的愿望下，自愿进行政策的协调。促进它们相互间加强合作是制定一整套规则和行为规范，一个能够就共同的政策调整进行持续谈判的中立性论坛，以及一个能够对这些规则进行修改、监管和支持谈判工作的专门秘书班子。"（参见该书第 5—6 页）

能行之有效地开展和维护其缔约方之间的经济协调与合作。简言之，GATT体系缺乏旨在推进其缔约方之间开展国际经济协调的强大动力和足够能力，导致它根本无法顺应世界经济发展的客观需要。这就失去了其继续存在的现实意义，也是需要用WTO取而代之的关键所在。[1]

这样，WTO这个国际贸易组织务必在这方面充分体现它的权威性和强大力量，否则同样难以胜任时代的重任。应该说，WTO所构筑的规则体系和运作机制，确实为此做出了多方面的制度安排，旨在努力追求整个世界经济贸易相互关系和实际运作的协调发展。[2] 毋庸赘言，WTO的根本宗旨、基本职能及决策架构作为多边贸易组织整个体系框架的核心，务必首当其冲地凸显出这种国际经济协调精神。

（二）WTO宗旨

WTO的根本宗旨除了继续承袭当年GATT秉持的根本宗旨之外，还特别增加了GATT不曾大力关注的两大内容。一个是直接把走可持续发展之路作为自己宗旨的组成部分，强调"应依照可持续发展的目标，考虑对世界资源的最佳利用，寻求既保护和维护环境，又以与它们各自在不同经济发展水平的需要和关注相一致的方式，加强为此采取的措施"。而原先的GATT并没有阐述和强调这种理念。这意味着，追求国际贸易与人口、资源、环境等可持续发展决定因素的协调运作，已经成为WTO及其

---

[1] 陈宏平所著《道德的时代张力——中国入世的伦理应对》一书专门探讨了WTO体制的伦理底蕴。在该书看来，WTO基本原则所体现出的最基本的伦理要求是"互利"、"公正"和"诚信"。特别是，WTO的产生从一开始就不是为了协调思想和观念上的冲突，而是为了协调实际的利益矛盾。一方面，它克服了GATT体制无法有效实现"互利"价值目标的各种缺陷，使得自身协调国际贸易关系和处理摩擦与纠纷的能力有了空前的提高。另一方面，其关于权利的获得总是要以承担义务的方式来实现的基本规定，在很大程度上约束了任何一个成员把自己的利益凌驾在他人利益之上的企图。于是，WTO完全把互利的目标凸显出来了。（参见该书第33—34页，广西师范大学出版社2004年版）

[2] 段爱群所著《论WTO中的财政补贴与我国的战略取向》（中国财政经济出版社2003年版）一书指出："经济相互依存性的特点和现实，决定了各国间建立合作的方式是以竞争为条件，各国间的合作性竞争是动态相互依存性的主要特征。与此形成对照的是，在全球化条件下能够激发各国履行国际义务的动因以及对其国际制度下的行为做出合理的解释，是合作而不是竞争。将合作性竞争倒过来，提倡'竞争性合作'。需要特别注意的是，这里的竞争是指获得合作秩序的方式和进程，而不是一般意义上的竞争。这里，相互依存情况下的合作与全球化情况下的合作的关键区别在于每一过程中的利益、目的和结果上的差别，这些差别经常引起政府间以及政府与国际组织间的角色冲突。"该书进而明确指出："规范和协调这些冲突，正是WTO这一综合性的贸易体系的宗旨和价值目标，这也是WTO的规则及其例外产生和存在的依据。"（引自该书第61页）

成员们必须认真对待的一大课题。同时，要真正实现这样的战略目标，又不得不考虑 WTO 成员在不同经济发展水平上对于环境保护的需要与关注，大力加强成员方之间诸多领域的经济协调和合作，尽量密切与其他国际组织之间的积极配合和协调。它们都是不可或缺的基本条件。诚然，与全球当前生态文明的紧迫呼唤相比，WTO 还须在这方面做出更大的努力，其走可持续之路尚属任重而道远。

另一个是对发展中国家在国际贸易中的地位和利益给予了特殊的关注。它专门指明，"进一步认识到需要做出积极努力，以保证发展中国家，特别是其中的最不发达国家，在国际贸易增长中获得与其经济发展需要相当的份额"。这也是 GATT 原先没有明确强调的重要思想。在推行自由贸易的过程中，发展中国家由于自身经济水平和贸易政策的实际限制，必然会面临比发达国家大得多的经济困难和贸易冲击。单纯强调自由贸易而不去积极关心发展中国家的实际困难和维护它们的贸易利益，自然不可能实行成员方之间的经济有效合作，进而连 WTO 体制的运作和完善都寸步难行。[1] 可以这样说，能否有效实现这项根本宗旨，直接决定着 WTO 自身的发展前景。

同时，被称作 WTO 所有规则基石的非歧视原则还蕴含着一种互惠思想，这亦为其国际经济协调运作夯实了更为坚固的基础。广义地说，所谓互惠原则"是贸易政策共同变化的一种'理想'，它能引起每个国家进口数量的变化，这种进口数量的变化与各国出口数量的变化具有同等的价值"。[2] 这就是说，其核心是双方待遇的平衡，而不是逐步扩大这种差距。所以，世界贸易机制必须为参与者提供获得利益的机会，而同时要求它向其他成员提供对等的机会。互惠原则实际上就是达成双方都能接受的一个合同或交易。

---

[1] 不能就此误认为这些做法是给予发展中国家的一种经济恩赐。例如，联合国国际贸易中心和英联邦秘书处编著的《世界贸易体系商务指南》一书（上海财经大学出版社 2001 年版）就用显著的标题形式指明："发展中国家在乌拉圭回合中做出了较大贡献。"这无疑是非常正确的。由此看来，"它们在乌拉圭回合中不仅通过关税约束实行单边关税减让，而且也改善了它们同发达国家贸易伙伴在谈判中讨价还价的地位"。（参见第 79—80 页）其实，发展中国家为了推动乌拉圭回合的谈判成功和 WTO 的最终建立，在服务贸易领域和知识产权领域所做出的让步和付出的经济代价，可能比关税减让所获取的利益还要明显大得多。

[2] 引自科依勒·贝格威尔和罗伯特·W. 思泰格尔《世界贸易体系经济学》第 58 页，中国人民大学出版社 2005 年版。

在 WTO 体系里，互惠原则是开展各项谈判的重要基础，它明确了各成员在关税谈判以及其他谈判中相互之间应采取的基本立场，并制约着各成员之间应建立的贸易关系。互惠原则也是实施各项协定的重要准则，即 WTO 所有协定应具有的作用都是在互利互惠的基础上得以实现的。

例如，通过互惠的关税减让来确保彼此贸易利益的获取。事实上，相关成员方政府在谈判时特别注重寻求这样一类"平衡的关税减让"协议。同样，当有的成员方试图修改或退出原先签订的关税减让协议时，WTO 允许受到实质性影响的贸易伙伴方可以做出报复性反应，从而也能获得相互对等的利益。可见，互惠原则反映的是 WTO 成员之间在处置贸易事务上的一种"平衡"。这样，它可以鼓励弱国克服被强大贸易伙伴剥削的恐惧而参加贸易谈判，并通过谈判形成更具效率的贸易政策。[①] 正因为如此，GATT 和 WTO 都在规则中突出了"互惠互利"是贸易谈判的基础或核心。对互惠原则的重视已经在 GATT 时期维持了 50 余年，后来又在 WTO 体系里被承袭下来。

（三）WTO 职能

与 GATT 原先的基本职能相比，WTO 又增加了两大职责，即把原先的三大职能扩展为五大职能。其中一个是正式确立了一种贸易政策审议机制。这是指，一般而言，WTO 成员方根据其实际贸易规模，要在每 2 年、4 年、6 年接受一次贸易政策审议（最不发达国家除外），以监督和鞭策成员方的贸易政策与 WTO 的众多规定相吻合。这种审议活动包括三大环节，即 WTO 秘书处做出对被审议对象贸易政策的审议报告，被审议对象的政府递交"自查报告"和召开一次专门的审议会议。在这个会议上，其他成员方针对被审议对象的贸易政策，可以提出需要进一步了解或被澄清的现象或问题，亦能予以明确的质疑或直接的反对，并应由被审议对象的代表给予口头或书面的说明。

GATT 在其后期已开始考虑要审议其缔约方的贸易政策，但没有把它作为正式职责予以规定，从而没有来得及加以实施。WTO 确立了这种审

---

① 正如科依勒·贝格威尔和罗伯特·W. 思泰格尔指出的："预先承诺一套规则并使后续的谈判者必须遵循这一规则将能够提供效率收益，因为一个规则承诺能够解决'戕害'的问题，从而可以通过鼓励小国与更大的贸易伙伴进行谈判来实现所有国家的目标。尤其是 GATT 的互惠原则能够帮助达到这个目的，因为它能够通过引导谈判趋于政治上的最优点来保证较弱国家能抵制可能的盘剥。"（引自《世界贸易体系经济学》第 74—75 页，中国人民大学出版社 2005 年版）

议机制，当然是为了督促成员方更好地遵守其规则体系，可它同时也包含着一种强烈的意味，即努力把这种审议活动当作一种国际经济协调运作的特定平台，并有益于清除成员方贸易政策中那些有碍国际经济协调运作的不当内容。例如，通过有关的政策审议活动，被审议方如果接受人家的沟通、质疑或反对，就此调整了自己某项政策措施，那么，或许就消弭了产生贸易摩擦的一个"导火索"。就此而言，这种审议活动虽则只是非强制性的制度安排，却依然能够成为各个成员方实现某些国际经济协调运作的重要机会。

WTO还把同其他权威性国际经济组织加强合作作为自己的一项重大职能。在经济全球化日益深入背景下，面对贸易领域之外的贸易自由化挑战，追求国际经济的协调发展，自然不仅仅是国际贸易领域能够胜任的事情，还涉及金融、投资和经济合作等诸多方面。这就需要各种国际经济机构尤其是"世界经济的三大支柱"密切配合和协调运作。正因为这样，WTO特别提出"为实现全球经济决策的更大一致性，WTO应酌情与国际货币基金组织和国际复兴开发银行及其附属机构进行合作"。[①] 表面看来，这项职能好像并无相当紧迫的需要，实际上反映出国际经济协调对于世界经济活动具有越来越重要的作用。

从实际运行来看，WTO与IMF及世界银行在1996年达成了协议。WTO这样做的基本目标在于提高自己在全球经济管理事务中的发言权。这三个机构设定了进行磋商的基本义务，为此还建立起对等的磋商程序和观察员制度。它们之间的合作已经取得积极的成果，如另两个机构支持了与能力建设有关的工作，还对发达国家的保护主义提出批评，又用新政策援助一些国家因履行WTO规则而出现的国际收支短缺等。

可见，该职能的增添是当今世界经济发展的客观要求，这无疑是1947年出现的GATT所无法顾及的重大目标。现在对于WTO来说，重要的是如何卓有成效地履行好这项重大的新职能，目前这种合作显然还有一

[①] 对此，WTO总干事顾问委员会有过十分精辟的阐述："有必要积极制定并不断发展（国际）合作方面的规则。促使对这些规则进行谈判的动力来自'协调利益'，而只有避免由于各国采取单边、不协调行动所导致的危害，才能获得这种协调利益。这就是GATT转变为WTO的背景。WTO的法律范围远远大于GATT。然而，WTO没有，也不可能覆盖涉及国际贸易和投资的所有政策领域。因此，WTO需要与其他政府间组织进行'水平协调'。"（引自《WTO的未来——应对新千年的体制性挑战》第64页，中国商务出版社2005年版）

些局限性。①

(四) WTO 决策程序

GATT 制定贸易规则和解决贸易问题的唯一手段是进行磋商。WTO 虽则其绝大多数决策的实际过程仍然遵循 GATT "协商一致"的基本做法，但是它也规定在无法达成一致的情况下，可以诉诸投票表决的办法。此时，一个成员方拥有一个投票权，并由多数票决定最后解决方案。不过，针对各种方案的重要性不同，这个多数的界定有着不一样的衡量标准，如有时超过 50%，有时是 2/3 多数，有时是 3/4 多数，极个别重大方案还规定 100%。另外，它还明确规定成员方不得对关于建立 WTO 协定的任何条款提出保留，即必须全部严格遵守 WTO 规则体系。这等于杜绝了 GATT 时期屡屡存在的一个奇特现象可能重新出现，即谈判和签署一些只有一部分甚至少数缔约方才参与和遵守的"诸边协议"。所以，WTO 尽管还保留着几个属于历史产物的诸边协议，却不容许这样的现象在自己的运行体系里重演。

WTO 之所以依旧首先采取"协商一致"的做法，是因为它是一种和平的手段，不易引发双方情绪的根本对立，以免彻底断绝解决相关问题的可能性。应当看到，磋商毕竟是体制内进行国际经济协调的基本通道，况且这种方式对小国相对有利，后者可以通过联盟形式来加强自身在磋商中的谈判筹码。在各国经济实力和讨价还价能力严重不对称的情况下，小国形成某些经济联盟的做法，反而有助于国际经济协调的实现。另外，"协商一致"的做法受到阻挠，还可能促使有些 WTO 成员在 WTO 之外签订新的协定或是建立新的组织，或者利用其他方法去选择承担更多或更少的义务。②

WTO 还要加进投票的方式，以及规定不得对 WTO 协定的任何条款提

---

① WTO 总干事顾问委员会把这种合作称为"水平协调"。一方面，它明确支持这种水平协调。这是因为，与其他政府间组织的合作可以增加 WTO 活动的价值；在处理贸易政策和改革的观念及法律细节方面，需要所有国际机构用一致的声音说话；由于发达国家已实施以国内动议为基础的调整援助计划，没有水平协调就使得贸易自由化在政治上难以持久；水平协调还可以改进发展中国家在转向贸易自由化过程中面临的问题等。另一方面，它又十分强调这种水平协调目前具有局限性，既不能完全应对全球化造成的管理缺陷，又无法解决分配协调利益方面的公平性问题。可参见《WTO 的未来——应对新千年的体制性挑战》第 71—75 页，中国商务出版社 2005 年版。

② 例如，WTO 多哈回合谈判陷入困局，已经使得一些发达国家转而热衷于 TPP、TIPP 和《多边服务贸易协议》的谈判与签署，便是一个活生生的例证。

出保留，则旨在体现它的权威性和约束力，以防止出现 GATT 时期那种"诸边协议"只有少数缔约方才愿意遵守的尴尬。其实，它还具有这样重要的潜在含义，即必要时用强制性的手段来防止某些不必要的干扰来阻拦国际经济协调的顺利开展。如果联系它的实际运作，则人们更能体会这种潜在的意涵。事实上，WTO 极少出现真正用投票来进行最终决策的实例。例如，其成员方在 1995 年就决定，在"入世"申请和免除义务申请方面将继续按协商一致的做法行事，还是不采用投票的方式。另外，即使有时进行投票表决，通常也只是对已经协商达成的结果过一下程序而已。可见，增设投票方式更多地在于发挥着推动"协商一致"的积极作用，以及有利于协调运作的其他手段的应用。

二 多种制度安排夯实协调运作基础

为了更好地贯穿这种国际经济协调精神，WTO 又通过它的多种制度安排加以落实。其中有两类制度设置对于夯实协调运作的基础发挥着格外突出的作用。

（一）采用兼容并包方式推进协调运作

WTO 面对瞬息万变、错综复杂的国际贸易局势，为了能够有效实施和推进自身的追求目标，其制度安排运用了一种兼容并包的方式来应对不同的情况和问题。这就是说，它既坚决维护经济全球化和现代市场经济的基本要求，以不断推进国际贸易自由化的实际进程，又充分考虑成员方可能面临重大的经贸困境而表现出一定的灵活性，以防止它们之间的经济协调与合作由此而陷入僵局或倒退。显然，这种方式对于国际经济协调运作起到了不可低估的重要作用。

例如，它的根本追求在于推动国际贸易自由化，并在世界经济实践中充当着自由贸易的"火车头"。可是，在一些特定的情况下，它又认可甚至支持成员方进行适度的贸易保护，并且还接受了保护幼稚工业论这种最典型的保护贸易理论主张。这种没有把自由贸易与保护贸易简单地对立起来的思路和做法，明显有利于国际协调的顺利运作。因为有两个基本事实是任何人都无法回避的。

一个是大多数发展中国家迫于经济压力，有时不得不实行一些贸易保护措施，不然它们难以在激烈的国际经济竞争中生存和发展。允许在特定条件下实现适度的贸易保护，在一定程度上维护发展中国家的贸易利益和经济发展。这样就为它们乐于参与国际经济协调提供了必要条件和合适土壤。

另一个则是那些高喊"自由贸易"的发达国家，目前也不会实行纯粹的自由贸易政策，有时候还会采取一些国家干预措施。规定在特定条件下可以实行适度的贸易保护，也就给它们中间的有些做法提供着某些法理依据。这显然有利于它们在一些国际经济协调议题上表现得更有弹性。当然，时不时冒出一些新保护主义手段以维护某些经济集团利益的做法，则是 WTO 坚决反对的。

又如，WTO 是关税稳定减让的积极推动者，主张不断降低关税壁垒以推进自由贸易。然而，还是它在强调着关税优先原则。这是指，当一国需要对进口贸易实施适度贸易保护时，应该首先采用关税手段而不是非关税壁垒。比方说，把针对农产品的非关税壁垒首先要求加以关税化，便为一个显著的例子。这个规定固然反映了 WTO 对数量限制手段有着比较负面的判断，同时也体现出另一种潜在的含义，即在实行国际经济协调的过程中，削减关税壁垒相对简易明了，便于彼此经济利益的调节和贸易立场的接近，而非关税壁垒种类繁多、情况复杂，则往往会成为阻碍成员方之间开展经济协调的一大难题。

再如，WTO 主张国际贸易的公平竞争，在此基础上反对商品倾销行为。但是，它既没有笼统地反对一切商品倾销，也不允许进口国滥用反倾销手段。在它看来，以低价竞销为基本特征的商品倾销可以给进口国消费者带来更多的经济福利，也能降低那些把进口商品作为原材料或中间产品的生产厂商的制造成本。这本身同 WTO 的根本宗旨并无冲突。所以，只有在它们对进口国同类产业构成实质性损害或损害威胁时，才必须坚决反对。同时，它还提出了微量原则、忽略不计原则和发展中国家产品原则来约束反倾销的范围和程度。另外，它还规定了征收反倾销税的数额必须以其倾销幅度为限，更不允许（如美国《伯德修正案》那样）把征收的反倾销税用来补贴有关的国内诉讼厂商，以防止走向另一种对进口商品进行不公平竞争的极端。从 WTO 针对美国迟迟不废除《伯德修正案》而授权欧盟等成员采取制裁措施一事，便可体察其反倾销的内涵远比许多人理解的要丰富。毋庸赘言，公平竞争这条底线，固然是开展市场经济活动的一个根本原则，同时也是进行国际经济协调运作的基本条件。

总之，WTO体系兼容并包的这种做法，易于化解国际贸易活动中错综复杂的矛盾和冲突，成为实施国际经济协调十分有效的制度安排。

（二）实施机制发挥着独特的协调功能

应该看到，WTO所实施的重要机制以各自的方式同样有效地发挥着功能有所不同的协调作用。

磋商机制主要起着一种预约性的协调功能。这种磋商机制可以分为整体性和个案性两大类型。整体性的磋商，是指WTO的决策程序总体上仍然强调了磋商机制在制定规则、贸易谈判和争端解决上面的极端重要性。它追求的是，在共同协商和彼此接受的基础上，制定出所有成员方均须遵循的规则与程序。[①] 在这类磋商的具体过程中，始终充满了激烈的博弈和令人烦恼的曲折，会发生唇枪舌剑的"战争"，会出现拍桌走人或不欢而散的局面，会经历时而进行时而停顿的漫长过程。这些都是磋商与谈判的常态。可是，既然谈判代表们走到一起来进行磋商，那么一般来说，求同存异、互相妥协、追求共识仍是绝大多数参与者的共同愿望。这样，WTO磋商机制就为其内部协调运作开辟着一条比较实在可行的通道。[②]

至于个案性的磋商则包括具体规则中设置的磋商程序和措施，主要在于通过有关的具体规则与必要程序，为发生贸易纠纷的双方或多方增加一个利于协调解决的机会。比方说，进口国在对某些外国进口商品实行反倾销和反补贴措施的时候，WTO规则要求双方在一个月或两个月里首先经由磋商程序消弭分歧，就是一个被广泛实施的规定。可见，它们对于国际经济协调运作的直接作用是不言而喻的。

比较而言，投票表决机制有时则具有一定威慑性的作用。这种"一个成员一票"和"由多数裁决"的投票制度，实际上被应用的次数比较有限。这意味着，它更多地在起着另外一个较为隐性而又被实在感受到的

[①] 赵维田教授等撰写的《WTO的司法机制》一书（上海人民出版社2004年版），对WTO的磋商机制作了很好的概括。按照该书的阐述，它大致包括五方面内容：作为司法程序必经的第一步，磋商阶段限期最多60天；磋商保密，不影响诉讼权；磋商请求书有固定格式；第三方参与磋商；斡旋、调解与调停作为"自愿采取"程序等。另外，对发展中成员还有特殊规则。（参见该书第25—31页）

[②] 关于WTO磋商机制的实际作用，克里斯托弗·阿勒普是这样解释的："如果成员在理解规则时产生分歧的话，程序上也提供了让成员回到谈判和协商的空间，而不是要求他们非接受不可。这种处理方式可能更适合解决问题，尤其是当争议双方的利益得失很难平衡时。换句话说，机构的作用是寻求途径以调和差异，而不是通过立法或仲裁手段来消除这种差异。"（参见克里斯托弗·阿勒普《世界贸易组织的新协定》第44页，上海人民出版社2004年版）

功能，即经常敲打着WTO成员方对于一些具体协调议题的实际态度，无言地告诫大家在相互协调的实际进程中不能随心所欲和自我膨胀，而以遵循WTO规则和尊重绝大多数成员的意愿为宜。这是因为，一个成员方在某个议题上过于蛮横或固执的不当主张，完全可能通过投票表决被否定，还要付出声誉受损害和与许多成员关系恶化的重大代价，其得到的是鸡飞蛋打的糟糕结局。这种一定的威慑作用有时会对一些经济协调活动起着意想不到的效果。

争端解决机制完全起着一种强制性的协调功能。当WTO成员方之间出现了比较严重的贸易纠纷之后，在双方磋商无果的情况下，可以经由专家组裁决或上诉机构最终裁定，提出明确的处置结果。与通常的协调是双方共同磋商与谈判的结果不一样，它是以一种强制性的手段迫使双方接受最后的裁决方案，从而达到一定的终结贸易纠纷的"协调"状态。但是，这种强制性裁定绝不是武断或粗暴的，而是依据WTO既有法理或以往判例做出的，而且在大多数情况下，也会肯定所谓输方的某些做法的合理性或可理解性。所以，一般而言，这样推动的"协调"结果仍然可以实现通常协调运作所要达到的目的。

政策审议机制则基本上发挥了一种警示性的协调功能。这种机制包括了一个重要环节，即要召开一次审议会议，由其他成员的代表围绕被审议对象的政策措施，或提出或质疑或批评一些被视为违规的现象和问题，而且被审议的成员需要口头或书面予以回应。如果被审议成员的有些政策措施受到了比较或相当集中的质疑和批评，那么，它等于在事先提醒和警示被审议成员：应该正视这些问题，且必须进行协调运作。这是因为，倘若不再审视或反思自己那些被其他成员方屡屡质疑或抨击的政策措施，那么，它们就非常可能成为自己与其他成员方发生贸易摩擦的"导火索"。相反，努力把这类纠纷消弭在萌芽之中，则所花费的成本或代价将是最小的。因此，珍惜审议会议提供的直接沟通机会，或说明自己被误读的政策措施，或澄清被以讹传讹的虚假信息，或倾听他人的合理诉求，或反思自己的不当做法，就有希望避免其中一些"导火索"引爆出现实的贸易冲突。所以，贸易政策审议活动既是对成员方政策措施的一种监督与鞭策，又在提供一个独特的协调运作平台。在这个意义上说，如果一个成员方把这类审议活动纯粹看成沉重的负担，那么，它就失去了一个开展协调运作的平台，和一个本可带来显著贸易利益的经济协调机会。

由此可见，就服务于国际经济协调运作而言，WTO 这些机制各自发挥着有所差异的功能，但都意在维护和推动这种国际协调运作。① 显然，这些从不同方面服务于国际协调的具体功能，只可能出现在 WTO 这样的权威性经济组织之中。否则，两个国家之间的经贸摩擦绝不可能听命于对方的处置，一个国家自身的贸易政策也不会无端让对方进行审查，甚至也可以不理会所谓多数的裁决。这就从一个侧面印证了 WTO 制度安排致力于国际经济协调运作的全面性和有效性。

三 重视国际经济协调中的利益平衡

国际经济协调必须建立在一种利益均沾和相对公平的基础上。这就是说，WTO 所有成员的基本经贸利益首先都需要得到应有的尊重和维护，它们在 WTO 体系里的义务与权利也应当对等或平衡；而当一个成员在国际贸易活动中出现严重失衡或面临困境时，WTO 还应当通过适当措施来加以救济和扶持。

（一）比较重视一国外贸增长的大致平衡

一般说来，两国之间的贸易平衡首先就是指双方的进出口额的大致持平。如果双方之间贸易额存在巨大差距，那么，它们彼此的贸易往来就谈不上是健康或正常的。为此，WTO 专门制定了一些规定来推动这类贸易不平衡的纾缓和解决。

WTO 有个国际收支平衡条款，就是专门针对一个成员出现连续多年国际收支逆差而采取的平衡措施。按照它的规定，由于该成员的外汇储备面临严重匮乏的危局，允许其可以对部分进口商品实施较高的关税税率或数量限制，也能够对出口商品给予适当的补贴。换言之，WTO 的一些重

---

① 笔者并没有认为这些机制的积极作用已经得到了尽善尽美或淋漓尽致的发挥。恰恰相反，它们业已发挥的实际作用与其当初设置的愿望相比，应当说依然差距甚大。例如，陈咏梅的《WTO 贸易政策审议机制法律问题研究》一书（中国检察出版社 2009 年版）关于贸易政策审议机制运行的一些评判与建议，就应予以充分肯定。具体地说，其关于贸易政策评审内容及其扩展、关于贸易政策评审标准、关于秘书处报告存在的问题及其未来前瞻等阐述（分别参见该书第 94—108、109—118、130—146 页），都有着一些自己的独特见解，有的多少说出了笔者的心声，有的则给笔者以一定的启示。

要原则对这个例外情况都暂时失去了适用性。

不仅如此,当一个成员在短时间遭受某些进口商品的猛烈冲击时,如果导致国内同类产业受到严重的损害或损害威胁,WTO 则允许该成员启动保障机制予以救济,即可以对该类商品征收进口附加税或实施数量限制。这种保障机制是在进口商品并无出现不公平竞争行为的背景下被实施的,它充分体现了 WTO 规则体系对于其成员经济贸易平衡的关注和扶助。当然,它的实施必须遵循必要的程序和限制条件。

(二) 没有忽略成员间经贸利益的基本协调

如果各个成员之间的贸易利益缺乏应有的或大致的平衡,那么,这就完全失去了实施国际经济协调的客观基础和必要条件。所以,WTO 体系始终没有忽略这个基本底线的重要性。上述提及的是双方之间贸易额大致或相对的平衡,而这里直接强调的是双方之间贸易利益大致或相对的平衡。这尤其表现在,WTO 在救济和扶助某些面临经贸困难的成员时,同样兼顾到其他成员必要的贸易利益。这里仅举两例。

一个涉及关税稳定减让问题。如果一个成员试图把自己业已下降的某种商品进口关税税率回升到原先的较高水平,它则必须在其实施三年之后才能重新提出并进行谈判。同时,即便其他成员同意这种关税回升请求,它仍然需要对利益受到明显影响的成员给予补偿,即下降其他相关商品的进口关税以弥补这些成员由此造成的贸易损失。

另一个是关于保障措施的某些限制条件。按照 GATT1994 文本第 19 条规定,当一个成员实施保障措施之时,为了避免给其他利益攸关方带来明显的利益损失,进口国必须实行一些有关程序或补救措施。比如,它必须在开展调查的基础之上才可实施该类手段,并且在实施时间和次数上有一定的限制。它需要及时同其他成员进行磋商以处置相关的贸易活动,需要给予后者以补偿来解决贸易利益受损的问题。否则,受损方可以进行合法的报复。在这里,成员之间的利益平衡问题仍然丝毫没有被 WTO 所忽略。

(三) 关注成员间在不同领域的利益差别

WTO 成员之间出现悬殊的或较大的利益差别在所难免,而在服务贸易领域与知识产权领域往往表现得尤为突出。这是由于,发展中成员在这些领域同发达国家的差距特别显著,越发缺乏国际竞争力。正因为如此,这些领域就有了一些与货物贸易相异的规则和规定。换言之,这类相异的规定除了来自这些领域的某些独特性之外,还包含着一个重要的意蕴,即是为了防止进一步拉大成员方之间的利益差距。

　　比如，它明明把非歧视原则（包括贸易最惠国待遇条款和国民待遇条款）视为其货物贸易规则体系的基石，也作为衡量成员方是否在该领域违规的首要标准，却又在服务贸易领域对此作了显著的变通。具体地说，当WTO成员参与其他成员的国内服务贸易行业时，如果东道国具有发展中成员的身份，其提供的贸易最惠国待遇则可以附加一定的条件或申请豁免；至于所提供的国民待遇，更属于部门承诺的范畴，即无论东道国是否为发展中成员，它只有在做出具体部门的相关承诺之后才须在该部门向外资提供国民待遇，不然没有实施的义务。不难看出，鉴于各国服务贸易水平具有更加明显或巨大的差距，彼此的开放、协调与合作必然更加困难和复杂。显然，对非歧视原则的这种重要变通，有助于服务贸易领域各成员方之间贸易利益的协调和平衡。[①]

四　关注国际协调中的弱势成员利益

　　在国际贸易活动实际运作时，各国经济发展水平显著差异带来的诸多问题很难援用完全划一的尺度和标准加以处置，因而对于经济发展水平比较低的国家来说，制定和实施统一的国际规则有时会损害它们的利益。它们显然是WTO体制内的"弱势群体"。[②] 如何恰当处置经济利益与贸易问题，常常是国际经济协调过程中十分棘手的难题。为此，WTO不仅承袭

---

　　① 上述阐述从三方面强调了WTO制度安排对于其成员利益协调的重视。这里需要指出的是，WTO近20年的历程并未真正能够实现这个目标。就此而言，王新奎等著《世界贸易组织与发展中国家》一书早在15年之前提出的一个论点颇具警示意义。它指出："发达国家和发展中国家（地区）在国际经济贸易领域存在着根本性的矛盾和冲突。作为'富国俱乐部'的WTO能否真正考虑发展中国家（地区）的利益，协调发达国家和发展中国家（地区）的关系，还有待观察。"（引自该书第36页，上海远东出版社1998年版）除了"富国俱乐部"这个提法是否符合现实尚可斟酌之外，其指出的趋势值得人们警戒。

　　② 约瑟夫·E.斯蒂格利茨及安德鲁·查尔顿指出："有一点必须强调，发达国家事实上和理论上在贸易谈判中都处于一个较为有利的位置，这样就使得它们能够轻易地在谈判中获胜。例如，发展中国家反对发达国家的提议，所付出的成本要远远大于发达国家反对它们提议的成本。实际上当发展中国家必须通过这样一种复杂、昂贵的法律程序来解决问题时，它们往往处于极为不利的位置。"（引自《国际的权衡贸易：贸易如何促进发展》第57页，中国人民大学出版社2008年版）这正是我们尤其要关切WTO体制内部这个"弱势群体"的一个重要理由。

了 GATT 的做法，把其成员划分为发展中成员与非发展中成员两类，给予前者以有差别的特殊优惠待遇①，并且还在进一步细化或深化着这类优惠待遇②，试图避免或弥补发展中成员因遵循 WTO 规则而有时会带来显著的利益损失。说到底，这样做依然是在为众多贸易问题的解决和相关规则的顺利推行，提供着进行协调或合作的现实基础。大概而言，这种深化至少集中表现在如下方面。

（一）"非互惠原则"进一步落实发展中成员的贸易待遇

互惠共利是多边贸易规则体系的基本追求目标。可是，为了实现成员之间贸易利益的大致平衡，在一定的条件下，"非互惠原则"的实施恐怕又是势所必然。于是，WTO 体系在实施发展中成员有差别的优惠待遇方面有着比 GATT 更多的规定，其中特别包括了 GATT 第四部分的出现。这些规定可以概括为：

首先，在实施有关义务上，发展中成员可以享有较长的宽限期。这种与非发展中成员的宽限期差别体现在大多数协议里面。例如，SPS 第 14 条、TBT 第 12 条、《补贴与反补贴措施协定》第 27 条、《保障措施协定》第 9 条、《海关估价协定》第 20 条、《与贸易有关的知识产权协定》第 65 条等，都围绕有关规定的实施时间给予了发展中成员以更长的期限。

其次，在获取经贸待遇上，发展中成员应当得到更优惠的条件。除了单方面享受普惠制待遇以外，它们还在不少具体规定上享受着有关门槛要求相对要低的优惠。例如，在实施反倾销和反补贴措施时，发展中国家产品在微量原则和忽略不计原则上的衡量标准就更加宽松；而保障措施一般更是不能施加于发展中国家产品。至于 GATT 第 18 条款项中的有些规定，如发展中成员拥有保护幼稚工业的权利，以及由该条款引

---

① 马克·威廉姆斯的《国际经济组织与第三世界》一书是这样解释这种待遇设置的："对特殊和差别待遇的要求基于如下认识：发展的要求与市场力量的自由运行不相符。根据这个观点，GATT 的自由贸易方式不能支持第三世界的发展目标。另外，发展中国家认为作为贸易自由化工具，早期的 GATT 存在严重缺陷，因为它忽略了发展中国家的特殊问题。"（引自该书第 161 页，经济科学出版社 2001 年版）

② 必须指出，围绕发展中国家与 WTO 之间的关系，张汉林所著《解读中国入世》一书的第四编"挑战竞争"给人以较多的启发。第一，它深入阐发了 WTO 中发展中国家地位得到进一步提高。第二，它全面概述了 WTO 对发展中国家和最不发达国家的优惠安排。第三，它明确强调了 WTO 是发展中国家维护经济利益的最佳选择。（参见该书第 476—494 页，经济日报出版社 2002 年版）前两部分的阐述折射出作者的 WTO 研究水平，第三部分则通过 5 方面论述体现出一些值得赞赏的开放理念和政策思路。

申出来的相关协议，尤其集中体现了发展中成员享受有差别优惠待遇的基本方面。

最后，在遵循有关规则上发展中成员具有更大的灵活性。如在货物贸易方面，GATT1994就有个豁免条款（第25条）及其谅解，它们主要是针对发展中成员可以豁免有关的具体义务而制定的。其他一些重要协定也都设置了有关条款，专门考虑发展中成员的特殊情况。

另外，在接受相关援助上，发展中成员得到了WTO法规的明确保证。这种援助包括技术援助和资金援助，它们在专门设置的有关条款里做了明确规定。例如SPS第9条、TBT第11条、《服务贸易总协定》第25条、《与贸易有关的知识产权协定》第67条等，都属于这类性质的条款。现在重要的是如何有效落实这些援助条款。[1]

（二）发达国家在贸易救济措施上受到一定制约

发达国家在处置与发展中成员的经贸事务中则受到了比较明显的制约，尽管这类制约仍旧没有完全到位。比方说，以往过度使用"反倾销"、"反补贴"或保障措施等手段，既严重损害发展中成员正当的贸易利益，又直接冲击着多边贸易体制当中的协调机制。对此，WTO进一步采取了一些规范措施，有利于发展中成员的贸易活动。

例如，发达国家实行保障措施必须遵循严格的程序。[2] 同时，当发展中成员的进口商品不超过该进口国此类商品总进口比重的4%时，它们还

---

[1] 在我国WTO研究学者屠新泉看来，这些所谓非互惠的待遇实质上还是互惠的。他说："GATT/WTO是以互惠为根本法则的，不愿付出必然也就无法得到，虽然发展中国家运用其道德的力量争取到在GATT中的许多非互惠的优惠待遇，但实际上这些非互惠实质上仍然是互惠的，因为发达国家所给予的优惠待遇是基于自身利益考虑的，在发展中国家不愿意作出实质性的市场开放的情况下，发达国家在敏感产品上对发展中国家的贸易壁垒并没有显著降低。最典型的是在农产品和纺织品与服装领域，发达国家在GATT体制外长期保持高度贸易保护主义。即使乌拉圭回合之后，发达国家对于发展中国家的许多出口产品所征收的关税和贸易壁垒仍然较高。"（引自屠新泉《中国在WTO中的定位、作用和策略》第124页，对外经济贸易大学出版社2005年版）

[2] 这里仅仅是从WTO规则本身做出的一般分析，至于保障措施具体实施究竟更有利于何方，尚须展开必要的实证研究才能确定。例如，莫世健所著《贸易保障措施研究》一书（北京大学出版社2005年版）针对1947—1995年即GATT时期的具体案例，深入探讨了GATT第19条即保障措施条款"适用经验及其问题"。其中得出的一些具体结论发人深省，如发达国家是紧急措施的主要实施者与受益者、相关补偿或报复措施涉及发展中国家的寥若晨星、避开第19条而类似紧急措施的手段被滥用、出现实施有选择性的保障措施的现象等。（参见该书第34—42页）由此可见，GATT时期的保障措施规定明显有利于发达国家。

不得对此采取保障措施。这即所谓的"临界条款"。从实际情况看，发达国家中间只有美国实施过较多的保障措施①，不过有时它违反了WTO的相关规则与程序。2002年3月间美国依据WTO保障条款对进口钢材征收8%—30%的进口附加税，最终在2003年秋季被WTO专家组判为违规而不得不取消。本来美国完全享有实施保障措施的权利，正是因为它直接违反了诸如此类的程序和要求，才被WTO裁决输局。

又如，在实行反补贴或反倾销措施时，WTO规定在某些条件下可以免除进口商品受到惩处。以反补贴为例，如果补贴数额属于微量（1%），或者接受补贴的进口量可以忽略不计（3%），则这些进口商品并不在反补贴措施之中。至于发展中成员的进口产品，它们列入反补贴清单的相关比例还要放宽。例如，微量的标准上升到2%，忽略不计的标准上升到4%等。

（三）贸易争端解决机制的完善

GATT体系本来就有调解、仲裁和监督机制来解决缔约方之间的贸易争端，可这种机制对待发达国家常常显得苍白无力、难以奏效，如贸易大国能够较为随意地推翻裁决结果等。这就将广大发展中成员置于一种非常不平等的地位，直接破坏了国际经济协调的客观基础。为此，WTO的争端解决机制得到了显著的强化。其中最突出的是，它对发达国家的约束力明显加强，从而真正有可能让所有成员的贸易地位基本平等。②

从"WTO第一大案"的裁决到《伯德修正案》被废除，都证实了这

---

① 根据包小忠《WTO框架内的贸易救济措施研究》一书（经济科学出版社2008年版）的统计和阐述，WTO框架内保障措施的实施情况（1995—2006年）与GATT时期相比，已经发生了很大变化。从全球每年出现的保障措施立案来看：1995年，2起；1996年，5起；1997年，3起；1998年，10起；1999年，15起；2000年，25起；2001年，12起；2002年，34起；2003年，15起；2004年，14起；2005年，7起；2006年，22起。从案件发起国的国别来看：印度15起；美国10起；智利10起；约旦10起；菲律宾10起；捷克9起；土耳其9起；厄瓜多尔7起；阿根廷6起；保加利亚6起；委内瑞拉6起。（参见该书第42—46页）可见，保障措施的实施已经明显增多，且主要是发展中国家。但是，这个数据同时反映出WTO对发达国家实行的保障措施予以严格的程序约束，已经显现出非常明确的效果。

② 有的西方学者在阐述WTO履行其使命能力时，特别分析了强制执行机制的两重作用："相对别的国际经济组织而言，WTO具有有效的强制执行机制，对违反WTO规则，并拒绝改正的成员方进行制裁，这也是人们建议WTO扩展职能（把把竞争、劳工标准等政策纳入其规则体系——引者注）的背景因素之一。然而，需要补充说明的是，一个高效的执行机制的存在也造成了这样的困境：在是否把WTO规则应用到新的领域这点上，成员方很难达成一致。"（引自安妮·克鲁格编《作为国际组织的WTO》第60页，上海人民出版社2002年版）可见，把贸易争端解决机制的积极功能估计过高，同样可能是有失偏颇的。此外，后一方面的困境正是WTO实行制度创新需要思考和解决的一个问题。

点。在前一个事件里，美国违反国民待遇原则，对进口原油和国产原油采用两种不同的环保标准。在后一个事件里，美国的相关法案公然把征收反倾销税所得的税款用来扶助国内厂商，这等于产生着双重的贸易效应：一方面国外厂商受到缴纳反倾销税的惩罚，相应削弱了其国际竞争力，另一方面国内厂商得到了所征反倾销税的部分税款，从而增强了它们的国际竞争力。前一种做法使得外国商品重新回到与美国国内厂商一样的竞争起跑线。后一种做法明显属于违规的补贴行为，并让国内厂商在这场不公平竞争中，从原先的受害者转变成现在的得益者，即其竞争起跑线反而前移了。这显然违反了WTO的公平竞争原则，成为一个从一个极端走向另一个极端的典型例证，即在落实公平竞争原则时又从另一个方向违反着公平竞争原则。

正因为如此，这种做法受到了普遍批评。再说，这两类现象的受害者更多的是广大发展中成员。后来，WTO争端解决机构对此做出了严正的裁决，而且美国政府也不得不接受了这样的苦果，而美国国会因直面要遭受经济制裁的局面而最终被迫废除了《伯德修正案》。这充分说明，WTO借助该机制确保了发展中成员应有的贸易利益，并由此成功地实行了相关的国际经济协调。

上述经济协调机制和做法本身都是激烈博弈的结果，同各国维护自身贸易利益的动机和行为紧密相连，是它们进行讨价还价和彼此妥协的产物。但是，并不能因此而认为WTO对于国际经济协调采取着被动消极的态度。其实，多边贸易体制的形成和发展本身就是一个不断实施国际经济协调的历史过程。所以，这类机制和做法的产生和逐步完善至少说明，能够并善于开展国际经济协调才是多边贸易体制得以存在和发展的核心问题。GATT体系被WTO体系所取代，已经充分证实了这点。

从WTO的实际运作来看，由于经济实力和讨价还价能力的客观差异，成员方之间的经济协调还远远没有得到全面的实现，发展中成员的权利与义务尚未得到实质性的平衡。其中典型的例证便是，在其自由贸易做法覆盖服务贸易和保护知识产权领域的演进过程中，发展中国家付出了比较高昂的代价和损失，可它们最迫切要求的农产品自由贸易却始终遭受发达国家的重重阻拦，至今成效还是比较有限。

多哈回合在农产品自由贸易问题上屡屡遭受挫折再次昭示了一个真理：从根本上无视和背离国际经济协调的精神，WTO将一事无成。同时，它也在告诫 WTO 的所有成员特别是发达国家,多哈回合要成功完成它的历史使命,其成员都必须拿出最大的诚意和耐心,努力维护经济协调的精神和机制,充分关注发展中成员权利与义务的对等或平衡。① 多哈回合之所以被称为发展回合,暗示了多边贸易体制在以往国际经济协调运作中的某些缺陷与不足,即没有充分关注发展中国家的经贸利益。因此,倘若贸易谈判不能为此做出足够的努力,并迫使发达国家改变表面重视而实质无视发展中成员的态度,从而让后者真正获取自身应有的贸易利益或机会,那么,WTO 的国际经济协调运作及其机制就可能濒临瓦解的危险。

我国从中也可以受到不少启示,其中有两点尤为重要。我国加入 WTO 之后应扮演什么样的角色就值得认真研究。旨在维护和推进 WTO 的国际经济协调精神,既要坚决维护发展中成员的基本贸易利益,又不必轻易与发达国家对着干,应当是我国比较稳妥的做法。同时,随着我国经济逐渐纳入世界经济的轨道,建立自己的国际经济协调战略与机制已迫在眉睫。这种战略与机制的形成和逐步完善,需要树立现代市场经济和经济全球化的开放观念,需要形成系统的基本思路,更离不开制度、法规、政策和策略等方面的重大建设。②

---

① 张向晨的《发展中国家与 WTO 的政治经济关系》(法律出版社 2002 年版),是一部国内学者研究发展中国家与 WTO 相互关系的专著。它分别从经济发展战略、对外经贸体制、实际经贸影响以及发达国家对待多边贸易体制的立场给予发展中国家的影响四方面,深入探讨了多边贸易体制给予发展中国家的各种影响。(参见第 82—199 页)应当说,其视野是比较开阔的。特别是,该书最后结论部分的有些阐述与本章的主题密切相连,其具体论断亦不乏发人深思之处,如指明发展中国家与 WTO 的关系是协调性而不是依附性的;分析 WTO 的规则体系从五方面为发展中国家获得利益提供了可能性;认为发展中国家在参与条件、履行义务、运用规则、增强集体谈判能力等方面可以努力减少自己参加 WTO 运作所付出的代价;强调必须认识发展中国家在参与 WTO 运作中的整体利益并据此协调与确定多边贸易政策等。(分别参见该书第 266、268、269—270、271—272 页)

② 本章关于 WTO 制度安排所具协调功能的阐述,是基于它们被设置的初衷或意愿而展开的分析,并非表明它们已获得了国际经济协调运作的巨大成就。这是两个不同层面的分析内容。读者不要因为本章比较全面地阐述了 WTO 体制的国际协调功能,而误认为本书作者对 WTO 的制度安排充满了溢美之词或者给予了很高评价。其实,WTO 体制有不少缺陷与漏洞,本章阐述只是囿于主题及篇幅所限,因而并未展开这方面具体分析。

第十二章　我国"入世"谈判中的协调运作

我国在逐步推进对外开放和纳入世界经济轨道过程中，特别是围绕加入 WTO 及其后的实际运作上，积极合理地运用了众多经济协调手段以处置复杂的国际争端与摩擦。

一　善于从战略高度把握国际经济协调

面对国际经济争端与摩擦，如何从战略高度加以认识、把握和处置，是实施国际经济协调运作的关键。而我国政府在"入世"谈判上的相关做法就显得比较恰当和有效。

（一）不要热衷于从政治角度应对贸易争论

在错综复杂的国际格局当中，政治因素无疑起着相当重要的作用。以美国为代表的发达国家所引发的国际贸易争端或摩擦，有时确实属于源自政治原因的需要而把单纯的经济问题复杂化。相反，有时候它们又会更多地考虑政治和外交因素来对待和缓解原本比较激烈的贸易纠纷。[1] 此外，有时候出于策略考虑和谈判需要，自己可能也会强调这类争端或摩擦的生成同政治因素有关。所以，不能忽略或无视这类因素在国际经贸活动中的影响。

倘若热衷于动辄从政治角度判断和应对国际经济摩擦与贸易纠纷，则是一种很不恰当的分析思路和处置态度，往往不必要地断绝了开展国际经济协调的可能性或有效性。像美国这样的发达国家，其政治结构及其操作方式比较特殊，各种经济集团保护自身利益最为便捷有效的做法就是大力

---

[1]　1993 年 5 月，美国总统克林顿以行政令方式把是否延长对华最惠国待遇的动议权，从美国贸易代表转给了美国国务卿，就是一个具体例证。这样做，显然是对这个问题倾注了更多的政治考虑。可是，在美国有求于我的情况下，它就难以轻易中止对华贸易最惠国待遇。

施展所谓的政治操作。它们可以打着维护美国战略利益的旗号，利用其民众的思维定式和对外部世界缺乏了解，充分运用国会等政治平台和传媒手段无事生非、兴风作浪，或出台一些制造和激化经贸摩擦的法案和要求，或发布危言耸听的新闻和评论。一个具体经贸争端被施以如此浓重的政治氛围，自然就非常容易让人误解为其中暗藏政治目的。这种运作的实质依然是为了实现自身经贸利益。人们大可不必因此而失去一些有效开展国际经济协调的重要时机。

人们需要清晰而坚定地确立这样的基本思路：在大多数情况下，国际贸易争端或摩擦的产生主要来自发达国家对基本经贸利益的关注和追逐，因而在可能的范围内，应当尽量从这个视角开展有效的国际经济协调。[①]

我国以发展中国家的身份加入 WTO 所展开的角逐，即为典型一例。1986 年我国向 GATT 提出重返的申请时，强调了三大原则，其中一条就是我国须以发展中国家的身份在 GATT 里运作。对此，包括美国在内的发达国家都是完全认可或默认的。可是，在复关谈判已经进行了六七年之后，美国突然提出中国不能以发展中国家的身份重返 GATT 或加入 WTO。这种出尔反尔的立场曾经成为中国无法重返 GATT 和一度难以加入 WTO 的重大原因，因为它直接挑战中国为此确立的最重要原则。在这种情势下，是一味指责对方出于政治目的阻碍我国重返 GATT 或加入 WTO，还是冷静分析其立场转变的主要生成原因并采取有的放矢的对策，便是考验中国政府的智慧和协调能力的重要关头。

美国不再同意中国以发展中国家的身份重返 GATT 或加入 WTO，确实与其迫切关注自身的经贸利益直接相关。自 20 世纪 80 年代初以来，美国对外贸易开始出现巨额逆差且愈演愈烈，逐渐成为其经济增长的最大软肋。到 90 年代初，中国已经被美国视为"日本第二"，即中国成了后者的第二大贸易顺差国，并有逐渐取代日本而跃为第一之势。因此，缩小这种贸易逆差可谓美国的当务之急。可是，倘若中国以发展中成员身份进入 GATT 或 WTO，那么，美国按照相关规定就必须向中国提供更多的优惠经济待遇，如必须给予中国进口产品以普惠制待遇，必须接受中国部分新兴工业产品享有"幼稚工业产品"的资格等。这意味着，其对华贸易的巨额逆差还将进一步显

---

① 1993 年 5 月，美国总统克林顿以行政令方式把是否延长对华最惠国待遇的动议权，从美国贸易代表转给了美国国务卿，就是一个具体例证。这样做，显然是对这个问题倾注了更多的政治考虑。可是，在美国当时有求于我的情况下，它就难以轻易中止对华贸易最惠国待遇。

著增加。这正是美国不愿意让中国享有发展中成员资格的基本缘由。

鉴于此，我国要最终能够以发展中成员的身份进入WTO，唯一办法就是须消除美国上述的经济担忧。这样一来，切实可行的突破口可能就是，在与美国进行"入世"谈判时，我国表示愿意削减或取消WTO体系中发展中成员所拥有的某些优惠待遇，从而不会给美国等发达国家显著增加新的贸易负担。在"入世"谈判上，尽力争取加入WTO是我国最大的战略目标，而确保发展中成员的身份又是首要原则，这意味着，其他方面的利益相对而言只可能是局部的和第二位的，因而必要时可以作为付出的代价。就最终的结果来看，我国如愿地以发展中成员的资格加入WTO，同时，我国出口产品也没有再要求美国给予普惠制待遇和幼稚工业产品待遇。应该说，这两者实际上正是相互妥协的具体写照。① 试想，如果我国只是简单地把美国的立场看为政治原因所致而断然加以拒绝，或者坚持不在发展中成员的优惠待遇上作些必要妥协，那么，恐怕我国至今仍然无法成为WTO的正式成员，更不可能取得如此巨大的外贸成就。②

（二） 充分认识某些贸易让步的必要性

国际经济协调是个复杂的系统工程，有时并不能简单地采用就事论事的做法，而需要有通盘的战略布局，并按照战略全局有所取舍。换言之，为了在某个问题上获取重大的利益或机遇，有时就需要在一些对方甚为关切而自己相对属于局部性的贸易利益上，向对方做出必要的甚或较大的妥协与让步。只要两相比较利大于弊，这类贸易让步一般就值得考虑进行。所以，用全局性的战略头脑来把握和看待某些贸易让步就显得分外重要，而且只有这样才能具有敢于做出某些重大让步的胸怀和胆魄。

我国"入世"承诺接受"非市场经济国家地位条款"，就体现了这一点。WTO至少具有四方面的明确规定，使得我国在拒绝接受该条款的问

---

① 《多边贸易体制与"入世"——中国面对的贸易壁垒》一书（中国对外经济贸易出版社1999年版）说："美国将中国排除在普惠制之外，是美国继续广泛实行歧视性政策的表现之一。"（引自该书第54页）。事实上，为了确保我国能够加入WTO及其发展中成员的身份，放弃普惠制待遇仍然是我国可以考虑的选项之一。从实际结果来看，它没有给我国带来太明显的负面影响。换言之，我国进入WTO而没有获得普惠制待遇，是美国为了避免对华贸易更大逆差而提出的强烈诉求，又可能是中国政府维护自己"入世"第一原则而采取的策略手段。

② 围绕中国在WTO中的发展中国家地位问题的争论，可以参见王毅《世纪谈判：在复关/入世谈判的日子里》第180—189页。它概要地追溯了我国政府坚守发展中国家地位原则的历程及其最终胜利，阐发了其重大意义。

题上根本没有多少回旋余地。这表现在：第一，WTO的反倾销协定实际上给进口国显著扩展了两方面的权力，即既可对来自所有"非市场经济活动"的进口商品价格加以推定，又能具有很大弹性地推定这种商品价格。第二，它对贸易汇率还是有具体规定的，可其具体确定又有模糊不清的缺陷，这就加强了发达国家的谈判筹码。第三，其反倾销标准可以被发达国家用来大做我国经济体制转轨特征的文章，借此突出第三国价格标准的所谓公正性，从而增加了我国拒绝该条款的难度。第四，WTO对反倾销的某种特别规定，即如果进口国主管机关对事实的确认和评估是恰当和客观的，那么，即便WTO专家组也不得推翻这种对事实做出的评估，更使得我国不必花费巨大代价拒绝该条款。

在这种情况下，我国"入世"承诺同意发达国家15年之内给予我国以正常市场经济国家的地位，只不过是一个并不大的让步。这是因为：一来这种地位的被承认，主要在于我国出口产品面临反倾销反补贴时可以避免不公平的待遇，而我国在高峰期遭遇反倾销的出口产品也远不足总出口额的1%，因而其影响事实上很有限。二则它是一种有弹性的表述，即我国的"正常市场经济国家"地位完全可以提前被其他成员认可，如目前新西兰、巴西和东盟10国等数十个国家都已这样做。三是它实际上还给我国出口产品提供了一条避开对方采用"第三国"歧视性做法的通道，即生产者能够明确证明其产品在制造、生产和销售方面具备市场经济条件，则应使用中国价格或成本来确定其是否存在倾销（见《中华人民共和国加入议定书》第15条A款第1部分）。四是有关协议为了防止可能滥用我国的这项让步，还对相关标准、定义和程序作了详细规定（见《中国加入工作组报告书》第151段）。可见，我国出口贸易不可能因为该条款而受太大的影响。[1]

---

[1] 读一读康斯坦丁·米查洛浦罗斯关于谈判市场经济问题的阐述，显然有益于人们理解我国当年接受"市场经济国家地位条款"的客观背景。他指出："尽管世贸组织协定中没有明确规定成员必须实行市场经济，然而，现有的成员事实上还是要求申请方从根本上实行市场经济，并以此作为批准"入世"的筹码。"入世"国都感到了这种压力，其中包括中国……与此同时，四大经济集团国家却一直不愿修改它们自己的针对已成为世界贸易组织成员的转型国家的'非市场经济体'定位而实施的反倾销程序。根据这种定位，有区别的、欠透明的和潜在的歧视性行为有可能被用为确定倾销是否发生的条件……正因为如此，非市场经济的标签一直是转型国家同美国和欧盟之间产生贸易摩擦的主要原因。"（引自伯纳德·侯克曼等编《发展、贸易问题与世界贸易组织手册》第61页，中国对外翻译出版公司2003年版）

这类让步给我国带来了其他方面的机遇与利益。尤其表现在我国加入WTO谈判的三大成果上：其一，我国最终还是以发展中国家的身份进入该组织，使得我国相关的最重要原则得以基本落实。其二，我国在开放服务贸易领域方面所作出的最后让步，没有超出自己的预先筹划，也是能够实现和承受的。其三，发达国家最后放弃了要我国付出在人民币汇率和资本项目完全开放这两大难题上的"入世"代价，让我们有较宽裕的时间去进一步理顺繁杂的金融体制及其各种问题。①

二 巧于从策略角度推进国际经济协调

国际经济协调运作在确立相关战略与基本方针之后，能否采取合适灵活的策略手段以应对各种复杂局面，成为其成功与否的又一个重要方面。在这方面，我国在"入世"谈判过程中同样有着不俗的表现。

（一）擅长围绕对方政策特点开展经济协调

针对美国贸易政策所具的特点展开有的放矢的协调活动，是我国防止相关对策思路可能失去应有准星的必要保证。不能洞察和把握美国贸易政策中那些与众不同的做法，就易于出现主要从政治视角寻找经贸对策的偏颇思路，并因此而动摇或放弃了开展国际经济协调的决心和毅力，自然更谈不上应用众多的策略手段了。这是在与美国发生贸易争端或摩擦时务须重视和警戒的。

美国在对进口商品实施贸易保护的时候，其重点目标历来是指向竞争力强的出口国，而不像欧洲国家往往是围绕进口商品本身构筑贸易壁垒。它实施这种着重打击重要出口国的进攻型保护策略，实际上具有多方面的好处。即明显减轻自己实施贸易保护所带来的国际压力；有利于减少美国对该国产生巨大或较大的贸易逆差；切实削弱那些经济走势良好国家的国际竞争力，可以有效维护现行的世界经济基本格局和其自身霸权地位。这些年来，中国作为其最大的贸易顺差国，自然就成为美国贸易保护主义的重点攻击对象。同样，在中国"入世"谈判过程中尽量地加高门槛，也

---

① 关于发达国家最终没有坚持对我国人民币汇率与开放资本项目提出进一步诉求，可参见马克：《"入世"三周年，四问龙永图》，载《南方周末》2004年11月11日。

是它的不二选择。其中，力图迫使我国开放更多的服务贸易部门及其提高自由化程度，正是发达国家的主攻目标之一。这意味着，在这个重大议题上不能满足它们的多数要求，我国就无法实现加入 WTO 的基本目标。基于这种背景，开放服务贸易部门无疑就成了我国"入世"谈判中所涉最广、难度最大的谈判议题。①

为此，我国采取了一种区分不同部门、不同时间、不同步骤渐进开放的基本战略，以应对发达国家的严峻挑战。这个战略的确立，主要依据的是 WTO 关于服务贸易领域国民待遇的部门承诺原则和其他成员的实际开放状况，同时充分考虑国内开放与发展的整体布局以及众多服务贸易部门的国际竞争力。所谓区分不同部门，是指有些服务贸易部门完全开放（如商业零售业），有些只是部分开放（如高等院校可以与外国高校合作办学，但不会出让办学的决策权和行政权），有些目前则对外资不予开放（如新闻出版行业）。所谓区分不同时间，是指有些部门在我国"入世"之后很快就向外资全面开放（如会计事务所一类的经济中介机构），有些则要在五年过渡期结束前后才允许基本开放（如银行业），有些目前仍属有限制的放开（如律师事务所）。所谓区分不同步骤，是指有些部门允许外资很快就可对公司或企业全面控股，有些则只允许外资部分入股而不能多数控股（如电信业）。按照这种部署和承诺，我国至今对外资业已开放了包括金融、商业、通信、建筑、分销、教育、环境、旅游和运输九大服务贸易部门的约 90 个分部门，而它们基本上涵盖了我国最重要的第三产业。

这样的开放承诺在相当程度上满足了发达国家主要诉求，却又完全可能避免国内有关行业由此而遭遇重大经济冲击。这是因为：一方面，这种渐进开放的战略部署，已经充分考虑到国内有关行业的竞争力和承受能力。另一方面，对于那些或许会面临较大风险的被开放服务贸易部门，我国政府实际上又暗中设计了不少具体应对措施，届时会大大缓解这类开放可能带来的负面影响。

且以开放银行业为例。2007 年年底我国如期向外资银行开放人民币零售业务，同时明确规定它们开展此项业务需注册登记，只有具有独立法

---

① "入世"谈判中服务贸易议题的艰难性可以参见石广生主编《中国加入世界贸易组织知识读本（四）：中国加入世界贸易组织谈判历程》第四章和第五章第 140—388 页，人民出版社 2011 年版。

人地位的才能享受该项权利。这是一项依据 WTO 国民待遇原则的合理规定（国内商业银行都是如此运作的），可其造成的实际后果是，目前仅有 10 家左右的外资银行真正开始了人民币零售业务。更何况，我国在这里还有更多的牌可打，如把中国银联确定为人民币卡唯一的转接机构和标准等，这等于在技术层面限制了外资银行开展人民币零售业务的范围和规模。其基本原因就在于，我国对于银行业开放的具体承诺只涉及取消人民币业务、客户范围和地域等方面的限制，并没有允许更多方面的自由市场准入。

应当承认，我国开放服务贸易领域的"入世"承诺确实超越了不少 WTO 成员业已履行的某些范围和程度。这种重要让步是出于国际经济协调的客观需要，有些还是不得不做出的让步。可是，总的来看，它非但没有带来太大损失，反而还使得我国在有些方面得益甚多。这表现在，我国承受得起的必要妥协，不仅换来了发达国家在其他方面重大让步所产生的巨大利益，而且还形成了两个非常重要的后果。一是有力地推动了我国社会主义市场经济体制的建设，如银行业的改革步伐在我国"入世"之后显著加快等。二是使得我国在新的开放服务贸易谈判中占据主动地位，如多哈回合已基本达成共识，即新加入 WTO 成员因原先的开放程度相对较高而暂时无须做出开放新的服务贸易部门的进一步承诺。我国在开放服务贸易部门所采取的思路和策略是有效和成功的。[①]

（二）认真对待谈判对方的主要。利益诉求

当贸易争端或摩擦僵持不下时，努力弘扬"双赢"或"多赢"理念，正确判断和深入研究对方的重要关切和主要利益追求，以切实推进相关的协调运作，就显得至关重要。这是由于，各自的重要贸易利益常常可能表现在不同的层面或方面。所以，对于一些非重大原则或根本性问题的具体纷争，适时地采用暂时退让和迂回前进的做法就十分必要。它的实际后果往往表现为，或明显减少由此带来的严重冲突，或推动其他方面谈判的峰回路转。

---

① 中美之间的服务贸易双边谈判是中国"入世"谈判最为艰难的历程之一。关于与美国展开单独的服务贸易谈判的原因、内容和具体历程，还可参见王毅《世纪谈判：在复关/入世谈判的日子里》第 216—225 页，中共中央党校出版社 2007 年版。对于其谈判结果，作者的结论是："在中央正确的领导驾驭下，中美之间服务贸易谈判坚持在多边贸易体制范围内进行，逐步走向'双赢'结果，避免了'301'条款贸易战，美国行政当局和国会最终也同意给予中国永久性正常贸易关系地位，终止了单方面的年度审查。"（引自该书第 225 页）

"过渡性审议机制条款"可以说是我国正确对待这类争端的一个有力例证。在我国"入世"谈判过程中,以美国为代表的发达国家处于一种自相矛盾的心态。一方面,为了推动自由贸易在全世界的进一步深化以及自身的经贸利益,它们迫切希望中国的经济发展能够纳入世界经济的运作轨道。由此,它们必须支持我国加入WTO。另一方面,中国正式进入这个权威性的国际贸易组织,又让它们产生种种担忧或疑虑:中国的经贸增长将会增添新的巨大动力,继续其迅猛发展的势头,并进一步扩大美国和欧盟对华的巨额贸易逆差;WTO内部力量对比将会发生重大变动,发展中国家会汇集成一股可以抗衡的经济力量,进而削弱发达国家的国际影响力。

此外,它们还担心中国正式进入WTO之后能否认真全面地履行所作出的诸多承诺,是否会由此进一步增加发达国家自身所面临的挑战。显然,它们迫切需要通过中国所做的这些承诺被全面兑现,来确保书面协议上的自身既定权利,来获取更大的其他贸易利益,来平衡国内各种经济力量的不同要求。正是在这种矛盾心理的支配下,设立包含着每年要审议我国兑现"入世"承诺内容的条款,成为发达国家坚持的谈判目标。

该条款关于我国在"入世"前8年里每年都需要面临"入世"承诺审议的规定,在WTO的历史上并无前例可循。可是,中国政府最终还是接受了这个做法。我国这样做倒可以一石四鸟:一来较好地消除了发达国家的有关疑虑和担忧,有助于我国比较顺利地加入WTO;二则增加了我国认真履行"入世"承诺的推动力,而不少承诺的履行实际上有力推进着我国社会主义市场经济体系的建设;三可借此凸显我国作为一个负责任大国的形象,而这就为我国日后在国际舞台的大显身手奠定了坚实的基础;四能以此为筹码获取它们在其他方面的重大让步,特别是前面所提及的三大谈判成果。[①]

(三)适当关注谈判对方的国内压力

贸易利益分配在任何国家都存在各种经济力量进行博弈的问题。特别是,多数发达国家的政治体制设计本身更是在推动这种博弈,如美国法律制度对

[①] 关于如何理解"过渡性审议机制条款"这个问题,赵维田教授强调指出:"尽管第18条存在有关歧视和不公平因素,我们应对照我国加入世界贸易组织承诺和政策体制等方面的欠缺或不足,都应该从正面理解,化为激励自己的积极因素。"他还进一步从透明度原则阐述了该条款的积极作用:"WTO政策监督机制的核心,是透明。不透明或者透明性很低,可以说是我国经济体制乃至政府体制的传统痼疾。WTO政策审议机制为突破这种痼疾提供了一把钥匙,它要求我国把所有与贸易有关的信息,全部向WTO通报,做到对国际社会透明。"(分别引自赵维田编著《中国入世议定书条款解读》第123页,湖南科学技术出版社2005年版)

于国会与政府之间相互制约的多重规定,就是一个典型的例子。这样,适度考虑对方政府所面临的国内实际压力,给予一定的谅解和配合,以实现自己的最终目的或取得其他的重大利益,不失为一种明智的国际经济协调手段。

例如,根据WTO《纺织品与服装协议》(ATC)的规定,所有成员对纺织品的进口配额,2002年年底要取消51%,而到2004年年底则取消其余的49%。可是直到2004年年初,美国已取消的纺织品配额仅为1990年所保持的10%,其余的90%拖延到最后时刻才完全消除。这表明,由于难以抵御国内某些利益集团的巨大压力,美国甚至直接违反了既定的国际规则。出于同样原因,美国也没有对我国出口纺织品遵守ATC的规定。我国"入世"之后,WTO纺织品监督机构曾要求美国对中国完全适用ATC的上述规定,并建议其相应调整有关配额的计算方法。2003年4月,针对美国提出不能遵守该建议的理由,再次明确重申美国应履行这项基本义务,可美国依然不理不睬。①

这样就不难理解,在我国"入世"谈判过程中,美国为何要坚持在2010年之前继续对中国纺织品与服装实行进口配额。显然,这项有悖WTO相关规定的无理要求,多少折射出美国政府所面对的巨大国内压力。出于尽快加入WTO的考虑,我国在坚决拒绝这个不合理要求的同时,最后还是同意2005—2008年四年时间里,在导致"市场扰乱"的情况下,它可对我国某类纺织品与服装一次性采取限制进口措施。于是,就形成了所谓的纺织品特保条款,并在相当程度上缓解了美国等发达国家的国内压力。就其具体内容来看,特保条款的提法本身,设限措施的时间限制,以及有些重要规定等,都可以在ATC协议里找到相关依据,从而体现出该条款与WTO规则的一致性。可见,这项让步完全是我国审时度势的结果,也是努力实施国际经济协调的产物。而从2005年以来的具体实践看,我国纺织品对美国的出口额依然剧增,该

---

① 有人就特别指出:"《纺织品与服装协议》(ATC)也没有实现预期利益……由于缺乏对实行自由化产品的确切规定,使得发达国家直到最后一个阶段(2004年年底)才对与发展中国家利益攸关的产品实行自由化。结果,WTO成立后前十年内预期应得到的利益并未能如期实现。而这种利益本该是作为对发展中国家同意将知识产权、投资措施和服务业纳入新议题中所付出代价的一种补偿。"(引自A.纳里卡《权力、政治与WTO》第216页,外语教学与研究出版社2007年版)

条款的出口负面影响十分有限。①

三 勇于从各个方面维护国际经济协调

一国要真正维护和推进国际经济协调运作，得勇敢地面对现实，在不同方面采取不同积极做法，有时还得有变革的精神。

（一）变革不当的经济制度与机制

依据多边贸易体系的既定规则行事，是国际经济协调得以有效运作的前提和基础。我国曾经长期实现计划经济体制，如今要加入 WTO，这意味着，不是用你的计划经济制度安排去改造它，相反是你必须适应它的制度安排和遵循它的规则体系。② 特别是中国这样一个大国进入 WTO，更会对其前进方向产生重要影响。③ 可见，改革我国制度和机制，大力推进融入国际经济轨道的步伐，是加入 WTO 的必经之路。

---

① 在我国"入世"谈判的过程中，中国政府最终接受"特保条款"的做法在国内同样颇具争议。《闯关——中国复关入世历程揭秘》一书第八章（参见该书第318—336页，企业管理出版社2010年版）对它们的产生背景给予了比较客观的阐述。它还正确地指出："如果中方代表不接受这一条款，很有可能使得这场谈判变成无限期马拉松，这又不符合我国早日'入世'与世界经济接轨的要求。"（引自该书第329页）

② 关于这一点，杰弗里·L. 格特勒讲得非常清楚："就世贸组织在目前阶段的变革来看，中国的加入也许是对世贸组织的最大的挑战。这一挑战的中心问题是，保证中国的加入将会增强而不是削弱多边体制的架构。这就意味着，这一体制的主要特性，诸如外贸体制的透明度和可预测性、与边境措施和国际措施相关的非歧视、法治、国际义务优于国内法、有效的争端解决机制、开放并保证有效的市场准入、遵守纪律改进不受扭曲的竞争等，应当得到推进和培育。中国和世贸组织的其他成员方的政府，需要不断地共同努力，为了相互的利益，加强这些重要的特性。"（引自弗里德里克·M. 艾博特主编《世界贸易体制下的中国》第55页，法律出版社2001年版）

③ 著名 WTO 研究学者约翰·杰克逊在一篇名为《中国加入世贸组织的制度性影响》的文章里指出：WTO 谈判"对中国问题的决定，肯定会成为其他国家的先例。因此，可以预见，如果允许这种规避或低效或损害的条件（指一些不符合 WTO 反倾销规则的做法——引者注），那么，其严重性立刻会扩展到半个地球，我们就会看到严重损害曾对于世贸组织和关贸总协定体制极为重要的制度即贸易规则的某些纪律的潜在力量。显然，各方面的谈判者在思想深处都在考虑这个问题，不管它是否明确地为谈判者所需要或否定。"

他又说："假定，中国或其他国家加入世贸组织的条件没有完全满足该体制纪律的这些要求，那么，就会产生一些潜在的影响，诸如可能对争端解决程序所带来的一系列潜在影响。争端的解决程序可能就必须在所谓'非违反'的争端解决轨道上进行，而这是非常非常'麻烦'的。"

他还强调："另外，还有世贸组织的组织管理方面的问题。中国太大，因此，一旦加入世贸组织就会具有十分显著的领导作用。于是会产生这样一个问题，就是其领导方向将指向何方？"（以上均引自弗里德里克·M. 艾博特主编《世界贸易体制下的中国》第65—66页，法律出版社2001年版）

例如，1994年我国人民币汇率制度进行的重大改革，就是针对发达国家在"复关"谈判过程中的强烈要求而采取的措施。当时，我国人民币的官方汇率为1:5.8，而同时存在的外汇调节市场却按照市场供求状况来确定人民币兑换美元价格，一度达到1:10左右。于是发达国家强调：对于那些能够按照官方汇率兑换到美元的企业（主要是大型国有企业）来说，外汇调剂价格与官方汇率之间的差额等于就是享受到的间接补贴，这显然违反了反补贴原则；因此，中国的人民币汇率制度必须改革为单一汇率制度，我国最终接受了这个来自发达国家的要求。从1994年1月1日起，我国开始实施以市场供求关系为基础、单一的、有管理的浮动汇率制。在这里，汇率单一制和人民币汇率的确定立足于市场供求关系，便成为该种汇率制度的新特点。

我国长期实践表明，这次汇率制度的改革非常成功。它不仅剔除了我国汇率制度中一些不合国际规范的内容和因素，而且使之比较符合转轨时期经济运作的实际需要，还切实推动了社会主义市场经济体制的构建。

（二）经济协调必须遵循自身底线

强调国际经济协调的必要性，主张采取积极的灵活性和必要的妥协态度，绝不等于一味迁就退缩。相反，坚守自己的基本底线恰恰是协调运作的有机组成部分。

"入世"谈判过程中，我国开展经济协调同样坚守着应有的原则立场和基本底线。这种基本底线至少包括：其一，坚守本国根本原则。不能有违自己国度的宪法和基本政治社会制度，不能有违本国参与国际经济活动的战略目标和重大方针，不能有违中国政府为加入WTO确立的基本原则，亦不能有违自己的国家经济安全。① 这些做法

---

① 与其他国家根本原则不同，提及国家经济安全这个重要问题时常常会引发相异的见解，有时还会成为提出某些不适当分析思路（如片面强调贸易保护主张等）的重要依据。王新奎主编《世界贸易组织与我国国家经济安全》一书（上海人民出版社2003年版）专门围绕这个主题，具体阐发了其基本论点："WTO多边贸易体制本质上是一种全球性的经济安全体系，因此，从总体上来看，我国加入WTO将有利于改善我国在全球经济一体化条件下的国家经济安全环境。但由于我国的发展中国家及转型经济国家的地位，加入WTO以后，我国的国家经济安全问题主要是如何控制在经济体制按WTO多边贸易规则的要求转变过程中的国家经济风险。"（引自该书第89—90页）

它还进一步强调："在现阶段，提高我国国家经济安全程度的核心是必须建立对国家经济风险的识别、规避和防范体系；关键是转变政府职能和行政行为。由于我国的经济体制的转变将带有长期的渐进的性质，而且这种转变将首先从我国层面开始，并表现为频繁的贸易摩擦和争端的形式，这就为我国转变建立适合我国国情的国家经济安全体系提供了一定的时间和空间。"

涉及我国的根本政治经济利益，涉及我国对外经贸事务的战略布局与基本方向，绝对不容许越雷池一步。

例如，在"入世"谈判过程中，围绕中国的发展中成员的身份，双方展开了长达数年的反复较量。我国在这个问题上坚如磐石、寸步不让，同时在具体策略上作了一些让步，终于获取了最后胜利。

其二，恪守国际经贸规范。中国加入WTO是为了融入国际经济体系，是为了推进市场经济体系的建立，当然也是为了更好地发展本国的对外经贸事业。有些发达国家对中国提出某些并不符合国际经贸规范的贸易诉求。例如，美国就对中国纺织品进口提出了继续延长进口配额制度至2009年，而WTO的《纺织品与服装协定》（ATC）明确规定，自2005年起，一切纺织品与服装进口不再允许实施进口配额做法。鉴于此，我国一方面遵循ATC的明确规定，绝不接受美国的延长进口配额要求；另一方面又考虑美国政府所面临的国内压力而作了必要的让步，即援引WTO有的协议出现的提法和做法，形成了所谓的"纺织品特保条款"。

其三，维护本国应有的尊严。在开展国际经济协调运作的过程中，当然离不开彼此的妥协与让步。然而，一定要坚持的是，进行正常协调运作的双方都是拥有主权或各自决策权的独立主体，并在相互平等的基础上进行沟通和合作。

在我国"复关"与"入世"的漫长谈判过程中，像美国这个超级大国的霸权主义态度必然时有显露。在这种情势下，中国谈判代表一方面需要努力实施中央政府既定的战略目标，另一方面则在必要时又须展示底气和意志，以打击和挫败对方的骄横之气和无理之举。为此，中国代表有时严词反驳，有时拍案而起，有时拂袖而走，有时暂停磋商，这些都是维护尊严或正义的必然表现。

必须坚守的底线有时同自己的经贸利益并无直接的联系，或许一时还会失去一些本可获得对方妥协的实际成果。但是，着眼于全局性的根本利益和战略性思考，它们又是务必始终坚守的。此外，这类做法还要同实现"入世"谈判的战略目标相辅相成，有利于我国经济逐步融入国际经济体系。①

---

① 《闯关——中国复关入世历程揭秘》一书（企业管理出版社2010年版）描述了我国"入世"谈判代表的形象。

（三）正视谈判的客观条件

一国开展国际经济协调运作还须正确认识自己的实际位置，既不可妄自尊大，亦不能妄自菲薄。在我国"入世"谈判过程中，充分正视自己具有一些不可回避的客观局限性，并勇敢面对由此而来的各种压力，便是正确认识自己实际位置的一个重要方面。

我国政府和谈判代表必须清醒认识我国在这个战略性谈判中所受到的重大制约。首先，要正视申请者身份的制约。在一个凭借实力讲话的现实世界，当时中国的实际经济话语权比较有限。加之我国是这个谈判中的显性被动者。我国在这种谈判中是明显的"弱势"一方。

其次，要正视原先经济体制的制约。我国在进行改革开放之前，长期实行的是计划经济体制。WTO 的规则体系完全体现了市场经济运作和自由贸易的基本要求。在这种情势下，开展中国加入 WTO 的多边谈判及双边谈判，必然涉及在相当广泛的领域里进行全面而深刻的制度变革。[①]

最后，要正视自身视野的制约。一是不熟悉国际经贸规范。二是缺乏市场经济意识。三是缺乏前瞻眼光。在这种背景下，出现一些误判、考虑不周或错误几乎是难免的。[②]

反映在中国"入世"文件里的最终谈判成果，尽管看似包含着相当

[①] 这里仅举一例。我国首席谈判代表龙永图事后作过这样的回顾："当时谈判最大的困难就是要证明我们确实是在进行经济体制的改革，我们的经济体制是有能力执行世贸组织，也就是当时的关贸总协定那一套多边规则的。但是当时我们又不能承认是搞市场经济。当时，我们的经济体制被描述成市场调节和计划调节相结合的商品经济体制。国际上不知道什么叫作商品经济体制，要么是计划经济，要么是市场经济。所以，它们认为我们中国的经济体制是不可预见的，计划调节、计划经济不能够作为一个经济体制来定位的……所以当时我们费了九牛二虎之力，也讲不清楚市场经济与市场调节和计划体制下调节是怎么结合起来的？"（转引自张汉林《解读中国入世》第 259 页，经济日报出版社 2002 年版）

[②] 例如，稀土等自然资源产品当年没有被列入我国需要实施出口限制的清单之中，或许就是其中的一个例子。按照我国"入世"文件的规定，对于出口商品征收出口税和实施出口数量限制，只有在该类出口商品已被列入 WTO 许可的清单里才是合规的。据此，WTO 专家组在稀土诉讼案中就是以稀土没有被列入相关清单为主要理由而裁决中国限制稀土出口属于违规行为。

多的承诺条件，而且有些条款的设置也较具争议①，可是，如果客观分析那些实际制约所带来的负面影响，它实在是力所能及范围内相当不错的一种结果，甚至是辉煌的成就。②

---

① 这里是指国内出现较大争议的三项条款，即"非市场经济国家条款"、"特保条款"和"过渡性审议机制条款"。（分别见《中国入世议定书》第15条、第16条和第18条）诚然，我们不能无视这三项条款中间对于我国经济的不利规定，必须认真对待它们带来的负面经济冲击。例如，鲁丹萍所撰《公平贸易战略与案例分析》一书（人民出版社2005年版）对于《入世议定书》第16条所规定的"特保措施"，就展开了比较客观的深入分析。这是一种比较严谨的治学态度。它具体指出，这里所规定的"特保措施"与WTO《保障措施协定》涉及的保障措施存在7方面的区别。（参见该书第217—221页）在笔者看来，其中提到的该种"特保措施"具有"选择性"、降低实施标准和削弱我国报复能力等特征，确实值得我国政府予以足够重视，并需要形成有效的应对思路。同时，结合我国面临的实际情况来深入思考这些区别，人们可以清楚地看到，这项"特保措施"条款的设立，固然会给我国外贸活动造成一定的负面作用，可是其真正的恶劣影响远比一些激烈批评者所想象的要小得多。

② 美国贸易代表巴尔舍夫斯基在2001年12月曾经颇为感慨地评价道："与中国人进行谈判是一种令人神往的经历，表现在两方面。第一，在很多原则性的问题上，中国是不让步的……当然，在很多原则性问题上美国也是不会让步的……第二，中国的谈判者非常务实，他们和我们一起以'双赢'的方式为谈判中的问题寻求务实的解决办法，而这些办法能够坚持中方和美方的原则，然后寻找处理谈判中具体分歧的实际办法。中国谈判者非常聪明，很难对付，是寻求解决问题实际办法的专家。在与其他国家的谈判中也能看到这些，但我从未看到能达到中国谈判者程度的。"（转引自王毅《世纪谈判：在复关/入世谈判的日子里》第184—185页，中共中央党校出版社2007年版）

第十三章　我国世界贸易组织框架内的国际协调运作

加入 WTO 以来，我国获取了伟大经济成就。深入探析我国在 WTO 框架之内的这种协调运作，有利于我国对外经济的发展。

一　我国 WTO 内协调运作的基本方面

（一）全面切实履行相关"入世"承诺

对于一个 WTO 新成员来说，要想在这个多边框架体系站稳脚跟、取得信誉，第一步就是认真兑现自己的相关承诺。这正是我国 WTO 框架内协调运作得以有效进行的基础条件。这些年来，我国克服种种困难，兑现了大量承诺，如从逐步削减进口关税和取消各种非关税措施，到先后允许外资在不少服务贸易部门享受国民待遇，直至深入改革国内有些贸易体制（如开放国内企业自行开展对外贸易业务）等。我国还积极落实了"入世"文件中的许多条款。这些条款中有些本身比较原则笼统，并不一定涉及较多的具体要求与规定，我国却从实际国情出发加以贯彻落实。如遵循其中的非歧视条款、补贴条款等，我国都有比较突出的表现。它们中另一些是发达国家执意要列入而我国当时只能予以让步的内容。尽管它们会带来一些利益损害或负面影响，我国却依然根据这些规定展开合法合规的各种应对。如围绕纺织品的特保条款和过渡性审议机制条款，我国都有令人赞赏的协调表现。这些都充分体现了我国兑现"入世"承诺的诚意和决心。①

我国"入世"文件列出的相关承诺囊括广泛的领域和繁多的内容，牵涉理念、体制、政策、机制和社会习惯等方面的深刻变革，兑现它们极富挑战性。正因为如此，WTO对于我国全面兑现"入世"承诺的表现给予了充分的认可和高度的评价。

（二）积极充分实施谈判磋商机制

WTO的国际协调功能首先体现在它的谈判磋商机制上。在多哈回合的贸易谈判中间，我国就力图充分发挥这种磋商机制的积极功能，提出了不少的具体方案和主张。或者要求修改或取消某些不适当的规定，如力图取消《反倾销协定》第2条第7款以及GATT第6条第1款的补充规定，它们都涉及"非市场经济国家"的待遇问题。或者补充和增加一些规定，如提议增加贸易便利化的有关规定。或者提出有些积极维护发展中国家利益的创新性主张，如在贸易与环境谈判议题中强调"共同清单"和"发展清单"的概念主张。特别是，在非农产品市场准入谈判中，美国主张"零税率"，欧盟要求一律降至15%以下，日本则提议进行灵活的关税削减，只对部分产品取消关税。这些明显不同的削减关税方案给这项谈判带来了很大的困难。在这种情势下，中国则针对这些互相对立的谈判主张提出了自己的协调意见，即关于基础税率的确定，发达成员采用实施税率，发展中成员则为实施税率与约束税率的平均值。总之，这些方案或主张在贸易谈判中间发挥着明显协调功能。②

（三）理智对待贸易政策审议机制

WTO对其成员贸易政策的审议机制，既有需要定期进行的明确规定，又有非强制性特点。我国已经历了四次审议活动。

从实际处置方式来看，我国政府对这些审议意见采取了四种不同的具体做法。一是直接调整自己政策以基本接纳它们。比较典型的表现是，我国由此取消了某些被视为"不合规"补贴的优惠税收政策。二是借用它们以突破自己的政策执行障碍。如外资企业优惠所得税政策一直在国内受

---

① 我国兑现"入世"承诺的诚意与成绩得到了国际社会很高评价。这里仅举一例。2006年WTO对中国进行第一次过渡性贸易政策审议时，总理事会主席马奇给中国驻WTO大使写了一个纸条，祝贺我国履行了WTO承诺。他给我国的打分是"A+"。（参见孙振宇口述《日内瓦倥偬岁月》第35页，人民出版社2011年版）

② 参见孙振宇主编《多哈回合谈判中期回顾》第211—212、194—196、63—64、275页。

到批评，主管部门也曾经试图加以改革，却难以进行。后来，审议会议出现了反对该政策的声音，我国政府立即顺势而为，终于实现了内外资企业所得税统一的目标。三是适度参考完善政策。如原先的出口退税政策一直受到审议意见的质疑，于是，我国政府对此实施了生产型与消费型的政策转换，力图加以弥补和完善。四是对有些不实不当的说法予以适当回应。当有些成员代表提出不符合实情的指责和批评，我国代表就会予以必要的说明和澄清。当有些意见甚至本身就有不符合 WTO 有关规则嫌疑时，我国自然要据理力争。其中协调运作成分浓厚，且成效显著。

（四）恰当处置贸易争端解决机制

我国始终重视和发挥其贸易争端解决机制的积极作用，既充分关注这个机制促使成员遵循 WTO 规则的引领作用，又十分尊重和服从管理机构做出的最终裁决，还包括探究如何弥补有些 WTO 规则的缺陷与漏洞。

一方面，我国努力抵制和反对那些影响重大的违规行为。2002 年春季，美国对进口钢材实行紧急保障措施。按照 WTO 规则的要求，其实施保障措施后要同其他利益攸关方进行迅速和充分的磋商，还须给予相应的补偿，同时保障措施一般不可波及来自发展中成员的进口产品。可美国一再违规，从而导致不少成员（包括中国）向 WTO 提出诉讼。最终，美国正式宣布取消钢材进口附加税，结束了这场一度麦芒对针尖的贸易冲突。

另一方面，我国本着 WTO 成员应尽的义务，尊重和接受其专家组和上诉机构的相关裁决。

（五）务实应对贸易壁垒冲击

面对愈演愈烈的国际贸易摩擦，我国政府采取了恰当的应对立场。一方面，我国开始进入工业化中期，对外贸易额急剧增加，会增添与其他国家的贸易纠纷。另一方面，频繁而剧烈的贸易摩擦扰乱正常的贸易秩序，恶化外部贸易环境，进而影响我国外贸活动的效率和利益。为此，应该通过国际协调运作加以疏通和化解。

反补贴壁垒就是其中的突出例子。美国最近这些年来对我国产品施用反补贴手段，甚至为此把我国告上 WTO。值得注意的是，反补贴比反倾销的锋芒会更加锐利和密集。这是因为，反倾销措施主要针对企业行为，多少带有个案的性质，涉及的范围和规模还相对有限。反补贴壁垒针对的是政府行为，不仅波及出口商品的范围和行业更为广泛，从而大大增加了对我国外贸出口的杀伤力，而且还直接影响到我国政府的政策制定与实施，具有浓厚的政策博弈意味。换言之，这是一种可能给我国对外贸易带来更大负面作用的国外贸易壁垒。

面对这类反补贴壁垒的出现，我国尽管有些猝不及防，还是比较及时地采取了应对举措，展开着相关协调运作。具体而言，我国主要进行了五方面的实际作为。一是进一步改善中美之间不平衡的贸易状况，积极降低当时的经济紧张程度。如向美国大企业发放较多的大额生产订单等。二是加大国内相关政策的改革范围和力度，坚决调整有些会引发贸易纠纷的不当补贴。其主攻方向是慎重使用优惠政策和间接补贴手段，切实规范政府扶植国有企业的做法。如调整有些仍有违规可能的财政措施。三是有效利用 WTO 相关规则来完善自身的政策。例如，有条件的地方政府借助我国目前的出口退税做法，对没有得到全额退税的出口商品补足 17% 的数额，以取代以往不合规的出口补贴，就是一个具体例子。四是大大加强同美国方面的直接沟通（包括两国主管机构官员每年进行多次的固定会晤和协商），既直接表达我国改革和调整一些有关做法的政策走向，又利于缓和美国有关机构对我国产品的立场和态度。五是明确反对其有时滥用贸易救济措施的行为，包括上告到 WTO。如美国不少对中国产品实施所谓"双反"措施的案例，就被我国综合诉讼到 WTO，并已被专家组判为违规。显然，上述协调的方向和力度都应予充分肯定，并获得了相当正面的效果。

二　我国 WTO 内的成员间协调运作

成员方之间的博弈与协调，是它们在 WTO 体系之内开展经济运作的两大主题。而同当今唯一超级大国美国的博弈与协调，更是中国 WTO 运作的重头戏。大致而言，这种国际经济协调运作表现为两种主要形式，一种是通过 WTO 贸易争端解决机制等所做的协调，另一种则是双方依据国际经贸规范自己进行的协调。这里仅通过纺织品贸易纠纷和人民币汇率争论这两个案例，对中国加入 WTO 以来与美国的双边协调做个简析。

（一）关于纺织品贸易争端

在激烈的国际经济博弈中，一国首先和主要追求的是维护和扩大自身的基本经济利益。因此，在强调国际经贸规范的当今世界经济舞台上，根本就没有免费的午餐，也难以获取单方面的贸易利得。在这种情势下，拥有灵活多变的策略手段来深化国际协调运作，就显得相当要紧。其中，对于那些自己存有明显软肋而对方又有迫切需要的贸易谈判议题，适当满足对方的诉求和需要，以获取它们在其他方面的让步，就不失为一种明智的协调做法。我国对于中美之间纺织品贸易的做法，就是一个比较典型的例证。

长期以来，我国政府在处置中美之间纺织品贸易及其纠纷时，着重确立并始终贯穿着如下基本思路和做法。

纺织品贸易是美国政府的重要利益诉求。长期以来，纺织品贸易一直是美国经济的一个敏感领域，而且由于其形成的压力集团颇有政治能量，政府的相关政策经常会引发激烈的争议和造成重大的影响。[1] 鉴于此，第二次世界大战结束以来的历届美国政府对该压力集团都或多或少地做出了政策让步。[2] 所以，纺织品贸易势必是美国政府甚为关切且志在必得的谈判诉求之一。而自改革开放以来我国与美国政府的交往历史，亦已充分证实了这一点。[3] 这意味着，十分关注并适当满足美国政府这方面的经济诉求，应当成为我国进行中美之间经济协调的重要内容。

---

[1] 美国学者尼尔·弗雷格斯坦是如此评论美国纺织业的保护主义的："通常，'寻租'只会出现在抗衡力量非常薄弱的地方。如果某些资本主义企业没有遭到政府官员或工人的反对，那么这些企业就更有可能继续采用纵容勾结行为的治理结构和阻止其他企业参与竞争的交易规则。同样，少数企业和组织起来的工人在利益驱使下也会做出一样的选择，产生类似的结果。美国的纺织品制造商们就是利用拯救工作这一幌子和工人联合起来，并且通过上述的方式，来保住他们的市场的。"（引自尼尔·弗雷格斯坦《市场的结构：21世纪资本主义社会的经济社会学》第41页，上海人民出版社2008年版）这个评论委实一针见血。

[2] 相当长的时期里，围绕限制外国纺织品与服装进口的问题，美国政府与国会之间就展开了连绵不绝的博弈与争斗，且每次前者都不得不作些让步。例如，美国学者I. M. 戴斯勒的《美国贸易政治》一书（中国市场出版社2006年版）就先后多处阐述了自艾森豪威尔总统以来的美国纺织品进口限制政策出台的若干背景或具体情节，可分别参见该书第24—30、65—69、188—191、248—249页等。这些阐述清晰地告诉人们，纺织业作为一个敏感行业，历来是美国政府不得不加以贸易保护的主要对象之一。

[3] 这里仅举两个简明的例子。一个事实是，早在1980年至中国加入WTO的20余年里，中美之间就签署过4项双边纺织品贸易协议。可见，美国政府对纺织品贸易是何等的重视。另一个则发生在中国加入WTO之后。由于中国纺织品对美出口急剧增加，引起了美国纺织业的恐慌。为此，2003年5月，美国商务部下属的纺织品协议执行委员会正式公布了一个执行文件，叫作《关于针对从中国进口纺织品和服装产品采取保障措施程序》。根据这一程序，美国纺织品与服装生产商可以申请对中国相关商品实施限制措施。陈卫东在《美国对中国保障措施及特保措施案例解析》一书（对外经济贸易大学出版社2005年版）里认为，一方面这些规定确实与《中国入世文件》相衔接，另一方面该《程序》还存在五个突出问题：缺乏前提条件中的关键要素的具体界定；对国内产业的范围规定过宽；对申请方提交的材料缺乏严格的审查标准；中国利害关系方在公众评论阶段的权利受到不公正的限制；允许重新实施特保措施等。（参见该书第54—57页）可以看出，为了维系美国纺织业这个"夕阳工业"的命运，美国行政当局推行贸易保护主义实属不遗余力，甚至不惜一再破坏既定的国际法规。

我国确实在纺织品贸易上有着很大协调空间。做出这样的判断,主要是基于三方面的考虑。其一,我国中低档纺织品与服装价廉物美,有着较强的国际竞争力,而美国纺织品行业本来就是"夕阳工业",加之 WTO 关于纺织品贸易自由化新规则的出台,它更是雪上加霜。在这种情势下,在纺织品贸易上对美国做出一定的让步,根本不会伤害我国纺织品出口的大局。其二,在我国已是美国最大贸易逆差国的背景下,我国需要采取一定的有效措施来解决这种贸易失衡。可是,2005 年纺织品贸易基本自由化的浪潮又可能显著扩大这种失衡。所以,在纺织品贸易上对美国给予一定的让步,亦是避免贸易失衡进一步扩大的实际需要。其三,纺织品贸易是美国政府的重要谈判目标,我国应当对此予以适当的配合,一定程度上满足对方的某些利益诉求。放弃这些利益是我国完全能够承受的一种政策选项,完全不会影响什么经济大局,却可以换取对方在其他一些方面的妥协和让步,而那些方面倒恰恰对中国具有更为重要或迫切的价值或利益。因此,中国应当对此展开积极的协调运作。

坚决依据国际经贸规范来协调中美之间的纺织品贸易纠纷。必须看到,美国政府出于强大的国内压力,往往会在纺织品贸易上提出一些过分甚或无理的要求。比方说,当时在进行"入世"双边谈判时,美国提出了一个非常不合理的重要诉求,即坚持自 2005 年起的 5 年里继续对进口中国纺织品实行数量限制。面对这个直接悖逆了 WTO 相关规定的诉求,中国政府最后则以同意在"入世"文件里设置"特保条款"一招予以有效应对。之所以这样做,是因为其中至少包含两层用意。一是把这种让步置于国际经贸规范的框架之内。具体地说,"特保条款"的提法、基本精神和重要内容都采自 WTO 的 ATC 协定,有着不可辩驳的国际法理基础。这既在一定程度上满足了美方的相关诉求,又排除了其原先要求的不合规性。二是它同时考虑到以后发达国家可能会利用该条款进行不合理的数量限制,便设置了一些具有预警性质的约束规定。如明确提出了相关的实施条件、时限、程序及其他要求等。应该说,在需要进行这方面国际协调的条件下,这项"特保条款"的设置,同样折射出中方谈判人员锲而不舍的精神和为此付出的艰辛努力。而当此类贸易冲突在 2005 年发生时,我国政府又始终不渝地坚持了如下协调运作。

在基本思路上,坚定不移地贯彻着经济协调精神。面临来势凶猛的贸易摩擦,主管当局能够始终坚持国际经济协调的基本精神和重大方向,没有放弃或动摇这个合作协调思路。

在主要目标上，我国当时最重要的是获取比较稳定的出口环境。它是指，促使美欧不再人为设置贸易障碍，避免我国纺织品出口出现较大的起伏动荡，保证我国继续保持稳定的较高的出口增长率，而且尽快实现 WTO 要求的贸易一体化。同时，要求发达国家对其他保护措施（如反倾销等）也应按照 WTO 规则做出一定的澄清。在确保这个基本目标的前提下，我国在其他方面则需付出一定的代价和牺牲。

在基本做法上，一切依据 WTO 有关规定为底线。《中国"入世"文件》中的有关规定当初就是依据 WTO 的纺织品特保条款制定出来的，现在也不能为了迁就美国而接受它们的违规诉求。同样，针对欧美利用"入世"文件同意 2005—2008 年，在市场扰乱的条件下，进口方可以对中国纺织品和服装设置某些数量限制措施的做法，我国指明了这次对中国纺织品设限缺乏事实证据和法理依据，凸显了对方行为的非正当性。

在具体策略上，实施三个有效的应对手段。其一，适当给予美国政府一定的回旋余地，使之缓解其国内压力，如对某些敏感产品适当放松限制要求；其二，善于区别对待，充分调动各种经济力量为我服务，如调动美国进口商以及一些出口商对其政府施压[①]；第三，实际弥补着"入世"文件相关规定存有的一个缺陷，如谈判结果明显压缩了它们继续推行数量限制做法的空间。

从实际效果来看，正因为上述恰当的协调运作，在中国与欧美通过谈判达成相关协议之后，再未发生过任何类似的贸易风波，亦没有遭受明显的负面影响，确保了我国进入欧美市场的纺织品数额成倍地增长。至此，我国在纺织品贸易上所做的协调运作可谓圆满成功。[②]

[①] 王厚双等《国际贸易摩擦：理论、法理、经验与对策研究》一书，明确认为"中美纺织品国际贸易摩擦是不同利益集团的较量"。为此，它具体追溯了 20 世纪 80 年代中期中美之间激烈交锋以及美国利益集团相应表现，还阐述了一些生动的具体细节。其最后的结论是"在中美纺织品国际贸易摩擦中，由于中国巧妙地利用了美国利益集团之间的利益冲突，最终使中美纺织品国际贸易摩擦战火消弭，这一经验值得研究。"（参见该书第 77—81 页，九州出版社 2008 年版）这些阐述明显有益于人们对"入世"后中美之间发生纺织品贸易争端的了解或透视。

[②] 这里仅以 2005 年纺织品贸易争端发生前后的贸易数据予以对比说明。据中华人民共和国海关统计，我国纺织品向美国出口的金额为：2001 年，45.67 亿美元；2002 年，54.27 亿美元；2003 年，71.93 亿美元；2004 年，90.64 亿美元；2005 年，166.67 亿美元；2006 年，198.72 亿美元；2007 年，228.95 亿美元。显然，自 2001 年 12 月我国加入 WTO 以来，这类出口额一直稳步上升，2005 年（全球纺织品贸易实施基本自由化）后更是迅猛增加。特别是 2007 年的出口额居然是我国刚加入 WTO 时的 5 倍。必须提醒的是，这里还不包括香港转口到美国的纺织品与服装贸易额。

（二）关于人民币汇率争论

大概自 2003 年起，西方发达国家又对人民币汇率问题发起了持续的攻击。随着我国汇率制度在 2005 年进行改革，这种喧嚣之声一度有所平息，后来伴随着国际金融危机的爆发则再次愈演愈烈。其中，美国的表演最为淋漓尽致。其中，有的鼓动把中国列为汇率操纵国，进而对中国产品实施惩罚性关税，有的喧嚣要把中国告到 IMF 和 WTO，有的主张进一步滥用美元霸权地位，有的积极推动新的贸易壁垒措施，等等。一时间大有翻江倒海之势。

那么，在这种比较险恶的情势下，我国还要积极进行这方面的国际协调吗？答案当然是肯定的。应当看到，人民币适度升值本来就是当时的实际趋势。特别是，汇率一词的定义本身就表明，两种货币的比价不可能由其中一个国家单独说了算，而只能通过双方协调合作得以平衡。更何况，人民币升值可以增加美国产品向中国的出口，以减少其对华贸易逆差数额，可以减缓美国政府面临的经济复苏压力和某些利益集团的重大压力，从而有利于改善当时比较紧张的中美经贸关系。

所以，尽管中美其时围绕这个议题分歧严重、争论激烈，我国政府仍旧需要将美国政府主要出自经济考虑的这种诉求同种种刺耳的杂音区分开来，并坚持采用协调合作的手段以避免出现"双输"的局面。因此，在这个争论中尽管双方会有纠纷与冲突，可协调合作的理念在总体上还是不能丢弃的。[①] 从实际做法来看，中国政府主要采取了如下的思路和做法。

一是正确把握本币汇率的经济功能。它是恰当处置汇率问题的基石，直接决定着人们相关视野的宽广和决策的缜密。国内常见的一个流弊是，人们常常只从出口贸易角度考虑汇率定价。诚然，把出口贸易作为确定本币汇率的最重要因素，并密切关注其给予经济增长和就业水平的深刻影响，都是一国经济发展思路不可或缺的内容。可是，倘若单纯从出口贸易角度考虑本币汇率的确定，则是一种明显有误的偏颇思路。

[①] 2007 年，在人民币汇率问题上，美联储与美国财政部的观点并不一致。在美联储看来，当时日元对美元汇率升值的重要性高于人民币对美元汇率升值，因为日本对美国的贸易顺差增长速度超过了中国对美国贸易顺差增长速度。相反，美国财政部在权衡人民币汇率升值和日元汇率升值时，则把压人民币汇率升值置于更重要的地位。这同出于政治考虑有关。（参见肖炼《中美经济博弈》第 90 页，中国财政经济出版社 2011 年版）这就提示人们，简单地或只从单一视角去判定美国关于人民币升值的立场及其实际用意，可能并不利于人们做出缜密的分析和正确的应对。

为此，我国在纠正有所偏颇的思路下了大功夫。首先，一国货币汇率的确定取决于其经济发展的总体目标和实际状况，而并不一定主要考虑对外贸易。例如，美国在巨额贸易逆差背景下曾经依旧长期推行强势美元政策。其次，一国货币汇率的确定即便考虑对外贸易，亦未必只着眼于出口数额。例如，在需要调整出口结构、扩大进口贸易、发展对外直接投资时，本币汇率低廉或贬值，反倒不利于这些政策目标的有效实施。再者，只从出口贸易角度考虑汇率定价。必定忽略本币升值所具的正面经济效应。例如，本币升值有利于扩大进口贸易和对外直接投资、增强国家金融实力和国人的实际购买力等。[①] 在特定的时点上，一国本币究竟应该贬值抑或升值，取决于其时的主要经济目标和经济形势的客观需要。这就是说，人民币升值未必会对我国的经济发展带来大的负面影响。[②] 最后，只从出口贸易角度考虑汇率定价势必带来尖锐的贸易冲突。这些认识的确立，有利于我国正确对待人民币升值。

二是坚持人民币汇率制度的市场化改革方向。这是我国开展这种国际协调的根本前提。既然我国坚持建设社会主义市场经济体制的根本方向，既然我国汇率制度要同国际上通行的主流做法逐步接轨，既然我国已经确定逐步形成浮动汇率制，那么，我国自然会坚持人民币汇价的确定建立在市场供求状况的基础之上。这意味着，随着自身经济金融实力的相对变动，随着市场供求状况的明显变化，人民币汇率当然可能相应地上升或下降，而不会始终保持在一个较固定的价格上，不会始终盯住某种国际货币不变。换言之，人民币在一定时期里出现波动或升值是完全正常的事情，甚至是十分必要的。中国坚持这种基本立场就可以表明，其货币政策的汇率运

[①] 例如，全国制造商协会是美国在人民币汇率问题上向政府施压最具实力的游说集团，它在激化中美之间的汇率争论中起着推波助澜的作用。国内有学者简要概括了其在人民币汇率问题上的主要观点，一共有9条。可以说，其中有的说法还是有着一定的启示作用。比方说，支撑"人民币升值对中国经济是有好处的"这个论断的一些论据，就值得人们深入思考。如人民币更大的灵活性将十分有利于中国自己的利益；迈向由市场决定的汇率体制有助于解决银行体制的问题，降低投机资金流入带来的风险；人民币汇率上升也有助于解决亚洲其他国家货币对美元汇率过低的问题。(参见余万里《美国贸易决策机制与中美关系》第285—287页，时事出版社2013年版)

[②] 例如，张亦春、邱崇明等《开放进程中的中国货币政策研究——基于"入世"背景》一书就认为："我们可得出的基本结论是，人民币的大幅升值（10%以上）对中国经济整体不利，而小幅度的升值（5%以下）对中国宏观经济的负面影响甚微。"（引自该书第475页，北京大学出版社2008年版)

作自然充分尊重市场经济的内在规律，并在根本上符合着 WTO 和 IMF 的相关要求。这样，其所展开的国际协调运作也就有了得以成功的根本保证。

三是努力展示自己的国际视野和规则意识。这是有效开展经济协调的必要条件。我国采取了愿意听取和了解其他国家对于人民币汇率诉求的做法。这是因为，我国货币政策已受到 WTO 贸易政策审议机制和 IMF 相关规则的实际约束，又需要以协调合作的精神去处置其中产生的争端或冲突。事实上，单个国家仅靠自身力量已不可能有效管理诸如金融、货币政策等全球性和动态性的经济问题。这样，用一种包容宽广的胸怀去对待其他国家的看法和诉求，只可能是唯一合适的做法。至于如何依据公认的国际规则来确定或判定一国货币汇率的恰当与否，仍然必须秉持协调与合作的精神来处置它，并尽量多吸收有益于缩小歧见、酝酿共识的智力成果。① 没有这方面的积极努力，汇率问题的进一步突破则可能步履维艰。

四是坚决排除国内外的负面干扰。对于国外那些出自政治和意识形态因素的喧嚣，我国就应该适时地两手交替使用。一手是必须有一定的正面交锋，努力维护中——美经贸关系的正常发展，另一手又应当把握恰当的分寸，对出自政治选举考虑的某些作秀大可冷眼旁观。对于美国有些势力企图使用霸权和强力来压迫人民币升值，则不能姑息迁就。至于那些试图在人民币升值预期中左右逢源的国际游资，我国政府则要展开又一场激烈的经济博弈。围绕诸如此类的问题，我国政府委实殚精竭虑、步步为营。

面对这些年来的人民币升值博弈，我国国内同样出现了各种各样的声音和主张。毫无疑问，其中绝大多数的看法都有着很好的出发点，反映出

---

① 关于如何依据国际规则来衡量人民币汇率，韩龙教授在其《人民币汇率的国际法问题》一书（法律出版社 2010 年版）中给出了一个颇具见地的主张："针对西方的指控和拟采取的行动，科学、合理的方法应当是确定对人民币汇率指控在现有国际经济格局下的管辖归属和衡量依据。具体来说，依现有的国际制度，人民币汇率问题究竟是由 IMF 根据 IMF 协定来衡量和管辖，还是由 WTO 根据其相关规则来衡量和管辖，在什么情形下和多大程度上由相关机构衡量和管辖。这是公平合理地解决人民币汇率问题的一个重要的国际法问题，否则，就会出现张冠李戴，管辖归属错置，进而导致衡量依据的错误，出现'葫芦僧判葫芦案'的结局。"他还说明道："进一步来说，由于 IMF 司职国际货币事务，而汇率问题又是 IMF 的核心职责，对西方对人民币汇率的指控首当其冲地应当以当前通行的牙买加体系作为主要衡量准则。在对国家货币主权及其限制的关系廓清的基础上，在以国际货币制度对西方对人民币汇率的指控和拟采取的行动做出衡量之后，再视需要和必要，以 GATT 的相关规定、WTO 的反补贴制度和反倾销制度进行衡量，考察西方的指控能否成立，胜算几何。"（引自该书第 33—34 页）应该说，这个论述可以成为人们分析人民币汇率问题的一条重要思路。

高涨的爱国热情。但是，有的过于专注于这场博弈的政治色彩，有的多少带着既得利益集团的立场，有的纯粹属于被美国霸道行径所激发的正义情怀，有的则对货币汇率博弈的奥秘和机制不甚了了。因此，如何正确看待和处置这些五花八门的意见，就严重考验着我国决策层的决心和智慧。可以这样说，这方面的国际协调运作至今仍行进在正确的轨道之中，并且获取了巨大的成绩。

三 我国 WTO 内协调运作的不足

（一）缺乏继续履行"入世"承诺的自觉态度

必须看到，我国履行"入世"承诺的问题需要分为两个层面对待。"入世"文件中提及的大量具体承诺，我国早已按照相关时间表兑现，并获得了国际社会的充分认可。因此，就这一层面而言，我国的"入世"承诺已基本履行，现在根本没有必要再去强调这个使命。但是，倘若深入剖析我国"入世"文件强调的那些重要条款及其蕴含的内容，那么，我们应该清醒地认识到，这些条款（大概有将近10项）正是我国进一步全面履行 WTO 规则体系和深化社会主义市场经济体系建设的具体目标或参照物。而恰恰在这个层面上，国内很多人忽略了"入世"文件的不少内容仍旧具有现实意义。这常常表现为，在涉及融入国际经济轨道的大量事务中，"入世"文件里的不少重要规定或提示被置之脑后。

（二）处置非市场经济国家地位有偏差

一国政府开展自己的国际经济运作，总会在总体战略指导下确定一些具体目标。这些年来，要求欧美国家尽快承认我国市场经济国家地位，已成为我国一项国际经济目标，这本无可非议。可是，为此花费过多资源和精力，甚至不惜让国家最高领导层直接出面一再呼吁，使之上升为我国非常重要的经济诉求，恐怕就值得斟酌了。

其一，这个诉求不具备影响经济大局的战略性质。获得市场经济国家地位，主要是可以约束国际贸易对手在实施贸易救济措施时滥用"第三国价格"，从而避免导致不必要的贸易利益损害。它与是否总体上承认我国已经建成市场经济体系没有必然联系，也不是一个层面上的事。这意味着，这个诉求不应成为我国非常重要的国际经济目标。

其二，这个诉求不被接受的利益损害比较有限。诚然，这个诉求能够被接受肯定是一件好事，有利于我国出口贸易的健康发展。反之，这个诉求继续不被欧美国家接受，其带来的实际利益损害并不大。近年来，我国涉及反倾销反补贴案件的贸易额不会超过出口贸易额的 0.5%。其中，有些案件在 WTO 裁决中我国已胜诉，更多的案件在进口国反倾销调查结束后也不复存在，这个比例自然还要明显下降。所以，因为我国的"非市场经济国家"身份而在被反倾销时吃亏受损的出口商品数额，还是比较有限的。

其三，这个诉求难以得到欧美政府的有效落实。且不论欧美政府的实际态度，即便有些政府愿意配合中国，它们也面临一个国内法规的障碍。欧美对于所谓市场经济国家的判定，分别用法规确定了5条或6条标准，其中都包括一国汇率市场化的要求。近年来人民币汇率一直是欧美国家大肆攻击的对象，自然根本无法达到它们的这种"标准"。至于能否抛弃这些标准自行其是，或者大幅度修改这些标准，都是欧美国家政府力不从心的。

其四，这个诉求的实现始终没有实质性进展。尽管多年来我国为此付出了诸多努力，实际效果依然不尽如人意。欧盟面对中国的这个诉求，始终没有予以积极的回应。而美国的近来态度则充满了虚与委蛇的色彩。它通过双边谈判允诺，在中美经济协调委员会框架内承认中国的市场经济国家地位。事实却证明，它非但做不到这一点，反而进一步用"双反"措施（即增加反补贴措施）来对付中国产品。很显然，其上述做法纯粹是一种敷衍搪塞。①

这就提示我们，对于那些专业性强、技术色彩浓的国际经贸命题或诉求，要将它们确立为重要的国际经济协调目标，首先须满足一些必要条件。如充分把握它们的内涵和实际作用、对国际经贸环境具有通切性和可行性、预先进行实现这项目标的成本—收益比较等。否则，只能导致方向有误、费时费力、成效低下的后果。②

---

① 诚然，最近两年我国已经不再对发达国家提出这个诉求了。事实上，这样做已无多大意义了。但是，由于我国曾经在比较长的时间里一直由高层领导出面坚持这种诉求，这就有必要展开适当的分析，并从中总结出应有的启示和教训。

② 关于"非市场经济国家问题"的研究，张斌的《"非市场经济"待遇：历史与现实》一书（上海人民出版社2011年版）用了近40万字篇幅来探讨这个主题，资料和实例比较翔实。它把《中国入世议定书》中的17个实质性条款和《中国入世工作组报告》的144个具体承诺归属为"多边贸易协定规则内承诺"、"'弱规则'承诺"和"'超规则'承诺"三类，分别加以具体考察和分析（参见该书第291—360页），给人以一定的启发。

(三) 尚无善于应对发达国家的贸易策略

在应对发达国家引发的贸易纠纷时，我国主管部门尽心竭力、成绩显著。不过，有时还是显露出一些不足和缺憾。

2005—2006年，欧美分别挑起了纺织品贸易争端。起初，对于这场突如其来且来势汹汹的贸易挑战，国内主管部门和相关行业似都缺乏必要的思想准备和应对手段。接着，我国出台的主要应对措施显得方向不清、章法不明，导致历来以宏观政策为导向的国内企业颇有云里雾里之感，一度出现了贸易秩序较为混乱的局面。最后，我国经过同欧美之间艰苦的贸易谈判，才将纺织品与服装出口贸易重新纳入正常运营轨道。

近年来美国反补贴壁垒对我国的冲击是又一面镜子。美国这种做法一亮相，我国政府的具体应对相当迅速且强烈，这自然值得嘉许，可是，我国在三方面有明显不足。一是缺乏应有的前瞻性准备。[①] 二是对WTO有关规则的把握不够透彻。三是针对美国所持依据的应对措施不够全面。

四 我国WTO内协调运作的若干思考

为了在WTO框架之内更加有效地协调运作，我国应该认真总结经验教训，加强薄弱环节运作，尤其应该在如下方面予以切实的提高。

(一) 把握和运用WTO规则体系

要真正把握好WTO的规则体系，首先必须深刻理解和全面掌握它的原则。[②] 其中，贸易制度统一性原则便是一个典型的例证。[③] 当年，《中国入

[①] 笔者在2006年阐述过这个见解，参见《成因·特点·趋势——我国对外经贸摩擦探究》一文（载《亚太经济》2006年第3期）。

[②] 正如韩秀丽的《论WTO法中的比例原则》一书强调的："任何一部成熟的法律都应该是由原则、规则和范畴三个基本要素相互作用构成的有机整体。也就是说，如果一门法律要成体系的话，背后必然要有原则这一承载价值的东西，否则该法律只能支离破碎。因此，对法律原则的研究也成为法学理论研究的重中之重。如果只对具体规则和制度进行研究，而不研究原则，会发生'只见树木不见森林'的问题，而且，不研究法律原则，对法律规则及法律精神的理解也不会深刻。"（引自该书第1页，厦门大学出版社2007年版）

[③] 刘文静在其《WTO规则国内实施的行政法问题》一书（北京大学出版社2004年版）里，从法学角度对贸易制度统一性原则作了这样的解释："贸易制度是否统一实施，首先取决于中央与地方在贸易制度的制定和执行方面的权力分配；其次，中央行政机关之间在贸易制度和执行方面的权力分配问题则是影响贸易制度统一实施的另外一个因素。也就是说，贸易制度的统一实施，取决于国家在纵向与横向两方面的权力分配是否清晰、合理。因此，中国'入世'法律文件中关于贸易制度的统一实施问题，实际上是对中国外贸行政组织法的关注。由于行政组织法原则在总体上的共性，这种关注将不会局限在外贸行政法领域，而终将影响到中国行政组织法的一般原则。这个原则的核心内容就是职权法定。"（参见该书第57—58页）这显然有助于经济学者以更广阔的视野把握这个重要原则。

世议定书》一开头就强调了这个重要原则,并指出了多方面需要认真遵循它的内容。我国政府在深圳等地的经济特区做法也确实按照该原则进行了调整与变革。但是,该原则的核心思想并没有被我国大多数地方政府官员理解和接受。于是,在自己管辖的地域力图多设置一些类似于经济开发区的经济形式,以便吸引更多的境外厂商投资;或者在国家批准的经济新区与各类试验区里尽力多搞些特殊经济政策,以便为本地区获得更多的经济利益;或者把非关境的政策措施与关境内的优惠做法等量齐观,直接扰乱了统一有序的国内经济秩序。这些年来,此类现象一再出现,违反着WTO的贸易制度统一性原则。

目前,除了务必认真应对美国等的反补贴壁垒之外,我国同样需要正视行政过度干预、贸易制度不统一、非关税壁垒不规范等因素所引发的国际贸易摩擦后果。为此,应当高度重视涉及国营贸易的重要条款。

(二)及时构建 WTO 运作战略

我国加入 WTO 已经 10 余年,却一直没有公开阐发相关的运作战略。业已从 WTO 体制获得巨大收益的中国,从自身的基本利益考虑,也应为深化全球的自由贸易而尽心尽力。由此,相关的 WTO 运作战略自然应该应运而生了。[1]

建立我国的 WTO 运作战略可以涵盖许多重要内容,如重新确立我国在 WTO 中的基本定位、积极遵循 WTO 的基本经济理念、继续深化我国"入世"承诺的具体落实、大力开展我国在 WTO 中的重点攻略等。其中,积极修订 WTO 一些并不恰当的规定,也是该战略当前要确立的重任之一。此外,还应该涉及一些国际经济协调运作的重要机制和基本策略。

(三)认真研究发达国家的经贸策略

要重视美国的商务外交战略。美国已经把它的相关战略提升到与其外交同一层面上运作,具有真正的全局和长远性质。因此,其相关的筹划和布局就更加注重长期性和周密性。而我国国际经济协调运作近年来出现的应对有所不足,一个原因即来自我们对美国的商务外交战略及其策略缺乏足够的重视和深刻的认识。

---

[1] 王允贵所主编的《中国加入 WTO 后的外经贸发展战略》(中国计划出版社 2002 年版)一书,深入探讨了我国"入世"后的外经贸发展战略,并分别论述了利用外资战略、产业战略、地区战略以及加强与港澳关系对策。它及时提出了新的外经贸战略,并突出一些与时俱进的重要思路。

要把握发达国家经贸策略的各自特点。美国经贸策略一是始终集中力量对自己的主要竞争对手穷追猛打；二是善于寻觅突破口或独特手段挑起争端。其实际目的则在于，在具体贸易纠纷中攻其不备，力图获得更多的利益。而欧盟老是使用反倾销手段来对付中国产品的进口等。[①]

鉴于美国经贸战略与政策的上述特点，我国采取具有一定前瞻性的思路和措施予以应对，就有了相当的紧迫性。例如，对于美国这些国家数年内可能采取的贸易决策思路和政策，至少应该做到胸中有数或有一定思考与准备。一定要扭转主管部门忙于日常事务而未能潜心研究全局性问题的现状，一定要大力推动这方面深入的学术和对策研究，还应逐步建立一种明确的制度规定，即不具备一定前瞻性思路和政策主张的官员，不能参与重要的相关决策或承担重大管理职责。

（四）大力扩展服务贸易领域的市场准入

开展国际经济协调运作，还必须具备一个非常重要的实力条件，即自己是否掌握足够的协调资本。针对如何进一步推动贸易自由化这个焦点，大力扩展服务贸易领域的市场准入，当是中国进行国际经济协调运作的一张"王牌"。[②]

这是因为，无论从继续有效吸收外国直接投资，抑或有力推动自己的服务现代化，还是扩大全球经济影响力，甚至积极应对即将来临的资本项目自由兑换趋势来看，我国大力扩展服务贸易领域的市场准入，都是一个突破口。

同时，基于实际状况这样的做法还具备可行性。在今后一段时期里，我国继续开放服务贸易的压力并不大。加之按照WTO规则，服务贸易具体部门的开放承诺既由自己提出，具体开放的层次又可有多种形式，甚至还默许成员国的实际运作可以比相关承诺先行一步，这些都为我国相关运作提供了比较充足的回旋余地。

目前的WTO服务贸易规则不够健全和完善。有些条款只是被设立，

[①] 佟家栋教授、朱榄叶教授等合著《与贸易救济措施相关的争端解决机制研究》一书（首都救济贸易大学出版社2006年版）论述了关于应对反倾销争端的对策。具体地说，一是强调了企业的预防措施，二是指明了企业积极应诉的相关思路，三是提示了提交WTO进行申诉的法律支撑点。（参见该书第123—127页）这些正是我国对外经贸实践所迫切需要的知识援助。

[②] 上海自由贸易试验区将运作重点放在服务贸易领域的开放和现代化实践中。同时，其相关制度设计亦不乏前瞻意识。让人遗憾的是，改革方案出台与实施的力度与进度不及人们的预期。

却没有具体或明确的内容。有些条款本身还有着较为明显的疏漏和缺陷。有些条款的实施存在这样那样的实际障碍。[①] 我国如果能够加快服务贸易领域的开放步伐，完全可以在改进该领域的规则体系方面获取更大的话语权。

[①] 黄胜强的《国际服务贸易多边规则利弊分析》一书（中国社会科学出版社 2000 年版）专门分析了《服务贸易总协定》所代表的国际服务贸易多边规则的主要缺陷。这些缺陷表现在两方面：一是规则约束力不强，二是减让结果不尽如人意。

国际服务贸易多边规则的逐渐完善，非常可能波及其他一些领域被纳入 WTO 的框架之内。例如，《WTO 中的金融服务自由化》一书提出："市场准入是经济全球化管理的一个关键问题，远不止限于金融服务业。当然，这个问题也包括贸易政策，但 FDI 政策和竞争政策是当今生产因素变动的全球经济的重要组成部分。这些问题对于总体的服务业市场准入尤其是金融服务业准入是极为关键的。尽管正在进行的信息技术革命可能会有助于跨边界贸易，FDI 仍然是提供金融零售服务的中心问题。再者，垄断性的市场结构和兼并的潜在可能更需要多边共同制定竞争政策。这就是为什么应当把多边谈判的范围扩展到 FDI 和竞争政策的缘故。"（引自温迪·多布森等著《WTO 中的金融服务自由化》第 113 页，北京出版社 2000 年版）可见，面对 WTO 的一些新谈判议题，我国不宜轻易采取反对态度，有些还应该积极参与。我国政府正在与欧盟、美国等分别开展贸易与投资协议谈判，无疑是比较恰当的应对之策。